舰船装备保障工程丛书

装备维修保障计划管理

蒋铁军　张怀强　编著

科学出版社

北　京

内 容 简 介

本书全面、详尽介绍装备维修保障计划管理的基本理论和方法，系统梳理装备维修保障计划管理的理论基础，全面分析外军装备维修保障计划管理的经验做法，深入论述装备维修保障计划编制、经费需求分析、优化、监控、检查、综合考评等各个环节的工作理论基础和实施方法，总结展望装备维修保障计划管理的发展趋势。

本书可作为军队院校装备管理及相关专业本科生、研究生的专业教材，也可作为装备管理人员学习装备维修保障计划的概念、原理、方法和规律的参考书。

图书在版编目（CIP）数据

装备维修保障计划管理/蒋铁军，张怀强编著．—北京：科学出版社，2021.11

(舰船装备保障工程丛书)

ISBN 978-7-03-069995-4

Ⅰ. ①装…　Ⅱ. ①蒋…　②张…　Ⅲ. ①军用船-武器装备-维修-军需保障　Ⅳ. ①E926.5

中国版本图书馆 CIP 数据核字(2021)第 202767 号

责任编辑：张艳芬　李娜 / 责任校对：王　瑞
责任印制：吴兆东 / 封面设计：蓝　正

科学出版社 出版
北京东黄城根北街 16 号
邮政编码：100717
http://www.sciencep.com
北京厚诚则铭印刷科技有限公司印刷
科学出版社发行　各地新华书店经销
*
2021 年 11 月第　一　版　开本：720 × 1000　1/16
2026 年 1 月第四次印刷　印张：18 1/4
字数：348 000

定价：138.00 元

（如有印装质量问题，我社负责调换）

《舰船装备保障工程丛书》编委会

《舰船装备保障工程丛书》序

舰船装备是现代海军装备的重要组成部分，是海军战斗力建设的重要物质基础。随着科学技术的飞速发展及其在舰船装备中的广泛应用，舰船装备呈现出结构复杂、技术密集、系统功能集成的发展趋势。为使舰船装备能够尽快形成并长久保持战斗力，必须为其配套建设快速、高效和低耗的保障系统，形成全系统、全寿命保障能力。

20 世纪 80 年代，随着各国对海军战略的调整以适应海军装备发展需求，舰船装备保障技术得到迅速发展。它涉及管理学、运筹学、系统工程方法论、决策优化等诸多学科专业,现已成为世界军事强国在海军装备建设发展中关注的重点，该技术领域研究具有前瞻性、战略性、实践性和推动性。

舰船装备保障的研究内容主要包括：研制阶段的“六性”设计，使研制出的舰船装备具备“高可靠、好保障、有条件保障”的良好特性；保障顶层规划、保障系统建设，并在实践中科学运用保障资源开展保障工作，确保装备列装后尽快形成保障能力并保持良好的技术状态；研究突破舰船装备维修与再制造保障技术瓶颈，促进装备战斗力再生。舰船装备保障能力不仅依赖于装备管理水平的提升，而且取决于维修工程关键技术的突破。

当前，在舰船装备保障管理方面，正逐步从以定性、经验为主的传统管理向综合运用现代管理学理论及系统工程方法的精细化、全寿命周期管理转变；在舰船装备保障系统设计上，由过去的“序贯设计”向“综合同步设计”的模式转变；在舰船装备故障处理方式上，由过去的“故障后修理”向基于维修保障信息挖掘与融合技术的“状态修理”转变；在保障资源规划方面，由过去的“过度采购、事先储备”向“精确化保障”转变；在维修保障技术方面，由过去的“换件修理”向“装备应急抢修和备件现场快速再制造”转变。

因此，迫切需要一套全面反映海军舰船装备保障工程技术领域进展的丛书，系统开展舰船装备保障顶层设计、保障工程管理、保障性分析，以及维修保障决策与优化等方面的理论与技术研究。本套丛书凝聚了撰写人员在长期从事舰船装备保障理论研究与实践中积累的成果，代表了我国舰船装备保障领域的先进水平。

中国工程院院士 徐滨士

波兰科学院外籍院士

2016 年 5 月 31 日

前　　言

装备维修保障计划是装备维修保障组织与实施的前提和基本依据，是对装备维修保障各项工作的内容、步骤和实施程序做出的科学安排与规定。装备维修保障计划管理是装备维修保障管理部门为实现装备维修保障目标，通过装备维修保障计划对各项工作的内容、步骤和实施程序进行科学的安排，把各项工作及期望达到的维修保障目标进行统一，并确保装备维修保障计划有效执行和落实的全部活动的统称。

随着军队现代化建设的发展，高新装备大量入役，执行高强度、多样化任务日益常态化，这对装备维修保障工作提出了更高的要求，也对装备维修保障计划管理提出了新的挑战。为此，对装备维修保障计划管理问题进行深入、全面研究，掌握装备维修保障计划管理的基本理论和方法，充分借鉴外国军队的先进经验和做法，突出装备维修保障计划的编制和优化，严格装备维修保障计划执行过程的监控和检查，强化装备维修保障计划执行结果的综合考评，是我国军队面临的必然选择，也是本书撰写的一个出发点。希望本书的出版能进一步加强装备管理理论研究，推进我军装备管理的科学化，满足我军装备科学管理和人才培养的需要。

本书由蒋铁军、张怀强撰写完成。具体分工如下：蒋铁军负责第 1、2、5～9 章的撰写工作，张怀强负责第 3、4、10 章的撰写工作，蒋铁军负责统稿。

在本书撰写过程中，李积源教授对本书的结构和内容提出了宝贵建议，特向李积源教授表示感谢。作者参考和借鉴了国内外许多同行专家的成果，在此一并表示感谢。

由于本书内容涉及面广、专业性强，加之作者水平有限，书中难免存在不妥之处，敬请各位专家、读者批评指正。

作　者

2021 年 8 月

目　录

第1章　概　　述

装备是军队战斗力的重要组成部分，装备维修保障是保持、恢复乃至提高装备战斗力的重要手段。装备维修保障计划管理作为装备维修保障的首要环节，在维修保障工作的有序开展和维修资源的高效利用方面具有突出地位。随着高新技术的发展及其在装备中的应用，现代装备维修保障工作对装备维修保障计划管理活动的要求越来越高。本章将介绍装备维修保障计划管理的相关概念和主要内容。

1.1　装 备 维 修

1.1.1　装备维修的基本概念

装备维修是指为保持、恢复和改善装备战术技术性能、延长其使用寿命、发挥其最大功能而采取的一切工程技术措施与活动。它通常包含对装备的维护和修理两层含义。装备维修的目标是使装备能够随时处于良好的技术状态，能在各种情况下随时出动，从装备技术状态上确保部队遂行作战、训练等任务[1]。

装备维护也称为装备保养或装备维护保养，是为使装备保持规定技术状态所进行的预防性技术活动。它主要包括清洁、润滑、更换油液、充电、充气、通电、检查、紧固、调整、除锈和防护处理，以及排除一般性故障、更换简单零部件等。装备维护通常由装备的使用人员实施。

装备修理就是使丧失了全部或部分功能的装备恢复其原有功能，使损坏的装备恢复到规定技术状态所进行的全部活动。它可以包括下述一个或者全部步骤：故障定位、故障隔离、零部件分解、更换、再装、调准及检测等。

1.1.2　装备维修的基本任务和内容

装备维修的基本任务是充分发挥各种维修资源的作用，以最低的消耗，保持、恢复和改善装备的性能，保证部队完成作战、训练和其他任务。

装备维修的内容主要包括：建立维修信息系统，掌握和分析装备的技术状况及各种维修资源的状况；制订装备维修保障计划，组织维修力量对装备进行维护修理；实施维修的技术管理和质量监控；建设维修设施，制造或购置维修设备，筹措、储存和供应维修器材；分配和使用装备维修保障经费；组织维修专业训练；开展维修改革和科学技术研究。

1.1.3 装备维修的分类

装备维修可以按照不同标准进行不同分类。

1. 装备维护、装备修理

按照装备维修工作的性质，可将其分为装备维护和装备修理。

1) 装备维护

装备维护是保持装备完好的关键环节，是部队装备技术保障的基础性、经常性工作。它涉及全体指战员，各级领导及机关应当重视、指导和督促部队装备维护工作。通常，应由使用分队组织实施装备维护，装备操作、使用、保管人员和装备维修保障机构，应当按照规定正确实施装备维护。难度较大的装备维护可由修理分队协助完成。战时突击性装备维护由装备维修部门统一组织力量实施。

装备维护属于装备的预防性修理，目的是减少装备过早磨损或损坏，消除故障隐患。其主要内容因平时、战时的不同条件和需求而有较大差异。

(1) 平时装备维护。

平时装备维护是指在和平时期为保持装备性能完好而采取预防性技术措施。平时装备维护应按照各种装备的维护区分及相应的维护时间、内容和要求等，有规律地组织实施。不同装备，维护的种类、周期和作业内容各不相同。通常，按照装备所处状态，平时装备维护可分为使用中维护、储存时维护。

① 使用中维护。使用中维护一般分为日常维护、等级维护、特殊环境下维护和换季维护。

(a) 日常维护。日常维护是在装备使用前、后及使用间隙进行的例行维护。

(b) 等级维护。等级维护也称定时维护或定程维护，是指按规定周期对装备进行的维护。按使用的时间周期区分，等级维护通常包括日维护、周维护、月维护、季度维护、年度维护。按维护的深广程度、工作时间或行驶里程等区分维修等级，等级维护通常包括一级维护、二级维护、三级维护等。

(c) 特殊环境下维护。特殊环境下维护是根据任务需要、装备使用情况进行的维护。

(d) 换季维护。换季维护是在季节变换前进行的维护。

② 储存时维护。储存时维护也称保管、封存维护，是装备在存放、封存、保管中进行的维护。各种装备的维护种类、周期和作业内容在其维护制度中均有具体规定。

(2) 战时装备维护。

战时装备维护是指在战争时期,为保持装备性能完好而采取预防性技术措施。战时装备维护必须将平时严格的维护制度和规程与战时的具体环境条件和要求相结合，灵活地组织实施。应当根据作战进程，选择适当的作战时机和地点，将日常维护、定时维护、定程维护、特殊环境下维护等结合起来，充分考虑遂行的任务、装备的技术状况、能够用于装备维护的时间、装备维护的范围和等级等情况，并利用战前和作战间隙分期、分批进行。

2) 装备修理

根据装备修理的性质、范围和难易程度，通常将其分为装备小修、装备中修、装备大修。

(1) 装备小修。

装备小修是指对装备使用中的一般性故障和轻度损坏进行修理，一般由部队级维修机构完成。它是为排除装备一般性故障和轻度损坏而进行的调整、修复或更换简单零部件(元器件)的修理。装备小修属于装备的运行性修理，即装备通常不脱离建制单位，可由修理分队或基层修理分队来完成。

(2) 装备中修。

装备中修是指对装备主要分系统或零部件进行恢复性能的修理。它是对装备某些主要系统、总成或零部件进行的恢复性能的修理。装备中修属于装备的平衡性修理，即恢复装备的某些零部件，使其与其他未修理的零部件可以继续配套使用。

(3) 装备大修。

装备大修是指按照技术标准对装备性能进行全面恢复的修理。它一般由基地级维修机构或装备制造厂完成。装备大修属于装备的全面恢复性修理，通常在大修时全面解体装备，更换或修复所有不符合技术标准要求的零部件，消除缺陷，使装备达到或接近新品标准或规定的性能指标。

有的装备因其特殊性，修理类别略有不同，例如，飞机修理分为小修、中修、大修；舰船装备修理分为坞修(检)、小修和中修。各类装备的有关条例和技术文件对其修理类别、修理周期和修理内容都有明确规定。

2. 预防性维修、修复性维修、改进性维修

按照不同要求和装备维修要达到的目的，可将装备维修分为预防性维修、修复性维修和改进性维修。

1) 预防性维修

预防性维修是指为降低装备故障概率或延缓功能退化，按预定的时间间隔或规定的准则进行的维修活动。其目的是保持装备的规定状态，消除故障隐患，主要适用于故障后果危及安全和任务完成或导致较大经济损失的情况，主要有使用检查、功能检测、状态监控、维护和定时拆修等。

预防性维修的种类是按照对装备修理的程度(修理的深度和范围)进行划分的。不同类型的装备有不同的分法，陆军装备修理一般分为小修、中修、大修，有的装备修理等级还有特修和检修；舰船装备修理有坞修(检)、小修和中修之分；航空装备修理有外场、定检和厂修之分等。

各类装备何时进行何种等级的修理，各类型装备的修理程度如何，这些都由各类装备主管部门制定标准。标准通常以工作时间为准，如装甲车辆、工程机械装备、飞机和舰船主机等都以发动机工作小时数为准；有些装备(如军械)是以受损程度或使用年限为准。目前，世界各国正在尽力减少维修的等级数。例如，在简化维修内容和等级方面，俄罗斯 T-80 坦克取消了中修和小修。我军也建立了类似的装备维修制度，如装备发动机工作到规定的使用期限，要经过鉴定小组的鉴定以决定该发动机是否需要修理或继续使用。

2) 修复性维修

修复性维修也称排除故障或故障维修，是指故障发生后，使装备恢复到规定技术状态所进行的维修活动,其目的是将出现故障或损坏的装备恢复到规定状态。其主要内容有故障的检测、定位、隔离，以及分解、更换、修复加工、再装、调准和检验等。

装备在战斗中遭受损伤或发生故障后所进行的战场修理，虽然也属于恢复性维修，但在环境条件、时机、要求和所采取的技术措施上有其自身的特点，必须给予充分研究。

3) 改进性维修

改进性维修是指为改善装备的技术性能或保障特性，利用成熟技术对其进行的维修。它通常会结合其他维修活动一并开展，经核准采用通过鉴定的不同型号而功用相同的设备、零部件及材料替代现用设备、零部件及材料，以提高装备的可靠性、维修性、测试性、保障性和安全性。

3. 平时维修、战时维修

根据对装备实施维修的时机，可将装备维修分为平时维修和战时维修。

1) 平时维修

平时维修是指在和平时期对装备进行的维修，目的主要是保持、恢复和改善装备的良好技术性能，保证装备的良好战备状态及其在训练和其他行动中的使用。

2) 战时维修

战时维修是指在战争时期(或战场环境)对装备进行的维修。其主要目的是保持和恢复装备的战斗性能，保证装备有较高的重复参战率和持续参战率，从而保持军队的战斗力。

4. 计划维修、非计划维修

根据维修的偶然性程度，可将装备维修分为计划维修和非计划维修。

1) 计划维修

计划维修是指在装备寿命周期内按照预定的安排进行的维修。它是根据装备维修保障计划规定的维修时机、间隔期、范围、内容及任务区分等进行的正常维修活动。

2) 非计划维修

非计划维修是根据装备的某些异常状态或某种需要进行的维修。它是针对装备出现故障、技术性能下降等情况，随机产生的需要进行的临时维修活动。因此，非计划维修是以视情维修、状态监控维修、事后维修为基本的维修活动。

1.1.4 装备维修的思想

装备维修的思想是对装备维修活动的根本性理性认识，是装备维修实践客观规律的集中反映。它随着科学技术的发展和人们对维修实践的不断认识而逐步深化[2]。具有代表性的装备维修思想有传统的装备维修思想(事后维修思想、以预防为主的维修思想)和现代的装备维修思想(以可靠性为中心的维修思想、全系统全寿命的维修思想)。

1. 传统的装备维修思想

装备维修思想有一个发展和演变的过程。纵观装备维修思想发展的历史可知，在现代的装备维修思想产生以前，传统的装备维修思想的主要代表是事后维修思想和以预防为主的维修思想。

1) 事后维修思想

事后维修思想是指在装备发生故障后再进行维修，通过维修来排除故障，从而恢复装备的技术状态。事后维修思想是装备维修发展过程中合乎逻辑的一种朴素的唯物主义思想。事后维修是非计划、被动做出反应的维修。它虽然具有一定的局限性，但在生产力低下、技术水平落后的冷兵器时代和热兵器初级发展阶段，却是一种比较经济的维修方式。从冷兵器时代到20世纪40年代以前，事后维修思想基本符合当时装备构造比较简单、维修技术手段比较落后的客观实际，是当时的维修实践在人们头脑中的客观反映。

虽然当前事后维修思想不再占主导地位，但它在装备维修活动中仍然具有一定的适用性。这种思想主张充分利用零部件或系统的寿命，对一些非致命性故障采用事后排除的维修方法。在装备维修的某些领域，仍在沿用这种思想，例如，装甲车辆的履带板通常是在出现裂纹后才予以更换；车辆的摩擦片也往往是在不符合技术要求时才进行维修。

2) 以预防为主的维修思想

以预防为主的维修思想是指在装备发生故障前就进行维修，通过维修来预防故障，从而保证装备的技术状态。以预防为主的维修思想是在人们对故障原理再认识基础上产生的。20 世纪 40 年代以后，人们发现机械化时代装备的故障规律通常是：装备的零部件要工作—工作必磨损—磨损出故障—故障影响工作并可能危及安全。因此，为了尽可能保证每个零部件安全可靠，应在发生故障前进行维修。这样，以预防为主的维修思想应运而生。

根据这种思想，装备维修要广泛采取各种预防性措施，以降低发生故障的可能性和事后排除故障的困难。人们认为零部件磨损主要是时间函数，因此定时维修就成了贯彻以预防为主的维修思想的主要方式。以预防为主的维修思想改变了事后维修的被动性，在保证部队完成作战、训练和其他任务的过程中发挥了积极作用。20 世纪 80 年代以前，我军的装备维修承袭苏军的做法，长期沿用以预防为主的维修思想指导下的预防性定期维修制度。以预防为主的维修思想也有一定的局限性，主要表现在：需要直接经验的指导，只能提出一般性的维修原则和要求，缺乏针对性的内容；只着重解决装备维修中的具体问题，局限于维修技术的研究而忽视了装备维修的整体，缺乏对维修管理的研究；只反映了人们对零部件磨损的一般认识，只能消除因零部件磨损而产生的故障，不能避免疲劳、损坏、锈蚀、老化、人为差错等所造成的大量随机性故障；刻板地采取定时维修和离位分离检查的方法，造成维修工作“一刀切”的盲目现象；频繁地拆卸使维修的针对性差、工作量大、时间长、费用高，导致装备可靠性下降，甚至会人为地制造一些故障隐患。但是，以预防为主的维修思想包含的主动预防的思想内涵对现代维修思想的产生和发展具有重要的影响。

2. 现代的装备维修思想

现代的装备维修思想是在 20 世纪 60 年代以后逐渐产生的，是对传统的装备维修思想的继承和发展，它的产生和应用是装备由经验维修向科学维修转变的重要标志。其主要代表有以可靠性为中心的维修思想和全系统全寿命的维修思想。

1) 以可靠性为中心的维修思想

以可靠性为中心的维修思想是指根据装备的可靠性状况进行必要的维修，通过维修来控制或消除使装备可靠性下降的各种因素，以保持或恢复装备的可靠性。

以可靠性为中心的维修思想有以下要点：一是装备维修的全部工作要以可靠性理论为基础组织实施，大到维修时机、维修范围、维修标准与维修规范等，小到一个零部件修复后的可靠性、一个项目的诊断检查标准等，都要以保证装备的整体可靠性为依据来拟定。二是装备可靠性由设计、制造和使用三方的共同努力来实现，提高可靠性也需要这三方进行合作。维修可以保持和恢复装备的可靠性，并且可以为设计制造部门提高装备的可靠性提供极有价值的信息。三是装备维修后的可靠性指标是评价维修质量最科学的方法。

根据以可靠性为中心的维修思想，维修必须根据对装备技术状况预测和检查的结果，区别对待维修对象的实际情况，依照各零部件的功能、故障原因，有针对性地实施。其实质就是依据装备的可靠性，把握装备的故障规律，仅做必要的维修工作。其最终目的是选择最佳的维修时机，采用最快的维修方法，保证最优的维修质量，提高装备的可靠性和维修的经济性。

为了实现以可靠性为中心的维修思想，必须改变单一的定时维修方式，转而采用定时维修与视情维修相结合的方式；必须采取原位检测取代离位检测作为主要的故障检测方法；必须建立完善的维修情报收集和分析系统，为维修决策提供重要信息和可靠依据。

2) 全系统全寿命的维修思想

全系统全寿命的维修思想，是要把装备维修作为一个整体和装备系统的一个子系统，从装备发展和使用的横(全系统)、纵(全寿命)两个方面来综合考虑。

全系统的要点是：要将装备维修视为由维修对象、维修手段、维修体制、维修制度和标准等要素组成的系统，科学地分析系统内部各要素之间的关系和系统与外部其他系统之间的相互联系；要全面地考虑装备的维修性与战术技术性能、可靠性、保障性、测试性、安全性之间的联系，从而保证装备“先天”就具有良好的维修设计特性；要在装备研制的同时规划和筹措维修保障的有关要素(如维修人员、设施、设备、技术资料和相关软件等)，力求在装备列装的同时建立相应的保障系统；要在横向研究整个装备维修保障体系的构成及其需求的基础上，结合平时、战时装备维修的需要，统一规划和建立装备维修体制，制定装备维修制度和标准等。

全寿命的要点是：着眼于装备的全寿命过程，以降低装备的全寿命费用，提高其可靠性、可使用性为目的，在装备由论证到退役的各阶段分别进行相关的维修活动。在装备论证阶段，要确定装备的可靠性和维修性要求，并为装备选择相应的维修保障方案。在装备研制阶段，要制定一套能够用于生产维修保障分系统各要素的技术数据和维修保障规划，通过研制提供经过选择的各项维修资源。在装备生产阶段，要同步制造出装备维修所需要的各种保障资源。在装备使用阶段，要在装备列装部队的同时，建立健全相应的维修保障系统，适时进行装备维修，最大限度地保持和恢复装备的固有可靠性及使用可靠性。同时，收集并分析装备可靠性、维修性及维修保障的数据资料，向有关部门提供维修性改进设计的建议，必要时还应对装备维修保障系统进行调整。在装备退役阶段，应适时调整、撤并相关装备维修保障的子系统。

总之，现代的装备维修思想是人们对装备维修活动认识不断深化的结果。它把现代科学理论，如系统工程、管理科学、概率论与数理统计理论等，与人们对维修活动已有的认识和总结融为一体，充分考虑装备的可靠性、维修性和经济性，注重用科学统计的方法来认识维修规律，强调维修的针对性、灵活性、效率和效益，因而可以更科学地反映维修的客观规律，指导维修实践。

1.1.5 装备维修原则

装备维修原则是反映装备维修活动规律，并用于指导装备维修活动的基本准则[3]。它对装备维修的组织与实施具有重要指导作用。在装备维修活动中，必须注意把握以下基本原则。

1. 理论指导，科学维修

理论指导，科学维修是指要在现代的装备维修思想和理论的指导下，运用科学的方法实施装备维修。现代的装备维修理论围绕以可靠性为中心的维修思想，形成了由维修管理工程、可靠性工程、维修性工程、保障性工程、维修工艺学、故障诊断学等组成的科学理论体系。坚持科学维修，必须始终贯彻以可靠性为中心的维修思想，坚持以可靠性理论为基础，以维修对象的可靠性分析为依据，以对装备进行监控为手段，科学地确定维修任务、维修时机和维修的工艺程序，从而降低盲目性，增强维修的科学性。

2. 质量第一，确保可靠

质量第一，确保可靠是指装备维修必须把维修质量放在首位，保证维修后的装备符合相应的质量标准，没有可靠的维修质量保证，就不可能达到维修的目的。因此，装备维修要严格按照科学的技术标准和工艺规范进行，并要建立严格的质量保证体系和质量监督制度，完善检测手段，改进质量监督方法，将事前预防、事中监控与事后监督有机结合起来，保证修复的装备达到相应的质量标准。

3. 降低费用，提高效益

降低费用，提高效益是指装备维修在保证质量的前提下，要尽可能地降低装备的维修经费，提高经济效益，追求最佳的效费比。装备维修费用的合理使用是装备维修经济效益良好的重要标志，在现代装备的寿命周期费用中，装备维修费用所占的比例很高。因此，必须对装备维修进行必要的技术经济分析，综合比较投入与效益，在坚持质量第一的前提下，努力降低装备维修成本，提高装备维修效益。

4. 简便灵活，注重时效

简便灵活，注重时效是指装备维修必须注重采取各种简便灵活的维修措施和手段，争取在最短的时间内修复最多的装备。为了提高装备维修的时效性，应当适当减少装备维修的层次和环节；应当灵活地配置和使用装备维修力量，尽可能在装备故障或损坏的现场进行维修；应当简化装备维修组织实施的程序，提高装备维修管理效率；应当综合采取各种灵活适用的装备维修方式和方法，缩短装备在修时间；应当合理地规定装备维修的优先顺序，保证作战、训练或其他行动最需要的装备得到优先维修。

5. 平战结合，军民一体

平战结合，军民一体是指装备维修必须注意平时需要和战时需要的结合，善于发挥军队和地方维修力量的整体作用。为此，装备维修应建立以军队维修力量为骨干、与地方维修力量相结合的，既能适应平时装备维修的需要，又有较强的战时组、扩编能力的组织体系和力量编成。军队平时进行装备维修要争取地方维修力量的支援和帮助，战时则必须动员地方维修力量予以加强。

1.1.6 装备维修方式

装备维修方式是指装备维修主体为了实施维修行动而采取的维修方法、手段和表现形式。从这个定义可以看出，装备维修方式应该有很多。装备采取什么样的维修方式，不仅关系到装备维修的有效性和经济性，而且关系到装备的可用率和运行的安全性。因此，装备维修方式历来都是装备管理中一个至关重要的问题。通常情况下，应该根据装备的故障或损坏情况对装备使用及安全的影响、故障或损坏的原因、维修单位的技术条件和维修环境等因素来综合进行选择。

1. 定时维修方式、视情维修方式和事后维修方式

从控制装备(零部件)维修时机的形式来看，装备维修方式一般可以分为定时维修方式、视情维修方式和事后维修方式。

1) 定时维修方式

定时维修方式是指按规定的装备维修间隔期(寿命单位，如装备使用的日历时间、工作小时数、工作里程、工作次数等)或固定的累计工作时间，按照事先安排的计划对装备进行强制性定时(期)检查保养和分解检修，以避免发生故障的一种维修方式。

定时维修方式要对装备及其零部件进行定时(期)检查保养和分解检修，是根据装备(零部件)的磨损与故障规律，在规定的间隔期或固定的累计工作时间的基

础上，将装备维修划分成相对集中的几个阶段，在不同阶段进行不同范围和深度的修理工作，通常不考虑装备(零部件)的实际技术状况。

定时维修方式适用于已知寿命分布规律且确实有损耗期的装备，也适用于故障率随着使用时间的延长而增大，而其他维修方式又不适用的装备(零部件)的维修。20 世纪 50 年代末维修理论开始变革之前，定时维修方式在装备维修中一直占据着统治地位。

定时维修方式具有以下优点：通过定时(期)维修，各级装备管理人员对所辖装备做到心中有数；能发现并排除很多故障和故障隐患，避免一些重大故障和事故的发生；容易对装备做到计划使用，维修工作的安排，以及维修人员的组织和物资器材的准备等，实现均衡修理，使装备保持规定的战备技术储备，以保证装备始终处于良好的状态。

大量的使用和修理实践证明，定时维修方式也存在明显的缺点和不足：片面要求装备维修必须与使用时间有明确的关系，过分强调定时(期)的分解检修，容易造成对装备(零部件)的盲目大拆大卸，原本工作很好的零部件，只是工作到预定的使用期限和修理期限而进行分解检修，其结果是破坏了原有磨合良好的配合表面和安装精度，不能充分利用装备(零部件)的可用寿命，反而可能导致其他故障的发生，出现零部件寿命下降的不良现象；针对性不强，导致维修工作量很大，经常造成人力、物力和财力的浪费。

为有效克服定时(期)维修方式的不足，许多国家在定时(期)维修的基础上，增加了以可靠性为中心的维修思想的内容。比较普遍的做法是建立了专家鉴定小组，对使用到规定期限的装备进行鉴定分析，根据装备的实际技术状况进行不同类别的修理。美军曾为此进行过调查：1978 年美国派出技术小组对 2232 辆坦克进行调查鉴定，工作到大修使用期限(8000～9600km)的有 139 辆，经鉴定真正需要大修的仅有 41 辆，约占工作到大修使用期限数量的 29.5%；对 214 辆自行火炮进行调查，到规定大修使用期限的有 86 辆，经鉴定真正需要大修的仅有 25 辆，约占规定大修使用期限数量的 29.1%。通过鉴定，维修工作量明显减少，也有效避免了不必要的人力、物力和财力的损耗。

2) 视情维修方式

视情维修方式是指经预定检测发现装备(零部件)有功能故障征兆时即进行的维修。现代装备中，有很多零部件特别是一些电子设备和精密度较高的仪器往往不能通过分解检修来降低故障率，从而达到恢复装备可靠性的目的。对这些装备(零部件)多是通过检测仪器或其他手段来检查其技术状况后再决定是否进行维修。视情维修方式是在装备(零部件)的技术状况劣化到规定的下限时将其分解检修，以避免发生故障的一种维修方式。它不固定于装备(零部件)的使用和更换期限，而是规定一些参数，在检查测试的基础上，当测量值达到或将要达到规定的临界参数标准时，进行针对性的修理或更换。其特征是运用状况监控技术定期地或连续地监控装备(零部件)的技术状况，发现故障征兆时立即检修。这是完全建立在以可靠性为中心的维修思想基础上的维修方式。该维修方式适用于故障率随使用时间的延长而缓慢增大，且维修损耗故障初期有明显劣化征候，又具备一定检查手段的装备(零部件)的维修。

视情维修方式具有以下优点：可以比较充分地利用装备(部件)的可用寿命，有效地预防装备(零部件)故障的发生，同时避免了定时(期)维修的盲目大拆大卸，大大减少了维修次数、缩短了维修时间，极大地提高了维修效益。视情维修方式同样具有以下缺点：组织较为复杂，需要有反映装备技术状况的可检测参数和反映故障征兆的参数判据，并要求在装备设计时就确定适用的状况监控技术及相应的检测点。在第二次世界大战中，美国陆军航空队率先在飞机的少数零部件维修中使用了视情维修方式。20世纪60年代以后，视情维修方式逐渐在各类装备维修中得到大量应用。

需要强调的是，并不是任何装备都可以采用视情维修方式，而必须具备相应的检测设备与手段，并制定能反映技术状况变化规律的参数和判别潜在故障的标准。

3) 事后维修方式

事后维修方式是指在装备(零部件)发生故障或出现功能失常现象时进行的维修。它是让装备(零部件)用到出现故障或出现功能失常现象后才进行分解检修的维修方式。这种维修方式的优点是，可以最充分地使装备(零部件)的可用寿命得到利用，但是其前提是装备(零部件)的故障不应直接影响到装备的安全使用或任务的完成。采用这种维修方式时，需要不断地收集和分析装备总体的使用、维修资料，评定装备的可靠性，直到装备出现故障为止。这是对用坏再修这种原始维修方法的提升。事后维修方式适用于故障率不会随使用时间的延长而增大，但预防性维修费用大于故障损失费用的装备(零部件)的维修，还可以用于故障规律尚不清楚的装备(零部件)维修。

综上所述，三种维修方式是控制装备(零部件)维修时机的三种形式，各有其适用性和应用条件，本身没有先进与落后之分。关键在于维修管理者是否能确切掌握装备(零部件)的损耗、故障规律及其表现特征和故障后果，根据可能的保障条件，做出科学的分析判断和合理的选择。

2. 机动维修方式和固定维修方式

从装备维修力量的性质和组织形式的角度，可将装备维修方式分为机动维修方式和固定维修方式。

1) 机动维修方式

机动维修方式是指派出具有机动能力的装备维修力量对装备实施维修。它是装备维修力量遂行战时维修，特别是担负作战舰船远海活动和飞机机动转场装备维修任务的基本方式。其目的是使装备维修力量最大限度地接近被维修部队和装备，缩短维修需求与维修行动的空间差和时间差，有效地提高装备维修的及时性和应变能力。

机动维修方式还可以进一步分为现地维修和集中维修两种组织形式。

(1) 现地维修。

现地维修是指组织装备维修力量到装备所在地(如阵地、集结地域、行军途中、训练场、储存仓库等)或其附近对装备进行维修，从而减少装备后运量，缩短装备待修时间，及时使修复的装备再次投入使用，从而取得最佳的维修效益。

现地维修的主要组织形式有阵地维修、伴随维修和巡回维修等。

① 阵地维修。

阵地维修是指组织装备维修力量直接深入阵地对装备进行维修。部队依托阵地遂行作战任务的时候，比较适合采用这种维修方式。

② 伴随维修。

伴随维修是指组织装备维修力量跟随部队行动，随时对损坏或者故障装备进行维修。

部队在遂行行军、进攻、穿插、迂回、追击等机动性较大的任务时，比较适合采用这种维修方式。伴随维修可以使装备随坏随修，迅速恢复良好的状况。

例如，舰船伴随维修是指海军运用保障舰船跟随作战舰船一起行动实施维修。其目的是为作战舰船提供及时快速的海上维修保障。保障舰船包括补给舰船、修理舰船等。通常在舰船海上活动时间较长、海上补给频繁的情况下采用舰船伴随维修。其主要特点是保障及时、快速机动、便于协同指挥，一般采取航行补给、漂泊补给等方法进行。

舰船平时执行远航、训练等任务时，主要是弹药、维修器材的保障，通常只配备补给舰船。美国海军在航空母舰编队中，通常会配备 1 或 2 艘大型综合补给舰船实施伴随维修保障。

当舰船战时承担远海作战任务时，不仅要配备数量较多的补给舰船，还要配备修理舰船等组成海上保障船队，跟随作战舰船承担装备物资保障、技术保障等任务。其主要任务包括海上综合修理，协助舰员检修、排除故障，完成海损、战损修理等。必要时，可以视情从维修厂抽调技术熟练的维修技术人员组成临时抢修队，随舰协助舰员完成海上修理任务。

③ 巡回维修。

巡回维修是指组织装备维修力量轮流到多个部队对装备进行维修。这种方式既可以按计划组织实施，也可以应部队请求到部队进行维修；既可以相对有规律地对各部队进行保障，也可以对突然产生的待修装备做出快速反应，具有灵活和突击性强等特点。

例如，舰船巡回维修是指对在航舰船进行的巡诊式流动修理，通常在部队驻泊点或训练、执勤现场协助舰员进行，能够尽快地保持或恢复舰船的正常技术状态，节省时间、节约经费，减少舰船进厂修理或后运修理。舰船巡回维修可以分为计划巡回维修和临时巡回维修。计划巡回维修，就是根据部队驻泊点分布情况、舰船使用规律与技术状况变化规律，由装备维修部门事先计划安排后，由维修厂、机动修理队组成的巡回修理分队组织实施。临时巡回维修，就是根据作战部门或部队要求，由装备修理部门临时组织实施的维修。

(2) 集中维修。

集中维修是指将机动维修力量相对静止地配置在相对固定的地点或地域，建立临时维修机构，集中接收和修理当地部(分)队自身维修力量难以修复的装备或过往部(分)队的待修装备。集中维修方式可以发挥技术优势，充分利用维修机构、设备，完成比较复杂的维修任务。它比较适合装备损坏地点相对集中的时候，也适合修理损坏较为严重、在现场不能修复或不便修复的装备，是军队在训练、执勤特别是作战中广泛采取的一种机动修理形式。

例如，舰船定点维修保障就是一种集中维修，具体来讲，是指海军运用保障舰船在指定海域对被保障舰船实施维修保障。其目的是对一定海域范围内和过往的作战舰船提供较为综合的海上维修保障。实施海上装备定点保障的舰船，通常包括弹药运输补给舰船、维修器材运输补给舰船、综合修理舰船、拖船和综合补给舰船等。在指定的海域，舰船定点维修保障采取航行补给、锚泊补给、漂泊补给等方式，完成对被保障舰船的弹药和维修器材的补给、舰船装备的维护修理、战损舰船的拖带等任务。其主要优点是可以对被保障舰船实施综合保障，减少舰船往返航渡时间、缩短航程，根据海域情况可以采用不同的保障方式，同时获得多艘保障舰船的保障。但是，这种方式保障时间较长，保障舰船过于集中，目标大、隐蔽性较差，通常在被保障舰船数量较多、海况条件较好的海区实施。

2) 固定维修方式

固定维修方式是指依托维修厂(车间)、船坞等不具有机动能力的维修机构和维修设施、设备，在固定地点对装备进行维修。其目的是为装备提供稳定、综合的维修保障。

以下情况通常比较适合采用固定维修方式：

(1) 不能或不便于实施机动维修的保障机构，如按企业化方式组织的各种维修厂。

(2) 对装备进行较高级别的修理，或者损坏严重、需要较长修复时间的装备。

(3) 具有机动能力，但是保障机构展开保障工作需要较为稳定的工作环境。

例如，海军航空兵的作战特点是以机场为基地，因此对飞机等航空作战装备的装备技术保障必须立足于机场，采用固定维修方式。又如，舰船通常在广阔的海域遂行机动作战，编队内不允许有较多的保障舰船，因此对舰船的维修必须以岸基的固定维修方式为基础，并与海上的机动维修方式相结合。

3. 装备使用者维修、专业技术人员维修和专业化集体协作维修

装备维修的主体是维修人员，因此开展维修工作时，通常需要根据工作的难易程度和专业化水平确定合适的维修人员。从维修人员的角度，按照维修方式由低级到高级、由简单到复杂的发展演变来看，装备维修方式可以分为装备使用者维修、专业技术人员维修和专业化集体协作维修。

1) 装备使用者维修

装备使用者维修是指由装备的操作者或使用者对装备进行必要的维修。这种维修方式，在生产力较为低下，装备构造比较简单，维修要求不高等情况下，居于主要地位。

目前，由装备使用者实施必要的维修仍然是一种有意义的维修方式。它可以充分发挥装备使用者的作用，弥补专业维修人员和设备的不足，提高装备的完好率，同时，还可以随时监控装备的技术状况，及时采取措施缩短甚至消除装备的待修时间，用最快的速度恢复装备的功能。但是，这种方式也存在着一些局限，例如，随着军事技术水平的提高，装备原理和构造日益复杂，而装备使用者的维修水平又相对有限，尤其是会受到所掌控的维修资源的制约，这样就很难解决比较复杂的装备维修问题。

例如，舰员级维修就是一类典型的装备使用者维修。它以舰员为主要维修力量对舰船进行维护修理，按性质属于部队级维修。舰员级维修通常利用舰船携行的维修器材和设备，对舰船进行以维护保养、排除故障、检查修理为主的预防性修理。舰船在航期间，它主要按照舰船维修制度和要求，对发生故障的设备进行维修；当舰船进厂修理时，它按照批准的舰员自修工程项目进行修理；战时，它主要负责舰船战损自救，在上级的技术支援下对受损装备进行现场应急性抢修。

2) 专业技术人员维修

专业技术人员维修是指由经过系统专业培训，并且专门担负装备维修任务的专业技术人员对装备进行的维修。各国军队都有专门掌管维修的部门，专门担负装备的维护保养工作，有些国家还建立了装备修理厂。此时，专业技术人员维修就成为装备维修的主要方式。

但是，随着装备日益大型化和复杂化，仅依靠一些设备和掌握一定维修技术的专业技术人员还不能全部解决装备的维修问题。因此，当前专业技术人员维修

方式是一种重要但不是主要的维修方式。

3) 专业化集体协作维修

专业化集体协作维修是指由掌握各种维修技术的专业人员，使用各种专业维修设备和设施，组成具有综合维修能力的工厂、车间式的维修机构，采取流水作业的方法来完成装备维修任务。

现代技术特别是高技术装备综合了很多先进的科学技术，已经成为由多个子系统组成的复杂系统，这种系统的维修任务难度大，对维修人员和维修设备提出了更高的要求，仅依靠少数专业技术人员和设备很难完成，目前，专业化集体协作维修已经成为装备维修的主要方式。

专业化集体协作维修，不仅反映在装备维修机构的内部组成上，还反映在整个装备维修体系的组成上。部队级维修、基地级维修的不同分工，移动式维修机构、固定式维修机构等不同的组织形式，现场修理和后运修理等不同的维修实施方法，使军队的装备维修形成了一个系统复杂而功能完备的体系，满足了装备对维修的多样性需求。

4. 其他维修方式

按照不同的标准，装备维修方式还有很多种分类。例如，按照修理活动展开的地域，可将装备维修分为现场修理与后运修理；按照维修的偶然性程度，可将装备维修分为计划维修和非计划维修；等等。

1) 现场修理与后运修理

(1) 现场修理。

现场修理又称为现地修理是指在装备所在的平台、海域、地域或者附近进行修理作业活动。现场修理通常在野外条件下进行，受到修理条件和时间的限制，一般采取应急修理。现场修理一般有换件修理、拆拼修理和原件修理，通常以换件修理为主，在器材短缺和条件允许的情况下，也可以采用拆拼修理和原件修理。

需要特别强调的是：为了使装备更容易实施现场修理，在装备研制时应当充分考虑装备的维修性和保障性要求，提高装备维修的可行性、互换性、通用性和标准化程度。

(2) 后运修理。

后运修理又称为后送修理是指本级维修保障力量，对现地短时间内无法完成修理的战损或者故障装备，通过后运到指定的地域依托上级维修保障力量完成修理。

装备后运通常采取牵引和输送两种方式。牵引方式又分为陆上牵引和水面牵引两种，通常在短距离后运时采用。陆上牵引一般采用刚性牵引或柔性牵引的方法；水面牵引分为全浮状态牵引和半浮状态牵引，一般利用两栖抢救车或舰船等工具实施。输送通常采用汽车、平板拖车、铁路平车、舰船、飞机等交通工具，完成对难以牵引后运或者需要长距离后运的装备的运送。

在实施方面，对于战损装备，一般根据战斗实际和装备损伤程度，先送主战装备，后运其他装备；以上级接运为主，以下级后运为辅。对于高技术装备，应当充分利用自动化监测系统和远程专家支援系统，提高修理的质量和时效性。

2) 计划维修与非计划维修

(1) 计划维修。

计划维修是指在装备寿命周期内按照预定的安排进行的维修，在性质上属于预防性修理，通常人们提到的装备小修、中修、大修都属于计划维修。既然是计划维修，维修计划的编制就显得尤为重要。通常，会根据装备规定的使用时间、里程或者射击次数及装备技术状况的变化规律等多种因素，通过综合考虑来编制维修计划。

一方面，维修工作是预先安排的，因此装备计划维修比较便于技术力量的组织实施和维修器材的储备供应；另一方面，装备零部件寿命的不均衡，使得计划编制有时很难全面协调好，从而容易使得修理效益不高。

(2) 非计划维修。

非计划维修是指根据装备的某些异常状态或者某种需要进行的维修。其主要是针对装备出现故障、损坏、技术性能下降等情况随机产生的需要进行的临时维修活动。因此，非计划维修通常会运用视情维修、状态监控维修和事后维修等维修方式。

例如，舰船临时修理是指在应急情况下对没有列入修理计划、需要动用维修厂力量对舰船进行的临时性修理。其目的是及时保持和恢复舰船的战术技术性能，使舰船处于良好的技术状态，保证完成作战、训练和执勤任务。舰船临时修理通常又可以分为日常临时修理、事故修理和战损修理。

又如，海军战伤飞机抢修：在海军航空兵飞机战伤后，需要采取应急修理使其恢复到可执行任务的状态，目的是恢复和保持航空兵部队的持续作战能力。飞机的战伤大部分属于结构损伤，包括射弹损伤、破片损伤、燃烧损伤、意外损伤、爆炸综合损伤等。对于战伤飞机的结构损伤，主要是利用事先配备的成套抢修备件和专用工具，按照结构损伤程度选择合适的金属补片或者复合材料，采用抽铆、黏接等技术手段实施快速修理。

1.2 装备维修管理

1.2.1 装备维修管理概念

装备维修管理是指为保障部队遂行作战、训练等任务而进行的计划、组织、指挥、协调、控制等一系列活动。其实质是管理者运用科学的方法，针对特定的管理对象，遵循有关客观规律，保证装备维修保障系统对其服务对象开展及时、有效的维修保障活动的过程[4]。

1.2.2　装备维修管理职能

装备维修管理职能通常是在具体维修活动过程中通过具体的项目管理来体现的，主要包括计划、组织、指挥、协调、控制五项基本职能。

(1) 计划。计划通常是预测未来、确定目标、决定方针政策、制订和选择方案、采取切实可行的措施，完成预定的任务目标。

(2) 组织。组织是通过一定的机构系统，把装备维修的各个要素、各个环节、各个方面科学地集合、调度、运转起来，形成一个有机、有效的整体网络。

(3) 指挥。指挥是通过一定的信息传递手段，如文件、电报、电话等发布命令、下达指示或者现场指导，对装备维修工作各岗位的人员进行有效的领导和调度，是保证装备维修活动顺利进行必不可少的条件。装备维修保障系统的人、财、物和环境等诸要素结合成一个整体后，如果没有统一的指挥，就不能进行正常的维修活动，从而影响系统的整体效能。因此，装备维修保障系统必须实行集中统一的指挥。

(4) 协调。协调是指为了有效地完成装备维修任务，把与维修有关的各种管理活动加以调节，使其步调统一而进行的工作。协调分为纵向协调和横向协调、对内协调和对外协调。纵向协调是从各级机关及机关到部队之间的协调，含有保持步调一致的意思。横向协调是机关内部之间、各级机关与承修单位之间的横向配合。对内协调是装备大系统或者各级机关与部队、承修单位内部小系统之间的协调。对外协调是以建制单位为系统开展的系统以外的协调。从大的方面来说，还有军内、军外的系统协调。

(5) 控制。控制是检查装备维修活动进展情况和纠正偏差的工作过程。其目的在于及时发现问题、有效解决问题，以保证装备维修保障计划的顺利落实。装备维修控制的手段包括确定标准、检查执行情况、纠正偏差及总结经验教训等。

装备维修管理五个方面的基本职能是互相联系、互相制约的有机整体，环环相扣，进而形成了装备维修的闭路循环和基本活动。

1.2.3　装备维修管理基本要求

装备维修管理基本要求如下：在思想认识上，必须坚持确立装备全系统全寿命管理的观念；在行为指导上，必须坚持以可靠性为中心的维修思想；在管理环节上，必须坚持统筹兼顾、突出重点、跟踪问效；在维修项目管理上，必须坚持摸清状态、遵循规律、落实要求；在维修施工管理上，必须坚持保证质量、按期完工、降低成本。

1.2.4 装备维修体制

装备维修体制是组成装备维修体系的骨干部分，由装备维修管理体制和装备维修作业体系构成。一般来说，装备维修体制对维修管理的影响最大，不同的装备维修体制产生的维修思想、维修制度，采取的维修资源配置形式、维修手段和产生的维修效能等方面都有可能不同。

1. 装备维修管理体制

装备维修管理体制是为组织实施装备维修管理工作而确立的组织体系和相应制度，是科学运用装备维修保障力量，充分发挥装备维修保障能力的组织保证。其主要包括装备维修管理机构的设置、装备维修管理环节的确定、装备维修管理关系的确立和装备维修管理制度的建立。

1) 装备维修管理机构的设置

装备维修管理机构受装备发展水平、装备维修管理手段、装备维修管理方式及军队体制等多种因素制约，在不同的历史条件下，装备维修管理机构的设置虽有所不同，但精干、高效是设置装备维修管理机构的一贯原则。装备维修管理机构主要由装备维修组织计划机构和装备维修保障实施机构组成。

(1) 装备维修组织计划机构主要是担负装备维修管理职能的各级机关。其主要职能是计划并组织实施装备维修保障及其相关工作。

(2) 装备维修保障实施机构主要是各级装备维修保障部(分)队。其主要职能是具体负责实施装备的技术鉴定、日常维护、修理、零部件供应等工作。

2) 装备维修管理环节的确定

装备维修管理环节影响着装备维修保障工作的效率。在装备维修管理能力适应的范围内，装备维修管理环节越少，层次越简化，装备维修管理体制的运行越顺畅。

3) 装备维修管理关系的确立

确立合理的装备维修管理关系，有利于提高装备维修管理效率。装备维修管理各部门接受上级业务部门的指导，在本级相关部门的配合下组织实施各项装备维修管理任务。

4) 装备维修管理制度的建立

建立明确合理的装备维修管理制度，是装备维修管理在现行体制下顺利实施的根本保证，通常依据军队编制体制、作战样式、战场环境、装备实际状况等建立相应的装备维修管理制度。

2. 装备维修作业体系

依据装备编制及维修保障需求，军队在装备维修活动中建立了装备维修作业体系。装备维修作业体系的机构设置和任务分工，一般应做到装备尽可能在原地修复，在本级无力修复时，能够立即报送上级维修机构修理或得到上级维修机构支援修理。因此，装备维修作业体系需要根据装备编制及其维修保障需求的变化不断进行调整和完善。装备维修作业体系的运行，通常采用建制修理与综合划区修理相结合的方式，即专用装备以建制修理为主，按军种隶属的建制关系，由建制内的修理单位对所属装备进行修理；通用装备实行打破系统和建制的统一划区修理，在此基础上，积极发展综合划区修理，在划定的区域内各军种相同或类似的装备实行统一组织修理。实行建制修理与综合划区修理相结合的运行方式，能充分利用军队的维修力量提高维修的军事效益和经济效益。

装备维修作业体系由军队所属的维修厂(站)或维修分队及各级部队编设的修理分队构成，按照维修场所和维修机构的能力，一般分为基地级和部队级从高到低的两个级别。

1.3 装备维修保障计划管理

装备维修保障计划管理是实施装备维修保障的基础。近年来，我军对装备维修保障计划工作越来越重视，在各类规章制度中对装备维修保障计划管理工作进行了明确，形成了较为规范的装备维修保障计划管理模式。科学管理、依法管理、高效管理的思想逐渐渗入管理过程的各个方面，为不断完善和优化装备维修保障计划管理，提高装备维修的军事效益和经济效益提供了方法和依据。

1.3.1 装备维修保障计划管理概述

计划是指工作或行动以前预先拟定的具体内容和步骤。计划的含义非常广泛，既可以是总体规划和方案，也可以是具体的工作程序，主要包含预期达到的目标、时间进度、责任人、所需的资源等内容，从本质上讲，它是一个结论，一个方案，是一个对未来行动的表述。总而言之，计划是一个对未来进行预测，设立目标，选择方案的系统活动过程。计划一般包括三个特征：①必须与未来有关；②必须与行动有关；③必须有相应的组织结构对未来行动的实现负责。

管理是指依靠一定的组织结构为达到既定目标对某些对象实施的有意识、有目的的行为过程[5]。装备维修保障计划管理就是按照计划来进行装备维修保障系统的组织活动。具体地说，就是用计划来组织、指导、协调和控制各项装备维修活动，使各项装备维修活动有机地结合起来，使人力、物力、财力及各个装备维修环节之间得以平衡，以取得良好的维修效果[6]。装备维修保障计划管理属于预先管理的范畴，具有明显的事先性和不确定性。

装备维修保障计划管理是把装备维修管理部门的各项工作及期望达到的目标加以统一，对各项工作的内容、步骤和实施程序加以科学的安排与规定。现代装备是由各种专业领域科学技术交叉集成的系统，其制造先进性、组成复杂性带来了装备维修工作内容庞大、涉及面广、难度高、耗费大等问题。因此，要顺利完成各项装备维修任务，需要制订详细和完备的计划以确定资源配备、人力安排，并进行大量的沟通协调工作。优化装备维修保障计划管理，是合理利用维修资源，及时、全面地保障装备完好性的重要环节，对维修工作的组织开展和正常进行有着至关重要的作用。

1. 装备维修保障计划分类

装备维修保障计划是指为组织实施装备维修保障而制订的计划，是为了有效地完成装备维修任务而对未来的维修活动进行的部署和安排，包括预测任务、确定维修目标、决定维修方针、制订维修方案等。

装备维修保障计划具有严密的系统性，内部联系盘根错节，异常复杂，需要各级维修部门和装备管理部门密切协同，相互配合方能完成。这就要求各级维修部门围绕着计划的总目标，按照不同的方法对装备维修保障计划进行分类，将其划分为不同层次或不同性质的分计划，形成一个包含高级管理层战略计划及基层操作人员作业计划的完整的装备维修保障计划管理系统，通过各项分计划的完成来实现最终计划[7]。

装备维修保障计划按计划时间分为长期计划、年度计划、季度计划。长期计划又可称为规划或纲领性计划，一般为3～5年或10年，体现装备维修工作的开展方向、规模、技术水平等，是管理部门在较长时间内指导装备维修工作的重要依据。年度计划具有指令性，是确定年度内装备维修任务、主要指标、实施措施和步骤的计划，是组织年度内装备维修工作的基础，也是装备维修保障计划管理工作中的主要形式。季度计划是落实年度装备维修任务、控制装备维修进度的详细计划。按时间对装备维修保障计划分类有利于从整体上了解和掌握计划的进展情况，及时反映出装备维修过程中出现的各种问题，便于装备维修保障计划的适时控制和调整。

装备维修保障计划按计划内容分为综合计划、单项计划和专项计划。综合计划是反映装备维修任务、进度安排、物资和经费保障全面情况的计划。单项计划是反映装备维修任务、物资、经费、科研等某一方面的计划。专项计划是为保障部队执行重大任务、进行重大活动的专门计划，如装备战备(任务)维修保障计划、战损(事故)临时抢修计划等。装备维修保障计划按内容进行分类有利于各项装备维修任务的监控和人员、物资、经费等资源的分配利用。

装备维修保障计划按计划过程分为需求计划和实施计划。需求计划是反映装备需求情况的计划，根据掌握的事实和经验对影响计划实现的内外部不可控因素进行假定，对计划的可行性形成正确的认识和清晰的评估，最终形成需求任务。实施计划是根据实际的人力、物力和财力等维修资源确定的可行计划，也称为行动计划。按装备维修保障计划过程分类可以使管理者明确计划的目标方向和具体实施方法，有利于计划朝着预期的目标发展。

装备在使用期内的维修是一个连续过程，无论装备维修保障计划是按照什么原则划分的，所有的计划都应该是装备维修连续过程的组成部分，也就是说各类装备维修保障计划必须在时间、内容、层次上相互衔接，协调一致，形成严密的装备维修保障计划体系，才能使装备维修保障计划真正起到保证装备维修工作正常进行的作用。

2. 装备维修保障计划管理概念

装备维修保障计划管理是指对装备维修保障计划的申请、编制、审批、下达、执行、监督、检查等一系列活动的统称。装备维修保障计划管理是装备维修保障管理的首要职能，是装备维修保障各项管理的起点，也是各项管理的终点——实现既定的目标。

3. 装备维修保障计划管理对象

构成一个完整装备维修保障计划的各个要素就是装备维修保障计划管理的对象。装备维修保障计划管理是一种活动、一项工程、一种理论，也是一门学科，主要研究装备维修保障计划管理过程中的各种关系，揭示装备维修保障计划管理的规律性。装备维修保障计划与其他所有计划一样，应包括基本情况分析、具体任务和要求、实施方法及措施、资源投入与进度等方面，简单地说就是一个要维修什么、怎么组织维修的行动指南。因此，根据装备维修保障计划的目标和内容，装备维修保障计划管理的对象主要包括装备维修任务、装备维修保障经费、装备维修物资、装备维修人员(后三种可统称为装备维修资源)及其相互之间的内在关系[8]。

(1) 装备维修任务是为使指定装备保持和恢复到规定的战术技术水平所必须完成的工作，包括各种装备维护保养和装备修理任务。在不同时间段，装备维修任务有所不同；对于不同的装备和处于不同服役期的相同装备，其维修任务也有区别。可见装备维修任务是极具多样性和复杂性的，这就决定了装备维修保障计划必须根据实际情况区分轻重缓急，科学合理地安排装备维修任务。

(2) 装备维修保障经费是指维护、修理和管理各类装备使之经常保持良好状态所需的费用。装备维修保障经费是保证装备维修工作顺利进行，保持和提高部队战斗力的重要财务保障。随着装备的发展，我军装备维修经费不断增加，对装备维修保障经费的管理提出了更高要求。同时，装备维修保障经费需求与供给的矛盾仍非常突出，如何分配各项装备维修保障经费，使之产生最大的军事效益和经济效益，要靠装备维修保障计划的制订和执行加以约束及规范。

(3) 装备维修物资，泛指用于装备维修的一切器件和材料，如装备维修设施、备件、附品、装具等。按照使用性质，可将装备维修物资分为战备储备维修物资、正常供应维修物资与配套装备维修物资三种类型。它是装备维修的物质基础，在实际工作中，也常将其称为供应品。其中，备件是一种十分重要的装备维修物资，对装备的战备完好性和战斗力具有重要影响。随着装备复杂程度的提高，备件品种和数量的确定与优化问题也越来越突出，备件费用在装备维修保障经费中所占比例也呈现上升趋势。对装备维修物资的确定和分配关系到装备维修活动的正常开展，也是装备维修保障计划管理的一个重要方面。

(4) 装备维修人员是装备维修活动的主体，包括修理人员、技术人员和管理人员，其中，修理人员主要有维修装备使用人员和维修职工。人力资源是维修资源中具有主观能动性的最活跃的因素，人的素质将直接影响装备维修保障的质量。装备再优良，保障设备再先进，没有合格的装备维修人员，也是不能奏效的。因此，装备维修保障计划管理应对装备维修人员的数量和质量提出要求，规划和安排装备维修人员的业务技能训练，并适时地对装备维修人员进行技能考核和评估。

作为装备维修保障计划管理的对象，装备维修任务、装备维修保障经费、装备维修物资和装备维修人员四者之间相互影响，相互作用，缺一不可。装备维修任务是装备维修保障计划管理的中心和最终目标，人力、物力、财力的准备都是为了完成装备维修任务、保持装备完备率而存在的；而人力、物力、财力是装备维修任务的保障力量，不能避开这三方面来谈装备维修任务。首先，装备维修保障经费是装备维修工作的财务保障，装备维修保障经费的管理贯穿整个装备维修工作的全过程和各方面，装备维修保障经费的分配影响到装备维修任务的顺利完成和人力、物力等资源作用的发挥；其次，装备维修物资是装备维修工作的物质保障，装备维修物资的调拨、运输与库存是否合理和及时关系到维修任务完成的质量；最后，装备维修人员是装备维修工作的智力支持，装备维修人员素质的提高关系到维修技术和维修管理的进步，人力资源的合理分配还能达到节约装备维修保障经费的作用。总而言之，装备维修保障计划管理的对象不仅在装备维修工作中各自发挥着重要作用，而且它们相互之间还存在着错综复杂的联系，每一方面的变动都将影响到装备维修保障计划的最终结果。因此，在进行装备维修保障计划管理时，需要谨慎考虑各方面因素，充分研究它们之间的作用规律，协调处理好它们之间的关系，合理安排各项装备维修工作，尽力做到利用有限的资源，保质保量地完成装备维修任务，达到最大的军事效益和经济效益。

4. 装备维修保障计划管理的任务和作用

1) 任务

装备维修保障计划管理的基本目标是保持和提高装备完好率，优化装备维修保障资源，提高装备维修的军事效益和经济效益，促进装备维修工作持续、稳定、均衡地发展。装备维修保障计划管理主要有以下四方面的任务。

(1) 通过装备维修保障计划的编制、审核、执行、检查和总结，协助决策者进行装备维修决策。

装备维修保障计划管理要根据战略方针和未来战争的要求及装备自身的性能特点，对装备维修任务、装备维修保障经费、装备维修物资和装备维修人员等进行科学的预测，然后将预测结果与装备维修部门的有利条件结合起来，为装备维修部门决策者的实际工作提供参考。制订计划时除了提出计划目标外，还要对实现计划目标的途径和一些具体步骤做出说明与规定，提出建设性的意见。计划制订后，更重要的是执行计划，达到计划目标，按计划组织业务活动。必须按照规定严格执行维修活动，如果在执行过程中遇到如超经费、拖进度等困难和问题，那么装备维修部门领导应给予重视，采取有效措施加以监督和控制。维修目标完成后，装备维修部门还应及时对装备维修保障计划进行检查和总结，评估装备维修效益，从中汲取经验教训，为以后装备维修保障计划的制订和实施提供指导。

(2) 协调装备维修任务、装备维修保障经费、装备维修物资、装备维修人员等各方面的关系，促进装备维修任务的实现。

装备维修任务的实现要投入一定的时间、人力、物力和财力。装备维修部门需对拥有的器材、设施设备、技术力量、资金等做出统筹安排，优化资源配置，提高装备维修效益。如果由于装备维修任务的不同和各级装备维修部门内部的利益关系不同，在装备维修过程中产生了矛盾或不平衡现象，那么装备维修保障计划管理人员要及时协调装备维修任务、装备维修保障经费、装备维修物资、装备维修人员等各方面的关系，合理分配装备维修任务和资源，尽量保持各部门的平衡；如果实际维修情况较大程度地偏离了装备维修保障计划，那么应该及时对装备维修保障计划进行调整，用新的装备维修保障计划指导新情况下的装备维修活动，使装备维修任务得以顺利完成。

(3) 协调装备使用、保养、修理、训练等方面的关系，保障部队战备、执勤、训练任务的完成。

装备维修保障计划管理过程中应该充分考虑装备的使用、保养、修理、训练等活动需要，制订计划时必须调查分析部队装备的实际使用、保养情况，了解部队的装备修理需求，合理安排需修装备维修次序，对重要战备和训练任务急需装备采取及时维修，对老旧装备和没有训练任务的装备推迟维修，做到区分主次、把握轻重、明确缓急、协调安排各类装备的维修工作，保证部队各项任务的顺利完成。

(4) 通过装备维修保障计划管理工作的开展和推进，建立健全各项管理制度。

装备维修保障计划管理制度的建立能规范计划管理的程序和涉及的各个方面，提高装备维修保障计划的严肃性和权威性。装备维修保障计划管理部门在坚决贯彻执行上级有关装备维修工作的方针、政策、法规和指示，拟定装备维修工作规划、计划和规章制度，组织装备维修保障计划实施的同时，也要针对本单位、部队的装备维修任务和实际情况，制定行之有效的装备维修保障计划管理制度，建立决策有力的装备维修保障计划管理组织结构。通过管理和实践工作，建立健全装备维修保障计划审批制度、检查制度、统计报告制度等管理制度，对装备维修保障计划层层分解，实行目标管理责任制，经常检查和督促，通过制度的约束力使各项维修工作落到实处。

2) 作用

装备维修保障计划管理是装备维修管理中最全面、最综合、最重要、最基本的管理工作，是装备维修部门一切活动的起点和“龙头”，是各项管理工作的前提和核心。装备维修保障计划管理发挥着以下五个方面的重要作用。

(1) 装备维修保障计划管理的指挥和协调作用。

不管是分配任务、协调资源配置，还是开展业务活动都必须以计划为根本依据。装备维修保障计划管理者要把有计划地配置资源与实现装备维修任务的目标有机结合起来，在上级总体装备维修规划的指导下开展装备维修工作，并通过装备维修目标的确立和各项计划的分解与实施，使装备维修部门各方面经常保持高度协调与统一，有利于发挥装备维修保障计划管理的整体功能。

(2) 装备维修保障计划管理的监督和控制作用。

对维修过程的控制标准是根据计划制定的，监督和控制的关键在于努力使实际工作与计划要求相一致，通过对装备维修保障计划的实施与反馈进行监控，可以及时调整维修决策和管理措施，使装备维修部门各项要素经常处于最佳状态，进而取得最好的装备维修效果。

(3) 装备维修保障计划管理的降低风险作用。

装备维修保障计划管理者在计划制订之前，需要收集各方面信息，研究以前的装备维修保障计划，据此对将来各种不确定性因素进行分析，并且在计划的制订中充分考虑这些不确定性因素，有时还需要针对这些不确定性因素制订应急计划。因此，装备维修保障计划管理可以起到降低装备在维修过程中出现不确定性因素的作用。

(4) 装备维修保障计划管理的提高效率和效益作用。

装备维修保障计划工作最重要的内容是有效地安排各种工作并合理配置各种

资源，努力减少各种资源的浪费，使装备在有限的资源保障下，战术技术性能得到最大限度的保持和恢复。因此，装备维修保障计划管理可以在提高维修效率和效益方面发挥重要作用。

(5) 装备维修保障计划管理的激励作用。

通过装备维修保障计划的分解、实施与考核，奖励先进、鞭策后进，有利于调动装备维修人员的工作热情和积极性；同时，对装备维修人员进行技术培训，也有利于装备维修人员专业技能的完善和自身素质的提高。

5. 装备维修保障计划管理的要求

装备维修保障计划管理是带有政策性、科学性和强制性的活动，在任何时刻都必须严格装备维修保障计划管理，确保各项装备维修任务的圆满完成。在开展装备维修保障计划管理工作时，需要严格落实以下要求：

(1) 贯彻军队的各项方针、政策，落实上级的指示、指令和要求。下级装备维修保障计划必须服从上级下达的指令性计划，装备维修保障计划必须服从装备总体建设与发展计划。

(2) 以系统整体观念统筹维修全局。装备维修保障计划要保障重点，兼顾一般，优先保障重点部队、重点方向和重点装备的维修需要；要立足现实，着眼发展，在既定的维修保障条件下，通过计划协调最大限度地完成装备维修任务。

(3) 装备维修保障计划编制必须运用科学的手段和方法，充分调查研究，实施系统分析，进行科学预测，善于综合权衡，优选计划方案，增强装备维修保障计划的科学性、针对性、规范性。装备维修保障计划必须依据装备的实力和技术状况、部队战训执勤任务用装需要、装备维修保障经费和物资保障情况及承修单位的维修实力科学拟订。

(4) 装备维修保障计划执行过程中必须跟踪管理，加强计划检查考核工作，保证计划顺利进行。应定期评估计划执行情况、组织计划执行情况清理和召开分析协调会研究重点难点问题，督促年度装备维修保障计划的执行。按时组织装备维修保障计划管理工作会，进一步加大计划执行跟踪问效和监督检查力度，提高计划执行率和计划执行效果。

(5) 在维护装备维修保障计划管理工作严肃性和权威性的基础上，要使计划具有一定弹性，这样才能适应维修环境变化。任何单位不得擅自更改和调整装备维修保障计划项目，年度装备维修保障计划、历年结转装备维修保障计划及预算的调整必须按权限报批后，方可进行微调。

(6) 装备维修保障计划内部必须协调和平衡，合理分配和核算装备维修保障计划中的装备维修保障经费、装备维修物资、装备维修人员、装备维修时间、装备维修信息等资源要素，系统内各层次、各环节之间的计划要互相协调，长、中、短期计划要互相衔接、共同作用以达到保障装备维修任务的最终目标。

(7) 利用计算机信息管理，推动装备维修保障计划信息化。重视装备维修保障计划信息的搜集、整理、分析与反馈，健全装备维修保障计划统计报表制度，充分利用装备维修保障计划信息资源，建立装备维修保障计划信息系统，并建立装备维修保障计划管理信息系统，采用计算机辅助计划决策。

(8) 装备维修保障计划管理要讲究军事效益和经济效益，合理使用维修资源，严控经费开支渠道，节约维修经费，优化装备维修保障计划，缩短维修时间，保证维修质量。

6. 装备维修保障计划管理的基本标准

装备维修保障计划是实现预定目标的行动进程，反映装备维修应达到的目标和水平，是衡量战斗力的组成部分。实现目标要有衡量的标准，装备维修保障计划指标就是其表示方法。装备维修保障计划指标通常分为数量指标和质量指标两大类。

1) 数量指标

数量指标是指在计划期内，装备维修在数量上应达到的规定目标，一般用绝对数表示，如装备使用的摩托小时、维修台数、各种物资的需要量、储备量、维修费用和其他费用的总和、装备维修人员数量等[9]。

2) 质量指标

质量指标是指在计划期内，装备维修在质量上应达到的规定目标，也就是人力、物力、财力等方面利用程度的数值，一般用相对数表示，如装备的故障率、装备的有效度、装备修理的劳动生产率、单位产品材料消耗定额、材料利用率、自制件与修复件的合格率、废品率、单位产品的费用、设备的利用率等。

装备维修保障计划指标应具有先进水平，它是介于平均水平(指上期实际已经达到的水平)与最先进水平之间的平均水平，而且在计划期内的指标水平应比该平均水平要高，是需经过努力可以实现的指标水平。

1.3.2　装备维修保障计划管理工作内容

为了加强装备维修保障计划工作，充分发挥装备维修保障计划职能，提高装备维修效益，必须加强装备维修保障计划工作的管理。装备维修保障计划是实施装备维修保障的首要环节，是组织、指挥、协调、控制装备维修工作的基础。装备维修部门必须加强对装备维修保障计划工作的组织与领导，健全装备维修保障计划业务机构，增强装备维修保障计划人员素质，不断提高装备维修保障计划管理水平。

装备维修保障计划部门是装备维修管理的宏观控制部门，并对装备的使用需求、装备的技术状况、现有维修能力、可能的经费供给等情况进行研究，以制订出合理的装备维修保障计划。

各装备部机关的装备维修保障计划管理人员，要积极贯彻上级领导、机关和本级领导的指示精神，结合装备维修管理工作的实际情况，拟定具体的落实办法和措施，对下级装备维修保障计划管理工作实施业务指导。在日常工作中，负责草拟有关装备维修保障计划问题的批阅件、专题报告、请示等文件，为本级部门和业务处领导当好参谋。负责组织编拟、会审、下达及调整、考核装备维修正常年度计划与补充计划，跟踪掌握装备维修保障计划执行情况，并对相关报表、数据资料进行统计分析和整理汇编，及时报告给领导。了解装备修理动态，留意装备维修保障计划执行中存在的问题，收集修理信息，及时调整、分析报告与反馈。深入调查研究，掌握装备当前的技术状况和保障情况，随时了解装备维修厂(站)和地方有关装备修理单位的修理能力，随时掌握装备的器材配件保障情况。认真及时地做好装备修理的月度、季度、半年、全年装备维修保障计划的考核工作，收集、整理有关档案资料。

1.3.3 装备维修保障计划管理系统的特性分析

任何事物都是作为系统而存在的，装备维修保障计划管理也是如此。装备维修保障计划管理是一项复杂的系统工程，需要加以全面认识。

1. 装备维修保障计划管理系统的整体性

装备维修保障计划管理系统不仅是由装备维修本身的计划管理、经费预算管理、物资器材计划管理、维修力量的计划管理等互相联系着的各个要素构成的有机整体，而且与方针政策、相关指示、装备发展计划、部队作战训练对装备维修保障的需要等环境因素联系着。因此，装备维修保障主管部门必须树立整体观念，在编制装备维修保障计划时，要充分考虑内外界各种因素，使人力、物力、财力达到最优组合。

2. 装备维修保障计划管理系统的结构性

装备维修保障计划管理系统是由机构、成员、设备按一定方式组合而成的。因此，加强装备维修保障计划管理要和健全装备维修管理体制、提高计划人员素质、采用先进技术等诸多因素结合在一起进行全盘考虑，从总体上提高装备维修保障计划管理水平。

3. 装备维修保障计划管理系统的层次性

装备维修保障计划管理系统的不同层次既有不同点，也有共同点。作为军兵种一级的装备维修保障计划管理，要以上级指示、计划有关标准制度及军兵种领导对该项工作的指示要求为依据，结合本系统所辖装备的技术状况及人力、物力、财力的情况进行计划的编制工作。作为全军装备维修保障计划管理归口管理部门，在编制计划时，既要考虑全军装备技术状况、部队作战训练需要，又要考虑我军建设指导思想的转变、武器装备的发展趋势、国防经费保证的允许程度、维修力量的状况和各类装备的整体效益。这是不同层次装备维修保障计划管理的不同点，它们的共同点是在人力、物力、财力允许的条件下，通过装备维修保障计划的综合平衡合理地利用维修资源，以获取最佳的军事效益和经济效益。

在装备维修保障计划管理中，多头分散的装备维修管理体制、独立封闭式的计划管理思想，站在本系统需要的立场上搞计划的管理方式易使我军有限的人力、物力、财力得不到充分发挥。为了解决这个问题，必须把装备维修保障计划管理工作统一起来，使其上下左右的维修活动协调发展，充分发挥装备维修保障系统的整体效益，运用系统分析方法全方位进行综合治理。

1.3.4 装备维修保障计划管理研究的必要性

对装备维修保障计划管理进行研究，是解决当前维修困境、提高维修效益的重要手段和方法，具有重要的军事意义和经济意义。

1. 是提高装备维修管理水平的内在要求

装备维修保障计划管理是装备维修管理的重要组成部分。装备维修保障计划为维修工作提出目标、指明方法并指导实施，是进行维修管理最关键、最首要的环节。如果对装备维修管理缺乏足够的重视，在管理制度、执行力度和检查监督上抓得不紧，就可能造成难以消除的弊端。良好的装备维修保障计划管理体制和运行机制不仅能使装备维修保障计划按规定程序贯彻落实，保证较好的装备维修保障计划执行率和维修效果，而且对装备维修管理的整体起到带动和辐射作用，使装备维修管理体系得到进一步完善。因此，要提高装备维修管理水平必须完善和优化装备维修保障计划管理。

2. 是提高装备维修军事效益和经济效益的必然要求

现阶段装备维修面临任务重、经费供需矛盾突出的双重难题，如何运用有限的经费和资源保障必需的维修项目是维修实践活动中需要考虑和重视的关键问题[10]。在装备维修保障计划管理实践中，必须对其进行优化研究，依靠编制装备维修保障计划时充分的考察调研，反复的协调权衡，力求装备维修保障计划实事求是，适应战备需要；通过装备维修保障计划的执行，合理分配和利用各种资源；通过以维修效益为标准的装备维修保障计划的综合评估，检验装备维修保障计划管理的制定及执行情况，对装备维修保障计划加以调整和控制。最终以最优化的资源配置确保装备维修任务有效完成，从而提高装备维修的军事效益和经济效益。

3. 为装备维修工作提供科学合理的依据

装备维修是一个复杂而有序的过程，涉及确定维修思想、选择维修策略、制订维修方案和实施具体维修等内容；装备维修同时也是一门系统工程，要求运用装备全系统全寿命的观点和现代的科学技术方法进行。这就对维修工作的计划性提出了更高的要求。高水平的装备维修保障计划管理不仅给维修提供了科学的资源配置、进度安排，而且制定了维修任务目标，使与装备维修保障计划相关的所有人员围绕这个目标共同奋斗，能让装备维修工作有条不紊地进行下去。因此，只有不断提高装备维修保障计划管理水平，才能使其更好地指导装备维修工作，适应装备全系统全寿命管理的要求。

1.4 本章小结

本章主要介绍了装备维修保障计划管理的基础知识，包括装备维修的基本概念、任务和内容、分类、思想、原则和方式，装备维修管理的概念、职能、基本要求，装备维修保障计划管理的主要内容、系统特性和研究必要性等，通过这些内容可以对装备维修保障计划的基本情况有初步的认识，明确装备维修保障计划的基本特点和重难点问题，为后续装备维修保障计划管理工作的具体实施奠定了基础。

参考文献

[1] 徐绪森，王宏济，甘茂治．装备维修工程学[M]．北京：国防工业出版社，1994.
[2] 甘茂治，康建设，高崎．军用装备维修工程学[M]．2 版．北京：国防工业出版社，2005.
[3] 顾德均．航空电子装备修理理论与技术[M]．北京：国防工业出版社，2001.
[4] 舒正平，等．军事装备维修管理学[M]．北京：国防工业出版社，2013.
[5] Hicks P E. Introduction to Industrial Engineering and Management Science[M]. New York: McGraw Hill, 1977.
[6] 昝云龙．组织与管理[M]．北京：原子能出版社，2003.
[7] Sage A P, Rouse W B. Handbook of Systems Engineering and Management[M]. New York: John Wiley & Sons, 1999.
[8] 李积源．海军舰船装备管理[M]．北京：海军装备进修学院，1991.
[9] 曹小平，林晖．装备维修经济学[M]．北京：经济科学出版社，2005.
[10] 端木京顺，张诤敏，武维新．装备维修技术经济[M]．北京：国防工业出版社，2003.

第 2 章　装备维修保障计划管理理论基础

装备维修保障计划管理工作涉及面广、要素多、过程长、难度大，为了实现装备维修保障计划的科学化管理，需要系统的管理理论和方法作为指导。本章将重点介绍装备维修保障计划管理的基本理论和方法，为后续内容奠定理论基础。

2.1　装备维修保障计划管理基本思想

管理思想是人们对管理过程中发生的各种关系的认识总和，是由一系列观念或观点构成的知识体系，它是指导管理人员从事各项管理活动的路标和蓝图[1]。管理思想大致经历了古代管理思想、古典管理理论、行为科学管理理论等不同时期。

随着管理活动专业化的不断提升，一批又一批的管理思想家和管理理论学说不断涌现。所有管理思想都试图解释当时面临的具体管理问题，并为将来解决这些管理问题提供方法。目前，主要的管理思想包括科学管理、目标管理、人本管理、质量管理、授权管理、品牌管理、标准化管理、规范化管理、创新管理、组织文化、学习型组织、流程再造管理、精细化管理等。根据装备维修保障计划管理的工作特点和现实需求，本节重点针对科学管理、目标管理、标准化管理、规范化管理和精细化管理展开论述。

2.1.1　科学管理

1. 概念内涵

科学管理理论，由科学管理之父——弗雷德里克·温斯洛·泰勒提出。泰勒认为科学管理的根本目的是谋求最高劳动生产率，最高的工作效率是雇主和雇员达到共同富裕的基础，达到最高工作效率的重要手段是用科学化、标准化的管理方法代替经验管理[2]。

泰勒对科学管理的定义可以概括如下：科学不是单凭经验的方法；协调不是不和别人合作，不是个人主义；最高的产量取代有限的产量；发挥每个人最高的效率，实现最大的富裕。这个定义，既阐明了科学管理的真正内涵，又综合反映了泰勒的科学管理思想。

2. 主要内容

1) 工作定额原理

泰勒认为管理的中心问题是提高劳动生产率。为了改善工作效率，他对企业提出了以下要求：①要设立一个专门制定定额的部门或机构，这样的部门或机构不但在管理上是必要的，而且在经济上也是划算的。②要制定出有科学依据的工人的合理日工作量，通过各种试验和测量，进行劳动动作研究和工作研究。其方法是选择合适且技术熟练的工人；研究这些工人在工作中使用的基本动作或动作的精确序列，以及每个工人所使用的工具；用秒表记录每一个基本动作所需的时间，加上必要的休息时间和延误时间，找出做每一步动作的最快方法；消除所有错误动作、缓慢动作和无效动作；将最快、最好的动作和最佳工具组合在一起，成为一个序列，从而确定工人的合理日工作量。③根据工作定额完成情况，实行差别计件工资制度，使工人的贡献大小与工资高低紧密挂钩。

2) 挑选头等工人

为了提高劳动生产率，必须为工作挑选头等工人，这既是泰勒在《科学管理原理》中提出的一个重要思想，也是他为企业的人事管理提出的一条重要原则。泰勒指出，健全的人事管理的基本原则是使工人的能力同工作相适应，企业管理者的责任是为雇员找到最合适的工作，培训他们成为第一流的工人，激励他们尽最大的努力来工作。为了挖掘人的最大潜力，必须做到人尽其才。因为每个人都具有不同的才能，所以不是每个人都适合做所有工作，这和人的性格特点、特长有着密切的关系。为了最大限度地提高劳动生产率，对于某一项工作，必须找出最适宜干这项工作的人，同时还要最大限度地挖掘最适宜干这项工作的人的最大潜力，才有可能达到最高的工作效率。因此，对任何一项工作必须要挑选出第一流的工人，即头等工人，然后对第一流的工人利用作业原理和时间原理进行动作优化，使其达到最高的工作效率。

3) 标准化原理

泰勒认为，科学管理是过去存在的多种要素的结合。他把旧的知识收集起来加以分析组合并归类成规律和条例，于是构成了一种科学。工人提高劳动生产率的潜力是非常大的，人的潜力不会自动呈现出来，怎样才能最大限度地挖掘这种潜力呢？方法就是首先把工人多年积累的经验知识和传统的技巧归纳整理并结合起来，然后进行分析比较，从中找出具有共性和规律性的东西，最后利用上述原理将其标准化，这样就形成了科学的方法。利用这一方法对工人的操作方法、使用的工具、劳动时间和休息时间进行合理搭配，同时对机器安排、环境因素等进行改进，消除各种不合理的因素，把最好的因素结合起来，形成一种最好的方法。

4) 计件工资制度

在差别计件工资制度提出之前，泰勒详细研究了当时资本主义企业中推行的工资制度，如日工资制度和一般计件工资制度等，其中也包括劳资双方收益共享制度和工资加超产奖金制度。经过分析，泰勒对这些工资方案的管理方式都不满意。

泰勒认为，现行工资制度存在的共同缺陷就是不能充分调动工人的积极性，不能满足效率最高的原则。例如，实行日工资制度，工资实际是按职务或岗位发放的，这样在同一职务或岗位上的人不免产生平均主义。在这种情况下，就算最有进取心的工人，不久也会发现努力工作对他没有好处，最好的办法是尽量减少做工而仍能保持他的地位。这就不可避免地将大家的工作拖到中等以下的水平。又如，在传统的计件工资制度中，虽然工人在一定范围内可以多干多得，但超过一定范围，资本家为了分享迅速生产带来的利益，就要降低工资率。在这种情况下，尽管工人努力工作，也只能获得比原来日工资制度略多一点的收入。这就容易导致以下情况：管理者千方百计地使工人增加产量，工人则会控制工作速度，使他们的收入不超过某一个工资率，因为工人知道，一旦他们的工作速度超过了这个数值，计件工资就会降低。

5) 劳资双方的密切合作

泰勒指出：资方和工人的紧密关系、组织和个人之间的深入合作，是现代科学管理或责任管理的精髓。他认为，没有劳资双方的密切合作，任何科学管理的制度和方法都难以实施，难以发挥作用。那么，怎样才能实现劳资双方的密切合作呢？泰勒指出，必须使劳资双方实行一次完全的思想革命和观念上的伟大转变，即劳资双方不再把注意力放在收益分配上，不再把收益分配看成最重要的事情，而是把注意力放在如何增加收益上，通过收益的增加，使得关于如何分配收益的争议变得没有必要。

6) 建立专门计划层

泰勒指出：在旧体制下，所有工作程序都由工人凭借自己或师傅的经验去完成，工作效率由工人自己决定。这与工人的熟练程度和个人的心态有关，泰勒深信这不是最高的工作效率，必须用科学的方法对其进行改变。为此，泰勒主张：资方要采用科学的方法，均分资方和工人之间的工作和职责，要把计划职能与执行职能分开，并在企业设立专门的计划机构。泰勒在其著作中为专门设立的计划部门规定了 17 项主要负责的工作，包括企业生产管理、设备管理、库存管理、成本管理、安全管理、技术管理、劳动管理、营销管理等各个方面。泰勒所说计划职能与执行职能分开，实际上是把管理职能与执行职能分开；设置专门的计划机构，实际上是设置专门的管理部门；均分资方和工人之间的工作和职责，实际上是让资方承担管理职责，让工人承担执行职责。这就进一步明确了资方与工人之间、管理者与被管理者之间的关系。

7) 职能工长制

泰勒不但提出将计划职能与执行职能分开，而且提出必须废除当时企业中军队式的组织而代之以职能式的组织，实行职能式的管理。泰勒认为在军队式组织的企业里，工业机构的指令是从经理经过厂长、车间主任、工段长、班组长而传达到工人的。在这种企业里，工段长和班组长的责任是复杂的，需要其具备相当的专业知识和才能,因此只有本来就具有良好素质并受过专门训练的人才能胜任。泰勒列举了在传统组织下作为一个工段长应具有的几种素质，即基本的常识、专业的技术知识、快速的反应力、充沛的精力、坚强的毅力、诚实的品格、敏锐的判断力、良好的健康状况等。但是，每一个工段长不可能同时具备这几种素质。为了事先规定好工人的全部作业过程，必须使指导工人干活的工段长具有过硬的素质。因此，为了使工段长职能有效地得到发挥，就要进行进一步的细分，使每个工段长只承担一种管理职能。为此，泰勒设计出 8 个职能工段长，来代替原来的一个工段长。这 8 个职能工段长 4 个在车间、4 个在计划部门，在其职责范围内，每个工段长可以直接向工人发布命令。在这种情况下，工人不再听一个工段长的指挥，而是每天从 8 个职能工段长那里接受指示和帮助。

8) 例外原则

泰勒认为，规模较大的企业不能只依据职能原则来组织和管理，必须应用例外原则。例外原则是指企业的高级管理人员把一般的日常事务授权给下级管理人员负责处理，而自己只保留对例外事项、重要事项的决策权和监督权，如重大的企业战略问题和重要的人员更替问题等。这种例外原则至今仍然是管理中极为重要的原则之一。泰勒指出，经理只接受有关超常规或标准的所有例外情况、特别好和特别坏的例外情况、概括性和比较性的分析报告，以便有时间考虑企业重大的经营问题和重要的人事任免。泰勒提出的这种以例外原则为依据的管理控制方式，后来发展为管理上的授权、分权化等原则和事业部制等管理体制。

2.1.2 目标管理

1. 概念内涵

目标管理是由管理专家彼得 · 德鲁克于 1954 年最先提出的，其后他又提出目标管理和自我控制的主张。德鲁克认为，并不是有了工作才有目标，而是有了目标才能确定每个人的工作。如果一个领域没有目标，那么这个领域的工作必然被忽视。因此，管理者应该通过目标对下级进行管理，在最高层管理者确定了组织目标后，必须对其进行有效分解，转变成各部门及各个人的分目标，管理者根据分目标的完成情况对下级进行考核、评价和奖惩。

目标管理被提出以后，便在美国迅速流传。当时正处于第二次世界大战后西方经济由恢复转向迅速发展的时期，企业急需采用新的方法调动员工积极性以提高竞争能力，目标管理应运而生，并得到广泛应用，很快被日本、西欧国家的企业所仿效，在世界管理界大行其道。

2. 特点

目标管理的特点主要表现在以下方面。

1) 明确目标

研究人员和实际工作者早已认识到制定个人目标的重要性。美国马里兰大学的早期研究发现，明确的目标要比只要求人们尽力去做有更高的业绩，而且高水平的业绩是和高目标相联系的。人们注意到，在企业中目标技能的改善会继续提高生产率。然而，目标制定的重要性并不限于企业，在公共组织中也是有用的。在许多公共组织中，普遍存在的目标含糊不清对管理人员来说是一个难题，但人们已在寻找解决这种难题的途径。

2) 参与决策

目标管理中的目标不是像传统的目标设定那样，单向地由上级给下级规定目标，然后分解成子目标落实到组织的各个层次上，而是用参与的方式决定目标，上级与下级共同参与选择设定各对应层次的目标，即通过上下协商，逐级制定出整体组织目标、经营单位目标、部门目标直至个人目标。因此，目标管理的目标转化过程既是自上而下的，又是自下而上的。

3) 规定时限

目标管理强调时间性，制定的每一个目标都有明确的时间期限要求，如一个季度、一年、五年，或在已知环境下的任何适当期限。在大多数情况下，目标的制定可与年度预算或主要项目的完成期限一致。但并非必须如此，这主要依实际情况而定。一些目标应该安排在很短的时期内完成，另一些目标则要安排在很长的时期内完成。同样，在典型的情况下，组织层次的位置越低，为完成目标设置的时间往往越短。

4) 评价绩效

目标管理寻求不断地将实现目标的进展情况反馈给个人，以便他们能够调整自己的行动，也就是说，下属人员承担为自己设置具体的个人绩效目标的责任，并具有同其上级领导人一起检查这些目标的责任。因此，每个人对他所在部门的贡献就变得非常明确。尤其重要的是，管理人员要努力吸引下属人员对照预先设立的目标来评价业绩，积极参加评价过程，用这种鼓励自我评价和自我发展的方法鞭策员工对工作的持续投入，并创造一种激励的环境。

3. 实施原则

目标管理是现代企业管理模式中比较流行、比较实用的管理方式之一。它的最大特征就是方向明确,非常有利于把整个团队的思想和行动统一到同一个目标、同一个理想上来，是企业提高工作效率、实现快速发展的有效手段之一。

搞好目标管理并非一般人想象的那么简单，必须遵循以下四个原则。

1) 目标制定必须科学合理

目标管理能不能产生理想的效果、取得预期的成效，首先取决于目标制定的合理与否，科学合理的目标是目标管理的前提和基础，脱离了实际的工作目标，轻则影响工作进程和成效，重则使目标管理失去实际意义，影响发展大局。

2) 督促检查必须贯穿始终

目标管理，关键在管理。在目标管理的过程中，丝毫的懈怠和放任自流都可能贻害巨大。作为管理者，必须随时跟踪每一个目标的进展，发现问题及时协商、及时处理、及时采取正确的补救措施，确保目标运行方向正确、进展顺利。

3) 成本控制必须严肃认真

目标管理以目标的达成为最终目的，考核评估也是重结果轻过程。这很容易使目标责任人重视目标的实现，轻视成本的核算，特别是当目标运行遇到困难可能影响目标的适时实现时，目标责任人往往会采取一些应急的手段或方法，这必然导致实现目标的成本不断上升。作为管理者，在督促检查的过程中，必须对运行成本进行严格控制，既要保证目标的顺利实现，又要把成本控制在合理的范围内，因为任何目标的实现都不是不计成本的。

4) 考核评估必须执行到位

任何一个目标的达成、项目的完成，都必须有一个严格的考核评估。考核评估、验收工作必须选择执行力很强的人员进行，必须严格按照目标管理方案或项目管理目标逐项进行考核并给出结论，对目标完成度高、成效显著、业绩突出的团队或个人按章奖励，对失误多、成本高、影响整体工作的团队或个人按章处罚，真正达到表彰先进、鞭策落后的目的。

4. 基本步骤

由于各个组织活动的性质不同，目标管理的步骤可以不完全相同，但一般来说，可以分为以下四个步骤。

1) 建立一套完整的目标体系

实行目标管理，首先要建立一套完整的目标体系。这项工作总是从企业的最高主管部门开始，然后由上而下地逐级确定目标。上、下级的目标之间通常是一种“目的-手段”的关系；某一级的目标，需要用一定的手段来实现，这些手段就成为下一级的次目标，按级顺推下去，直到作业层的作业目标，从而构成一种锁链式的目标体系。

制定目标的工作与所有其他计划工作一样，需要事先拟定和宣传前提条件。这是工作的指导方针，如果指导方针不明确，那么不可能期望下级主管人员制定出合理的目标。此外，制定目标应当采取协商的方式，应当鼓励下级主管人员根据基本方针拟定自己的目标，然后由上级批准。

2) 明确责任

目标体系应与组织结构相吻合，从而使每个部门都有明确的目标，每个目标都有人明确负责。然而，组织结构往往不是按组织在一定时期的目标建立的，因此按逻辑展开目标和按组织结构展开目标之间时常存在差异。其表现是，有时从逻辑上看，针对一个重要的分目标却找不到对此负全面责任的管理部门，而组织中的有些部门很难为其确定重要的目标。这种情况的反复出现，可能最终导致对组织结构的调整。从这个意义上讲，目标管理还有助于搞清组织结构的作用。

3) 组织实施

目标既定，主管人员就应放手把权力交给下级成员，自己去抓重点的综合性管理。完成目标主要依靠执行者的自我控制。如果在明确目标之后作为上级主管人员还事必躬亲，便违背了目标管理的宗旨，不能获得目标管理的效果。当然，这并不是说，上级主管人员在确定目标后就撒手不管了。上级主管人员的管理应主要表现在指导、协助，提出问题，提供情报及创造良好的工作环境等方面。

4) 检查和评价

针对各级目标的完成情况，要事先规定期限，定期进行检查。检查的方法可灵活地采用自检、互检和责成专门的部门进行检查。检查的依据就是事先确定的目标。对于最终结果，应当根据目标进行评价，并根据评价结果进行奖罚，经过评价，使得目标管理进入下一轮循环过程。

5. 目标管理与传统管理方式的比较

目标管理的具体形式各种各样，但其基本内容是相同的。目标管理仍是一种程序或过程，使组织中的上级和下级一起协商，根据组织的使命确定一定时期内组织的总目标，由此决定上、下级的责任和分目标，并把这些目标作为组织经营、评估和奖励每个单位和个人贡献的标准。

目标管理指导思想是以Y理论为基础的，即认为在目标明确的条件下，人们能够对自己负责。目标管理与传统管理的共同要素是明确目标、参与决策、规定期限、反馈绩效。

目标管理具体方式是泰勒科学管理的进一步发展，与传统管理方式相比有鲜明的特点，可概括如下。

1) 重视人的因素

目标管理是一种参与的、民主的、自我控制的管理制度，也是一种把个人需求与组织目标结合起来的管理制度。在这一制度下，上级与下级是平等、尊重、依赖、支持的关系，下级在承诺目标和被授权之后是自觉、自主及自治的。

2) 建立目标锁链与目标体系

目标管理通过专门设计的过程，将组织的整体目标逐级分解，转换为各单位、各员工的分目标，从组织目标到经营单位目标，再到部门目标，最后到个人目标。在目标分解过程中，权、责、利三者已经明确，而且相互对称。这些目标方向一致，环环相扣，相互配合，形成协调统一的目标体系，只有每个员工都完成了自己的分目标，整个企业的总目标才有完成的希望。

3) 重视成果

目标管理以制定目标为起点，以目标完成情况的考核为终点。工作成果是评定目标完成程度的标准，也是人事考核和奖评的依据，成为评价管理工作绩效的唯一标志。至于完成目标的具体过程、途径和方法，上级并不过多干预。因此，在目标管理制度下，监督的成分很少，而控制目标实现的能力却很强。

2.1.3　标准化管理

1. 概念内涵

标准是指依据科学技术和实践经验的综合成果，在协商的基础上，对经济、技术和管理等活动中具有重复性的事物，以特定的程序和形式颁发的统一规定。

标准化管理是以标准化原理为指导，将标准化贯穿于管理全过程，以增进系统整体效能为宗旨、以提高工作质量与工作效率为根本目的的一种科学管理方法。

2. 职能

标准化管理主要是对制定、修订和贯彻实施标准等整个标准化活动进行计划、组织、指挥、协调和监督，以保证标准化任务的完成。这 5 个职能相互联系和相互制约，共同构成一个有机整体。通过计划确定标准化活动的目标；通过组织建立实现目标的手段；通过指挥建立正常的工作秩序；通过协调使各方面工作和谐发展；通过监督检查计划实施的情况，纠正偏差。

1) 计划职能

计划职能主要是对标准化工作的开展进行全面考虑，综合平衡和统筹安排。其目的是把宏观标准化工作和微观标准化工作结合起来，正确地把握未来，使标准化工作能在变化的环境中持续稳定地发展，动员全体标准化人员及有关人员为实现标准化的发展目标而努力。

2) 组织职能

组织职能主要是对人们的标准化活动进行科学的分工和协调，合理地分配和使用国家的标准化投资，正确处理标准化部门、标准化人员的相互关系。其目的是将标准化活动的各要素、各部门、各环节合理组织起来，形成一个有机整体，建立起标准化工作的正常秩序。

3) 指挥职能

指挥职能主要是对标准化系统内部各级和各类人员的领导或指导。其目的是保证组织和各级标准化活动按照统一计划的要求，相互配合、步调一致，和谐地向前发展。

4) 协调职能

协调职能主要是协调标准化系统内部各单位、各环节的工作和各项标准化活动，使它们之间建立良好的配合关系，有效地实现组织标准化的计划与目标。

5) 监督职能

监督职能主要是按照既定的目标和标准，对标准化活动进行监督、检查，发现偏差，及时采取纠正措施，目的是保证标准化工作按计划顺利进行，最终达到预期目标，使其成果同预期的目标相一致，从而使标准化的计划任务和目标转变为现实。

3. 构成

1) 技术标准

技术标准是标准化管理体系的核心，是实现产品质量的重要前提，其他标准都要围绕技术标准进行，并为技术标准服务。具体来说，技术标准是对生产相关的各种技术条件，包括生产对象、生产条件、生产方式等所做的规定，如成品标准、半成品标准、原材料标准、设备标准、工艺标准、计量检验标准、包装标准、安全技术标准、环保卫生标准、设备维修标准、设计标准、能源标准等。技术标准的形式可以是标准、规范、规程、守则、操作卡、作业指导书等。

任何组织都应以其高质量的产品(包括有形产品和无形产品)标准为中心，建立完善的技术标准体系。

2) 管理标准

管理标准是管理活动和实现技术标准的重要措施，它把组织管理的各个方面及各个单位、部门岗位有机地结合起来，统一到产品质量的管理上，以获得最大的效益。

管理标准是对有关生产、技术、管理各个环节运用标准化原理所做的规定，涉及管理的各个方面，包括决策管理、生产管理、技术管理、质量管理、计划管理、人事管理、财务管理、设备管理、物资管理及标准化管理等。

3) 工作标准

工作标准是对组织标准化领域中需要协调统一的工作事项制定的标准，是以人或人群的工作为对象，对工作范围、责任、权限及工作质量等所做的规定。工作标准主要是明确各个具体人在工作中应尽的职责和应有的权限，对各种工作的量、质、期及考核要求所做的规定。工作标准化管理主要是明确工作标准的内容和对象，科学制定工作标准；认真组织实施工作标准；对工作标准的完整性、贯彻情况、取得的成效进行严格考核。

标准化管理实质上就是对由技术标准、管理标准、工作标准这三大标准体系所构成的标准化系统(或标准体系)的建立与贯彻执行。

2.1.4 规范化管理

1. 概念内涵

“规”是指规程、规定，“范”是指界限、范围，“化”是指方向、趋势。“规范化”就是使事物发展变化符合规定的程序和标准。规范化是从不规范到规范的过程，将散乱、不具体、不清晰的工作要求，通过编制规范形成工作要求和工作步骤的标准。编制规范不是简单地编写文件，而是要确保形成的规范适合管理需求及实际的执行状态。规范化带来的成果，看得见的是一项制度或标准，看不见的却是成员行为和业绩的变化。

规范化管理是指根据组织发展需要，合理地制定组织规程、基本制度及各类管理事务的作业流程，以形成统一、规范和相对稳定的管理体系。规范化管理是与泰勒的科学管理相对立的，强调的是在管理过程中，要充分体现人的价值，而不是把人当作一个机器上的螺丝钉和齿轮，是在对人的本质特性准确把握的基础上，通过确立一套价值观念体系来引导下属人员的意志行为选择。

2. 特征

制度化管理、标准化管理都不等于规范化管理，规范化管理必须具备以下四个特征。

1) 系统思考

规范化管理要求建立系统思考能力，贯彻整体统一、普遍联系、发展变化、相互制衡、和谐有序、中正有序六大观念。

2) 成员参与

规范化管理要求成员广泛参与，让每一名成员都参与到规则的制定过程中，以保证其理解、认同和支持规则。

3) 体系完整

规范化管理要求构建完整的管理体系，有完整的思想理论，对组织管理的方法和技术进行整合和协调。

4) 制度健全

规范化管理要求建立健全的制度体系，有能构成组织运行规则、健全组织成员行为激励诱导机制的管理制度。

3. 理论体系

管理的目的就是要做好工作，即把事做成，把工作做到位。被管理者在什么情况下才能把要他做到位、做好的工作做到位、做好，这就是管理学第三定理——管理成事定理必须解答的问题。管理成事定理又称为执行力定理。相对于管理成事定理的对应关系，规范化管理的体系结构主要体现在以下方面：

(1) 对应于使被管理者做好工作的三个个人条件——意志动因条件、能力素质条件和热情耐心条件，就是岗位角色管理的规范化，即通过意志管理使岗位角色形成做好工作的意志意愿，通过能力管理保证每一个岗位角色都具备与其岗位工作职责相适应的能力素质，通过情感管理和情绪管理，使岗位角色在不断强化外在激励的同时强化内在激励，以不断提升岗位角色的信心和责任感，形成其做好工作的稳定意志意愿和热情耐心。

(2) 对应于圆满地做好工作的标准条件和资源条件，是组织架构设计管理的规范化。这也就是通过明确每一个岗位角色所要承担的工作内容、质量要求，以及所能支配的资源，使之按照既定要求和标准，对所授予获得支配权、使用权的资源的配置方式进行选择，行使决策权力，并承担相应决策的责任。

(3) 对应于圆满地做好工作的方法和程序条件，是业务流程管理的规范化，即至少要通过业务流程管理，事先确定每一个岗位角色所要完成工作的具体方法和程序，使之只需要考虑如何进一步改进创新、提高效率和效益的问题，不必在方法和程序上摸着石头过河，进行不必要的探索。

(4) 对应于零碎的管理体系，是组织文化建设管理的规范化，即通过自主进行组织文化模式的选择、设计和构建，为组织创造一个强势组织文化，以推动和促进组织稳定发展。

(5) 对应于单向的管理沟通，是决策制定管理的规范化，即通过组织决策制定过程的程序化，保障成员广泛参与的权力，以使每一个岗位角色的尊严、价值、地位和个性都得到充分的尊重，强调组织内部管理规章制度的内容都必须在管理者和被管理者广泛讨论达成共识的基础上，以共同约定的形式形成。

(6) 对应于粗放的管理方式，是组织整体管理的规范化，即全面导入组织规范化管理，对组织的五个构成部分——目标体系、组织架构、岗位角色、业务流程和组织文化，分别全面实施规范化管理，为组织的每一项工作的高质量完成提供保障，构建出具有自我免疫、自动修复功能的组织运行机制。

4. 规范化管理与标准化管理的区别

标准化管理更多的是强调把为达成组织目标的行为过程以具体的标准加以界定，并用所界定的行为过程标准来约束管理者和被管理者双方的行为，其内涵接近制度化管理。规范化管理除了强调要贯彻体现一套完整的价值观念体系，使所制定的目标和行为标准不再是孤立的、支离破碎的制度规范之外，重点强调的是对管理行为和标准进行统一，必须建立在科学的人性理论基础上，要求在一个完整的体系上实施被管理者具有一定价值选择自由的管理。它不是简单地对组织运行的活动和过程制定具体的行为标准。

5. 本质要求

组织规范化管理需要制度化，也需要标准化，但它的重点在于为组织构建一个具有自我免疫、自动修复的功能，也就是说，使组织形成一种内在的自我免疫功能，能自动适应外部环境的变化，抵御外部力量的侵害，并且当组织在发展过程中遭遇外部创伤时，能自动修复愈合，使其实现持续稳定的发展。或者说，它是要赋予组织一种生命力量，使组织像一个生命有机体，无论内部原因还是外部原因，致使组织发生创伤和病变后具有自动愈合、自动产生抗体抵御病源，恢复健康的功能。现实中绝大部分走上不归之路的组织，之所以很小一点挫折就导致组织分裂解体，其原因就在于它没有这种自我免疫和自动修复的功能。

2.1.5　精细化管理

1. 概念内涵

精细化管理是一种理念，一种文化。它是源于发达国家(日本 20 世纪 50 年代)的一种企业管理理念，是社会分工的精细化和服务质量的精细化对现代管理的必然要求，是建立在常规管理基础上，并将常规管理引向深入的基本思想和管理模式，是一种以最大限度地减少管理所占用的资源和降低管理成本为主要目标的管理方式。现代管理学认为，科学化管理有三个层次：第一个层次是规范化，第二个层次是精细化，第三个层次是个性化。

精细化管理就是落实管理责任，将管理责任具体化、明确化，它要求每一个管理者都要做到位、尽到职。第一次就把工作做到位，工作要日清日结，每天都要对当天的情况进行检查，发现问题及时纠正、及时处理等。

精细化管理的本质意义就在于它是一种对战略与目标分解细化和落实的过

程，是能让组织的战略规划有效贯彻到每个环节并发挥作用的过程，同时是提升组织整体执行能力的一个重要途径[3]。一个组织在确立了建设精细化管理工程这一带有方向性的思路后，重要的就是结合组织的现状，按照精细化的思路找准关键问题、薄弱环节，分阶段进行，每阶段构建一个体系，便实施运转，进而完善一个体系，并牵动修改相关体系，只有这样才能最终整合全部体系，实现精细化管理工程在组织发展中的功能、效果和作用。同时，也要清醒地认识到，在实施精细化管理工程的过程中，最为重要的是要有规范性与创新性相结合的意识。精细化的境界就是将管理的规范性与创新性最好地结合起来，从这个角度来讲，精细化管理工程具有把组织引向成功的能力。

2. 内容

精细化管理是一个全面化的管理模式。全面化是指精细化管理的思想和作风要贯彻到整个组织的所有管理活动中。它包含以下部分。

1) 精细化的操作

精细化的操作是指组织活动中的每一个行为都有一定的规范和要求。每一个组织的成员都应遵守这种规范，从而使组织的基础工作更加正规化、规范化和标准化，为组织的拓展提供可推广性、可复制性。

2) 精细化的控制

精细化的控制是精细化管理的一个重要方面。它要求组织业务的运作要有一个流程，要有计划、审核、执行和回顾的过程。控制好了这个过程，就可以大大减少组织业务运作的失误，杜绝部分管理漏洞，增强流程参与人员的责任感。

3) 精细化的核算

精细化的核算是管理者清楚认识自己管理情况的必要条件和最主要的手段。这就要求组织的管理活动凡是与财务有关的行为都要记账、核算，还要通过核算去发现管理中的漏洞和污点，减少组织利益与利润的流失。

4) 精细化的分析

精细化的分析是组织取得核心竞争力的有力手段，是进行精细化规划的依据和前提。精细化的分析主要是通过现代化的手段将管理中的问题从多个角度展现和从多个层次跟踪，同时，还要通过精细化的分析去研究提高组织管理效益的方法。

5) 精细化的规划

精细化的规划容易被管理者忽视，但其是推动组织发展的一个关键点。组织的规划包含两方面：一方面是根据总体环境制定的中长期目标；另一方面是根据组织目标制定的实现计划。精细化的规划是指组织制定的目标和计划都是有依据的、可操作的、合理的和可检查的。

2.2 装备维修保障计划预测

凡事预则立，不预则废。装备维修保障计划就是对装备维修保障工作的预先统筹，合理安排装备维修任务的维修时间、地点，配置维修所需的各项资源，控制调节装备维修经费及维修进度等，是维修工作的首要步骤。

2.2.1 预测概述

最近几十年来，作为探讨事物发展未来状况的预测工作已越来越引起人们的重视，尤其是在科学、技术和经济迅猛发展的时代，人类社会正朝着更为错综复杂的方向发展。随着社会运转速度的不断加快和信息量的不断膨胀，管理中需要决策的事项不但在数量上越来越多，而且对决策在时间和质量方面的要求也越来越高。决策是人们站在当前，对未来行动进行的设计[4]。如果能对事物的未来发展情况做出准确的预测，无疑能为人们做出合理的决策提供依据，从而使决策不犯错误或少犯错误，取得好的效果。

1. 预测的定义

预测是指根据客观事物的发展趋势和变化规律对特定对象的未来发展趋势或状态做出科学的推测与判断。换言之，预测是根据对事物的已有认识，做出对未知事物的预估。预测是一种行为，表现为一个过程，同时表现为行为的某种结果。

作为探索客观事物未来发展趋势或状态的预测活动，绝不是一种“未卜先知”的唯心主义，也不是随心所欲的臆断，而是人类“鉴往知来”智慧的表现，是科学实践活动的构成部分。预测之所以是一种科学活动，是由预测前提的科学性、预测方法的科学性和预测结果的科学性决定的。预测前提的科学性包括三层含义：一是预测必须以客观事实为依据，即以反映这些客观事实的历史与现实的资料和数据为依据进行推断；二是作为预测依据的事实资料与数据，必须通过抽象上升到规律性的认识，并以这种规律性的认识为预测的指导；三是预测必须以正确反映客观规律的某些成熟的科学理论为指导。预测方法的科学性包含两层含义：一是各种预测方法是在预测实践经验的基础上总结出来，并获得理论证明与实践检验的科学方法，包括预测对象所处学科领域的方法及数学的、统计学的方法；二是预测方法的应用不是随意的，它必须依据预测对象的特点合理选择和正确运用[5]。预测结果的科学性包含两层含义：一是预测结果是由已认识的客观对象发展的规律性和事实资料为依据，采用定性与定量相结合的科学方法做出的科学推断，并用科学的方式加以表述；二是预测结果在允许的误差范围内可以验证预测对象已经发生的事实，同时在条件不变的情况下，预测结果能够经受实践的检验。

2. 预测的可能性

未来能否预测？这个问题的回答取决于回答者的未来观。辩证唯物主义者认为未来是可以预测的。尽管未来不是客观存在的，调查、考证等研究历史与现实的手段无法直接应用，但未来也不是凭空而生的，未来变为现实的过程是必然性和偶然性的统一。可通过对必然性的认识来把握未来的变化规律，预测未来[6]。

“察古知今，察往知来”是古人经验的总结。它反映了未来与现实及历史之间存在连续性，这种连续性便是预测未来的依据之一。对一个具有稳定性的系统来说，系统运行的轨迹必然具有连续性，系统过去和现在的行为必然影响到未来。例如，一个长期以农业为主的地区，不可能在一两年内迅速转变成以高科技为主的地区。系统结构越稳定，规模越大，历史越悠久，这种连续性表现得越明显。

“城门失火，殃及池鱼”这则古训告诉人们，事物彼此之间是相互关联、相互影响的。对事物之间相互影响、相互关联程度的分析，通常称为相关分析，例如，供电量与工业总产值之间，投资规模与经济增长率、物价增长率之间便存在这种相关关系。通过分析相关事物的依存关系和相互影响程度，可揭示相关事物的变化规律。利用相关事物一方变化趋势预测另一方的未来状态，或者搞清楚相关事物之间的相互影响程度，从而预测它们的未来变化趋势，这些都是预测常用的基本原理。

“举一反三，触类旁通”这句俗语则表达了不同事物的发展过程具有相似性。利用相似性进行类推预测，常常会取得出人意料的好效果。它借助于某一类事物属性及相关知识，通过比较与分析，找出该类事物与另一类事物的某种相似性，从而预测后者的发展趋势，例如，通过观察生物生长过程，可以得到生长量与时间的关系曲线，通过比较，可以发现大型建设项目的资金投入量与时间的关系曲线和生物生长量与时间的关系曲线相似。于是，便可按生物生长量与时间的关系曲线反映的规律来预测不同时间的资金投入量。类比方法实际上是从已知领域过渡到未知领域的探索，是一种重要的创造性方法，类比物之间的相似特征越多，类比结果越可靠。

人们可以从事物运动的连续性、相关性及相似性来把握其未来状态是否合乎理性。目前，人类对宇宙的探索已达银河系以外的星系，对微观世界的了解已深入原子核内部。自此，对宇宙和自然界的探索极大地开阔了人们的视野。以系统论为代表的现代科学方法论正广泛应用于社会经济领域；各种资料的积累得到相当高的重视；计算机技术发展迅速，运用日趋广泛。人们有效地从事预测活动的方法及手段已经具备，科学地预测未来是完全可能的。

3. 预测的基本原理

1) 系统性原理

预测的系统性原理是指预测必须坚持以系统的观点为指导，采用系统分析方法，实现预测的系统目标。系统是相互联系、相互依存、相互制约、相互作用的诸事物及其发展过程所形成的统一体。预测工作中体现系统本质特性的观点应包括以下三方面：一是全面地、整体地看问题，而不是片面地、局部地看问题。例如，在预测中，必须全面准确地分析各变量之间的相互影响，从系统整体出发建立变量之间的关系与模型。二是联系地、连贯地看问题，而不是孤立地、分割地看问题。在预测中，必须注意预测对象各层次之间的联系，预测对象与环境之间的联系，预测对象内部与外部各要素之间的彼此联系，预测对象各发展阶段之间的联系等。三是发展地、动态地看问题，而不是凝固地、静止地看问题。预测是对预测对象未来发展趋势的预测，没有发展变化，就不需要预测，预测必须根据预测对象系统的过去、现在推断未来，从而正确地反映发展观与动态观。

系统有结构、有层次。预测对象系统的内部结构与层次及其相互关系，是系统按照一定规律运动的内在根据；外部环境因素与系统的相互关系，则是决定系统按照一定规律运动的外在条件。在预测工作中，通过对内在根据与外在条件的分析便能较好地认识和把握预测对象的运动规律，进而依据这种规律性的认识对预测对象系统的未来状态和趋势做出科学的推测与判断。在预测工作中采用系统分析方法时要求做到：一是通过对预测对象的系统分析，确定影响其变化的变量及其关系，建立符合实际的逻辑模型与数学模型；二是通过对预测对象的系统分析，系统地提出预测问题，确定预测的目标体系；三是通过预测对象的系统分析，正确地选择预测方法，并通过各种预测方法的综合运用使预测尽可能地符合实际；四是通过对预测对象的系统分析，按照预测对象的特点组织预测工作，并对预测方案进行验证和跟踪研究，为经营决策的实施提供及时的反馈。

2) 连贯性原理

事物的发展变化与其过去的行为总有或多或少的联系，过去的行为影响现在，也影响未来，这种现象称为连贯现象。连贯性也称为连续性、惯性等。连贯性原理就是研究对象的过去和现在，依据其惯性预测其未来状态。

在实际的运用过程中，应注意以下两方面的问题：一是连贯性的形成需要有足够长的历史，且历史发展数据所显示的变动趋势具有规律性；二是对预测对象演变规律起作用的客观条件必须保持在适度的变动范围之内，否则该规律的作用将随条件变化而中断，连贯性失效。

3) 类推原理

许多特性相近的客观事物，它们的变化亦有相似之处。通过寻找并分析类似事物相似的规律，根据已知的某事物的发展变化特征，推断具有近似特性的预测对象的未来状态，就是类推原理。例如，根据军用飞机速度的变化情况，预测民用飞机速度的变化趋势，因为民用飞机的速度总低于军用飞机的速度。又如，根据某国达到一定国内生产总值时的能源消耗量，研究他国的经济结构与经济水平，建立数学模型，进而类推预测他国达到同一国内生产总值时的能源消耗量，等等。利用类推原理进行预测，首要条件是两事物之间的发展变化具有类似性，否则，就不能进行类推。类似并不等于相同，再加上时间、地点、范围及其他许多条件的不同，常常会使两事物的发展变化产生较大的差距。例如，人们在利用经济和技术比较先进国家或地区的经济发展历史来类推本国或本地区的经济发展情况时，就必须考虑并研究社会制度、经济基础、消费习惯、文化风俗等一系列因素的不同可能造成的影响，判断在这些因素的影响下，类推原理是否依然适用。如果类推原理适用，那么应当注意如何估计并修正由因素不同带来的偏差，这样才能尽量减小预测的误差。

在有可能利用事物之间的相似性进行类推预测时，两事物的发展过程之间必定有一个时间差距。时间会使许多条件发生变化，也给了人们总结经验教训的机会，使人们有可能根据变化了的条件去探索后发展事物在哪些方面还保持着与先发展事物相似的特征，在哪些方面已不再相似等，做出较为准确的预测。当由局部去类推整体时，应注意局部的特征能否反映整体的特征，是否具有代表性。因为在任何整体中都可能存在与整体发展相异的局部或某些特征与整体特征差别较大的局部，用这些不具有代表性的局部去类推整体，就会出现大的错误。类推是从已知领域过渡到未知领域的探索，是一种重要的创造性方法。类推原理不仅适用于预测，也适用于决策。

4) 相关性原理

任何事物的发展变化都不是孤立的，都是在与其他事物的发展变化相互联系、相互影响的过程中确定其轨迹的。例如，国民经济是一个统一的整体，各个经济部门是在互相联系、互相协调、互相制约的状态下共同发展的。又如，耐用消费品的销售量与人均收入密切相关。这种事物发展变化过程中的相互联系就是相关性，深入分析研究对象和相关事物的依存关系及影响程度(它们之间的相关性)，是揭示其变化特征和规律的有效途径。相关性原理就是研究预测对象与其相关事物间的相关性，利用相关事物的特性来推断预测对象的未来状况。

从时间关系来看，相关事物的联系分为异步相关和同步相关两类。先导事件与预测事件的关系表现为异步相关，例如，基本建设投资额与经济发展速度有关。因而，根据先导事件的信息，可以有效地估计异步相关的预测事件的状态。同步相关的典型事例是，冷饮食品的销售量与气候变化有关；服装的销售量与季节的变化有关，它们之间的相互影响即时可见。

相关性最主要的表现形式是因果关系。因果关系是存在于客观事物之间的一种普遍联系。因果关系具有时间上的相随性：作为原因的某一现象发生，作为结果的另一现象必然发生，原因在前，结果在后。因果关系往往呈现出多种多样的情况，有单因单果、单因多果、多因单果、多因多果，还有互为因果及因果链等。在预测中运用因果性原理，必须科学分析，确定相关事物之间因果关系的具体形式，找出其关键因素，进行适当简化，据此建立合适的预测模型。

5) 概率推断原理

由于受到社会、经济、科技等因素的影响，预测对象的未来状态带有随机性。例如，某商品下个月的销售情况，可能畅销，可能销路一般，也可能滞销，事前难以确定。预测对象的未来状态如何，实际上是一个随机事件，可以用概率来表示这一事件发生的可能性大小。在预测中，首先通常采用概率统计法求出随机事件出现各种状态的概率，然后根据概率推断原理去推测对象的未来状态。概率推断原理就是当被推断的预测结果能以较大概率出现时，认为该结果成立。

掌握预测的基本原理，可以建立正确的思维程序。这对于预测人员开拓思路、合理选择和灵活运用预测方法都是十分必要的。然而，世界上没有一成不变的事物，预测对象的发展不可能是过去状态的简单延续，预测事件也不可能是已知的类似事件的机械再现，相似不等于相同。因此，在预测过程中，还应对客观情况进行具体细致的分析，以求提高预测结果的准确性。

4. 预测的一般步骤

预测作为一个过程，一般包括以下步骤(图 2-2-1)。

1) 确定预测目标

预测是为决策服务的，因此要根据决策的需要来确定预测目标、预测结果达到的精确度，确定是定性预测还是定量预测及完成预测的期望等。例如，当决策只需知道产品销售发展的趋势时，能够预测出销售量是增加、减少，还是不变就可以了；而当决策需要了解产品销售量能达到什么样的水平时，必须对销售量增加或减少的具体数值进行预测，预测也就从定性预测变为定量预测。又如，短期预测要求的时间期限和预测精度与中、长期预测也不一样。总之，在预测一个事物的发展变化时，首先要了解决策的需求并据此确定属于哪类预测，应满足哪些标准等。

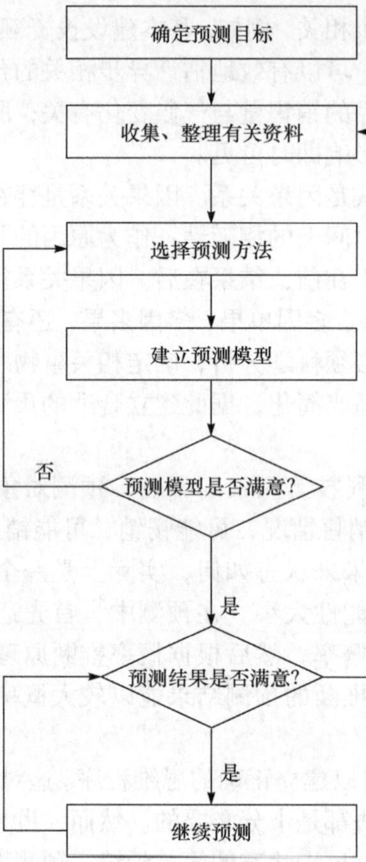

图 2-2-1 预测的一般步骤

2) 收集、整理有关资料

预测是根据有关资料去推测未来的，资料是预测的依据，应根据预测目标的具体要求去收集资料。预测中所需的资料通常包括以下三项：

(1) 预测对象本身发展的资料。

(2) 对预测对象发展变化有影响的各相关因素的资料(包括相关因素现在的资料)。

(3) 形成上述资料的历史背景，影响因素在预测期间内可能表现的状况。

对收集到的资料还要进行分析、加工和整理，判别资料的真实程度和可用度，去掉不够真实的、无用的资料。

3) 选择预测方法

预测方法种类很多，不同的预测方法有不同的适用范围、前提条件和要求。对于特定的预测对象，很可能有多种预测方法可用，而人力、物力、财力、时间等因素的限制使得只能用一种或少数几种预测方法。实际中应根据计划、决策的需要，结合预测工作的条件、环境，以经济、方便、精度足够好为原则去选择预测方法。

4) 建立预测模型

预测模型是对预测对象发展变化的客观规律的近似模拟，预测结果是否有效取决于预测模型对预测对象未来发展规律近似的真实程度。对于数学模型，要求出其模型形式和参数值。若利用趋势外推法，则要求出反映发展趋势的公式；若利用类推法，则要寻求与预测对象发展类似的事物在历史上呈现的发展规律；等等。

5) 评价预测模型

由于预测模型是用历史资料建立的，它们能否比较真实地反映预测对象未来发展规律是需要讨论的。评价预测模型就是评价预测模型能否真实地反映预测对象的未来发展规律。例如，预测对象是否仍按原趋势发展下去，即事物发展是否会产生突变？若无突变，则建立的预测模型能否反映它的趋势？若评价结果的预测模型不能真实地反映预测对象的未来发展规律，则重建预测模型；若能真实地反映预测对象的未来发展规律，则可计算预测结果。

6) 计算预测结果

根据收集到的有关资料，利用经过评价的预测模型，计算或推测出预测对象的未来结果。

7) 分析预测结果

利用预测模型得到的预测结果有时并不一定与事物发展的实际结果相符。这是由于建立的预测模型是对实际情况的近似模拟，有的预测模型模拟效果可能会好些，有的可能会差些；同时，在计算和推测过程中难免会产生误差，再加上预测是在前述的假设条件下进行的，因此预测结果与实际结果难免会产生偏差。每次得到预测结果之后，都应对其加以分析和评价。通常是根据常识和经验，检查、判断预测结果是否合理，与实际结果之间是否存在较大的偏差，以及未来条件的变化会对实际结果产生多大的影响等，以确定预测结果是否可信，并想出一些办法对预测结果加以修正，使之更接近实际结果。此外，在条件允许的情况下，可以采用多种方法进行预测，再经过比较或综合确定出可信的预测结果。

从以上介绍可以看出，预测过程是一个资料、技术和分析综合的过程。资料是预测的基础和出发点，技术的应用是核心，分析则贯穿了预测的全过程，可以说，没有分析，就不能称其为预测。

在整个预测过程中，对预测成败影响最大的是两个分析和处理：一个是对收集到的资料进行分析和处理，资料是基础，如果基础质量不好，那么建立在这个基础之上的预测模型质量也差，预测结果的质量也必定不好；另一个是对预测结果的分析和处理，这是对预测效果的最后一次检查，直接决定预测的质量。这两个分析和处理最能体现预测者的水平，预测的质量完全取决于预测者对预测对象及客观条件的熟悉程度、知识面的广度、对事物的观察能力及逻辑推理与分析判断能力等。就像使用相同原料、相同工具进行生产的工人生产出不同质量的产品一样，不同的预测者在运用相同的资料和相同的技术对同一预测对象进行预测时，也可能会得到质量相差很大的预测结果。这种差别常常产生在这两个分析和处理上。

从上述一般步骤也可以看出，预测是一项“技艺”性的工作，它既需要科学的方法，又需要进行艺术的处理。预测对象的发展变化规律要比自然科学研究的对象的发展变化规律复杂得多，所处的环境也复杂得多，因此预测者的这种“技艺”也就显得愈加重要。实际上，预测的每一个一般步骤都要求预测者运用其知识、经验和能力进行处理。当然，对于步骤 4)、6)，它们可能更侧重于定量的方法。

上述步骤是预测的一般步骤，有时可能需要对某些步骤进行细化，有时也可能将其中几个步骤归并，这些都属于“技艺”的范畴。

5. 预测方法的分类

由于预测的对象、目标、内容和期限不同，形成了多种多样的预测方法。据不完全统计，目前世界上共有近千种预测方法，其中较为成熟的有 150 多种，常用的有 30 多种，用得最为普遍的有 10 多种。

1) 预测方法的分类体系

预测方法可按不同标准进行分类，从而形成预测方法的分类体系。

(1) 预测技术的差异性。按预测技术的差异性，预测技术可分为定性预测技术、定量预测技术、定时预测技术、定比预测技术和评价预测技术五类。

(2) 预测方法的客观性。按预测方法的客观性，预测方法可分为主观预测方法和客观预测方法两类。前者主要依靠经验进行判断，后者主要借助数学模型进行判断。

(3) 预测分析的途径。按预测分析的途径，预测方法可分为直观型预测方法、时间序列预测方法、计量经济模型预测方法、因果分析预测方法四类。

(4) 采用模型的特点。按采用模型的特点，预测模型可分为经验预测模型和正规预测模型。后者包括时间关系模型、因果关系模型和结构关系模型等。

2) 常用的预测方法

常用的预测方法通常分为定性分析预测方法与定量分析预测方法两大类。

(1) 定性分析预测方法。

定性分析预测方法也称为经验判断预测方法，是指预测者根据历史与现实的观察资料，依赖个人或集体的经验与智慧，对未来的发展状态和变化趋势做出判断的预测方法。常用的有专家意见法、个人判断法、专家会议法、头脑风暴法、德尔菲法、相关类推法、对比类推法、比例类推法等。

(2) 定量分析预测方法。

定量分析预测方法是依据调查研究所得的数据资料，运用统计法和数学模型近似地揭示预测对象及其影响因素的数量变动关系，建立对应的预测模型，据此对预测目标做出定量估算的预测方法。其通常有时间序列分析预测方法和因果分析预测方法。

2.2.2　定性预测方法

定性预测方法是相对于定量预测方法的一类方法，主要以预测者的经验判断为依据进行预测。预测者根据自己掌握的实际情况、实践经验、专业水平，对事物发展前景的性质、方向和程度做出判断。其主要特点是需要的数据少，能考虑无法定量的因素，比较简便可行。

对于定量预测方法不适合的预测问题，一般可借助于定性预测方法。定量预测方法一般以历史数据为前提，因此有时不可避免地受限于历史数据。统计制度的不够完善、历史数据的不足或失真等都会直接影响定量预测的结果。另外，定量预测方法还受到自身的局限，大部分的定量预测方法是通过适当的数学模型对未来进行外推预测的，难以预测事物结构方面发生的变化。再有，定量预测方法中需要的信息有时无法或极难进行定量估计，例如，难以计算社会政治因素对计划实现的影响；难以估计未来发明的经济效果；难以考核集体中人的行为；难以准确刻画消费者的偏好；等等。这些都限制了定量预测方法的应用。

定性预测方法的前提是用专家进行预测，把预测所必需的事实、知识和信息交给专家处理，而不是单纯地用数学模型进行处理，专家通过思维过程做出最佳的预测，有时在定性分析的基础上也可以提出数量估计。因此，定性预测方法是一类不可缺少的灵活的预测方法。目前，比较常用的定性预测方法有专家预测方法、德尔菲法、主观概率法、情景预测方法等。

另外，为提高预测质量，定性预测有时需要定量分析；定量预测有时也要进行定性分析。事物发展变化过程中，质制约着量，一定的质决定一定的量，因此定量预测应将定性分析作为出发点，定量预测应以定性分析为基础。事实上，对于有些实际预测问题，也可以将某种定性预测方法和某种定量预测方法结合起来使用。

1. 专家意见汇总预测方法

专家评估预测方法是以专家的个人知识和经验为基础，对预测对象未来的发展趋势及状态做出个人判断的方法。毋庸置疑，在预测时所选专家依据自己的学识和处理同类预测问题的丰富经验，对预测对象的性质、特点及相关事物进行深入研究，就可能获得比较符合客观实际的预测结果。但是，不同的专家拘泥于自己的研究领域，在进行评估判断时，容易受专家个人的知识面、研究领域、知识深度和占有资料，以及对预测问题是否有兴趣所左右，难免带有片面性和主观性，致使预测结果偏离客观实际，造成决策失误。为了弥补专家个人的不足，人们想到应让专家互相启发，交换意见，通过内外反馈为决策尤其是重大决策给出更符合客观实际的预测结果，因此创立了专家意见汇总预测方法。

2. 头脑风暴法

专家意见汇总预测方法是在直观分析判断的基础上，综合专家的意见对预测对象未来发展趋势做出的预测。但是，要想提高专家意见汇总预测方法所做出的预测的质量，就必须最大限度地调动专家的积极性，即在不受外界任何影响，也不产生任何心理压力的情况下，以强烈的责任感和荣誉感充分发挥专家个人的聪明才智和创造性思维能力。头脑风暴法是与现代创造性思维及活动相适应的一种成效显著的综合创造技术。

3. 德尔菲法

德尔菲法是美国兰德公司 1964 年提出的一种向有关专家进行几轮咨询的技术预测方法。德尔菲法是专家会议法的一种发展，既可以避免专家会议面对面讨论有所顾忌而造成的缺陷，又可以避免一个人一次通信“一锤定音”所造成的局限性。

2.2.3 回归预测方法

回归预测方法是一种从事物发展变化的因果关系出发进行分析预测的方法，因而也称为因果法。一切事物都是相互关联、相互制约的，虽然有些事物之间有密切的联系，但并不能用一种准确的函数关系确定其间的数量变化关系。然而，可以通过大量实验数据的统计分析，找出各相关因素的内在影响和规律性，从而近似地确定函数关系，这就是回归预测方法的基本思想。回归预测方法一般可分为线性回归法和非线性回归法两种。

1. 函数关系与相关关系

每一事物的运动都与它周围的事物相互联系、相互影响。因此，反映客观事物运动的各种变量之间也就存在着一定的关系。通常，变量之间的因素关系可分为两类：一类是函数关系；另一类是相关关系或统计关系。

1) 函数关系

对自变量每一个数值，因变量都有一个确定的值与之相对应，并且这种关系能用数学表述或反映出来。函数关系反映现象之间存在着严格的依存关系。

2) 相关关系

相关关系反映现象之间存在着非严格的、不确定的依存关系。这种依存关系有两个显著特点：一是现象之间确实存在着数量上的客观内在关系，例如，劳动生产率的提高会引起成本的降低；二是现象之间数量依存关系不确定，具有一定的随机性。其原因在于影响某变量发生变化的因素不止一个，例如，影响工业总产量的因素除了职工人数，还有固定资产原值、流动资金和耗电量等因素。两个变量 x 与 y 具有相关关系，可以用模型 $y=f(x)+u$ 表示，其中，u 为随机变量。

2. 相关分析与回归分析

相关分析与回归分析均为研究两个或两个以上变量之间关系的方法。相关分析用于研究两个或两个以上随机变量之间的相互依存关系。当其直线相关时，用相关系数表示；当其曲线相关时，用相关指数表示；当其多元相关时，用复相关系数表示。回归分析用于研究某一随机变量(因变量)与其他一个或几个普通变量(自变量)之间的数量变动关系。由回归分析求出的关系方程称为回归模型。例如，如果一个(或几个)变量，如 x (或 $x_1,x_2,\cdots,x_k$)自行变化时，按照一定的规律影响另一变量 y ，而 y 的变化不能影响 x (或 $x_1,x_2,\cdots,x_k$)。也就是说，变量 x (或 $x_1,x_2,\cdots,x_k$)的变化是变量 y 变化的原因，反则不成立，这时就说 x 与 y 具有因果关系(这里指单项因果关系)。

相关分析与回归分析具有以下区别：相关分析研究的都是随机变量，并且不区分自变量与因变量；回归分析研究的变量有自变量和因变量之分，自变量是确定的普通变量，因变量是随机变量。也可以将回归分析看成相关分析的特例，普通变量可看成特殊的随机变量。在实际工作中，两种分析不可分，一般先进行相关分析，由相关系数或相关指数的大小判定是否要进行回归分析，拟合回归模型。

3. 回归模型的种类

对于回归模型，一般可以从如下四个不同角度进行分类：

(1) 根据自变量的多少，回归模型可分为一元回归模型和多元回归模型。一元回归模型描述的是一个因变量与一个自变量之间的相关关系；多元回归模型描述的是一个因变量与两个或两个以上自变量之间的相关关系。

(2) 根据自变量是否线性，回归模型可分为线性回归模型和非线性回归模型。

在线性回归模型中，因变量与自变量之间呈线性关系；在非线性回归模型中，因变量与自变量之间呈非线性关系。

(3) 根据是否带虚拟变量，回归模型可分为普通回归模型和虚拟变量回归模型。虚拟变量回归模型的自变量既有数量变量又有品质变量，例如，农作物产品不仅受施肥量、降雨量、气温等变量的影响，也受地势和政策等品质变量的影响。

(4) 根据是否用滞后的因变量作为自变量，回归模型又可分为自回归模型与无自回归现象的回归模型。

2.2.4 趋势外推预测方法

社会经济现象的发展相对于时间推移，常常具有一定的规律性。这时，若预测对象变化无明显的季节波动，又能找到一条合适的函数曲线反映其变化趋势，即可建立其趋势模型：$y = f(t)$。当有理由相信这种趋势可能会延伸到未来时，对于未来的某个 t 值就可得到相应时序未来值，这就是趋势外推预测方法。

一定的外界随机条件对应系统状态的一定表象，把一系列随机条件和对应的表象连接起来的长链条，既体现了系统运动变化的随机性，又体现了系统运动变化的约束性。因此，可以沿着这一长链条，由系统的历史和现实的发展趋势推测其未来的发展趋势，即由已知推测未来。趋势外推预测方法就是在大量历史的和现实的随机现象中寻求它们的基本发展趋势，从而得到系统运动变化的规律，并据此规律推测出该系统未来的状况。这就是应用趋势外推预测方法对事物的未来状况进行预测的理论依据。

从广义上讲，任何预测方法都是某种推测或推断，而对时间序列而言，推测与推断都是一种外推，即由现在推测未来，如移动平均法、指数平滑法等时间序列方法。趋势外推预测方法根据事物发展的特有规律推测并着重研究其可能的发展趋势，故由此而得名。它是根据变量(预测目标)的时间序列数据资料，提示其发展变化规律，并通过建立适当的预测模型推断其未来变化的趋势。很多变量的发展变化与时间都存在一定的规律性，若能发现其规律，并用函数的形式加以量化，则可运用该函数关系去预测未来的变化趋势。

趋势外推预测方法有以下两个基本的前提假设：

(1) 技术(或经济)发展的因素不但决定了过去的技术(或经济)发展，而且在很大程度上也决定着该技术(或经济)的未来发展。这一前提假设实质上指的是研究某项技术(或经济)的过去、现在和未来的整个发展过程中，它保持相对不变，亦即内、外保持相对不变。

(2) 技术(或经济)的发展过程一般属于渐进变化，而不属于跳跃式变化。这一前提假设实际上是指质的稳定性。

由以上两个假设条件可知，趋势外推预测方法是事物发展渐进过程的一种统计预测方法，它研究的是变量的发展变化相对于时间的函数关系。通常，把过去的趋势向未来延伸得越远，满足上述两个条件的可能性就越小。因此，这种预测方法一般在短期和中期的预测中才有价值。另外，对某现象过去的数据掌握得越多，对这一现象观察的时间越长，对未来的预测就会越准确。

2.2.5 装备维修保障计划预测中的常用方法

只有选择了合适的预测方法，才能准确、有效地预测出装备维修保障计划中的各要素。装备维修保障计划中最常用的预测方法有工程估算法、参数估算法、类比估算法和专家判断估算法[7]。装备维修保障计划中需要预测的要素有很多，如经费数额、维修时间、材料消耗等，下面以装备维修保障经费数额估算为例简要说明几种预测方法的原理和主要特点。

1. 工程估算法

工程估算法是按装备维修保障经费分解结构从基本费用单元起自下而上逐项将所有费用单元累加起来，得出装备维修保障经费估算值的一种方法。它要求估算人员对待估算装备维修保障的过程、方法、方案及历史资料数据等都应非常熟悉。

当采用该方法进行估算时,对每一项已发生的费用单元的费用采用实际费用，当较低层次的费用单元的费用尚无实际值时，可以使用参数估算法、类比估算法或专家判断估算法的估算值进行估算[8]。

工程估算法具有以下主要优点：

(1) 能按照费用分解结构表达装备维修保障经费中各费用单元的关系，估算的费用准确。

(2) 能灵活、独立地估算出装备维修保障经费中需要估算的任何部分和任何费用单元的费用。

(3) 能方便地为费用仿真和第三方分析提供费用数据，同时可以应用各种方式重新组合并计算各费用单元的费用。

工程估算法具有以下主要缺点：估算耗时、成本高；检查与审核比较复杂；当没有足够的详细资料时，无法进行有效的费用估算。

2. 参数估算法

参数估算法是根据以往大量待估算装备或相近装备的维修保障经费数据，找出影响费用的主要因素，通过回归分析建立估算模型，根据估算模型输入待估算装备主要影响因素的相关数据，即可得出该装备的维修保障经费。

参数估算法主要具有以下特点：

(1) 建立的数学估算关系式简单且与费用的影响因素的关系清晰，既便于计算机计算与仿真，也便于敏感度分析。

(2) 估算模型的建立主要是依靠同类装备的历史维修保障经费数据，而对待估算装备的维修保障经费只需要明确主要的物理特性与性能特性参数值。

(3) 精度主要取决于同类装备的相似程度、统计样本的数量、影响费用的参数选择与回归模型的形式。

(4) 建立的估算模型的合理程度，在很大程度上取决于费用分析人员对待估算装备维修过程的了解和建模的技巧与经验。

3. 类比估算法

类比估算法也称类推法或模拟法，它是将待估算装备维修保障经费与有准确费用数据和技术资料的基准比较系统，在装备战术技术指标、维修技术和工艺及内外部环境方面进行比较，分析两者的异同点及其对费用的影响，利用经验判断求出待估算装备维修保障经费相对于基准比较系统的费用修正方法，再计算出待估算装备维修保障经费的估计值。

类比估算法具有以下主要优点：方法简单，能弥补参数估算法和工程估算法的不足；基准比较系统所具有的准确费用数据和技术资料使估算结果较专家判断估算法更具客观性。

类比估算法具有以下主要缺点：不适用于技术上变化跨度大、相似性小的装备。

4. 专家判断估算法

专家判断估算法是由专家根据经验判断估算出装备维修保障经费的估计值。采用专家判断估算法首先为估算某装备维修保障经费成立专家小组，采取函询方式多次征求并收集专家对待估算装备维修保障经费的估算意见，然后将专家的估算意见进行综合、归纳和整理，匿名反馈给每位专家再次函询意见；这样多次函询与反馈使专家有机会将自己的估算意见和别人的估算意见进行比较，不断地修正自己的判断；最后将专家分散的估算值加以统计，用中位数或平均数加以综合，得出装备维修保障经费的估算值。

专家判断估算法适用于以下场合：费用数据不足，难以采用参数估算法、类比估算法或工程估算法，而又允许对费用做出粗略估算的场合。

专家判断估算法具有以下主要优点：适用于装备维修保障经费的粗略估算，估算所需的费用较低。

专家判断估算法具有以下主要缺点：估算精度取决于专家的知识与经验，受主观因素影响大，因而估算精度一般较低。

2.3　装备维修保障计划决策

从某种意义上讲，装备维修保障计划管理的各个环节均属于决策过程，决策推动着装备维修保障计划管理工作的正常开展，了解决策的基本概念、理论和方法将有利于更好地开展装备维修保障计划管理工作。本节介绍装备维修保障计划决策的基础知识，为后续装备维修保障计划管理工作的研究奠定理论基础。

2.3.1　决策概述

1. 决策的基本概念

决策是现代管理的核心问题，可以说，社会、经济等领域中的各项管理工作都离不开决策。一个国家、一个地区、一个城镇的经济发展规划和各项政策的制定，企业的生产方向、产品销售、原料供应、技术革新、新产品研制，以及车间、班组的作业任务安排等，所有这些社会问题和经济问题，都需要做出科学合理的决策。决策无误，各项事业就能按预期的目标有序发展；决策失误，本来可以成功的事业也会遭受挫折。

从广义上讲，把决策看成一个管理过程，是人们为了实现特定的目标，运用科学的理论与方法，系统地分析主客观条件，提出各种备选方案，从中选出最佳方案，并对最佳方案进行实施、监控的过程。这一过程包括从设定目标，理解问题，确定备选方案，评估备选方案，到选择、实施的全过程[9]。

从狭义上讲，决策就是为解决某种问题，从多种替代方案中选择一种行动方案的过程。

2. 决策的基本原则

无论如何表述决策的定义，在进行决策的过程中都必须遵守五项基本原则，即最优化原则、系统原则、信息准全原则、可行性原则和集团决策原则。

1) 最优化原则

决策作为一个管理过程的重要意义在于，在资源稀缺的约束条件下，做出的任何决策都应该有利于组织实现最大效益，有利于组织实现最大价值。也就是说，决策的制定应该以追求和实现组织价值最大化为目标。

2) 系统原则

任何决策的制定和实施、实现都存在于某一个决策环境中。对于国民经济中的各种组织、实体，其决策环境就是整个国民经济和整个世界经济；对于个体，其决策环境就是他所处的组织或实体。不论是什么样的决策环境，都有作为一个系统的特性，也就是系统中的各种因素相互影响和相互作用的特性，同时系统中的各种因素都应协调地、平衡地变化发展。因此，决策的制定必然要遵守系统原则。换一种说法，决策的制定应该以追求和实现最大化的系统价值为目标。

3) 信息准全原则

各种先进、完备的决策技术的作用对象都是信息。决策信息的准确和全面是取得高质量决策的前提条件。在决策理论的发展过程中，有些决策理论所需要的决策信息很难收集到，这使得这些决策理论的发展和实践都受到了很大的限制。然而，信息技术的蓬勃发展给决策理论的发展注入了活力，通过信息技术可以获得大量的、所需要的、以前没有办法获得的决策信息。这一变化的出现，使得原来一些受制于决策信息收集困难的决策理论获得了新的发展机会。由此可见，信息准全对决策具有重要意义。当然，实际上决策问题所需要的信息很难被完全收集，但毫无疑问，信息准全原则对决策质量的提高起着非常重要的作用。

4) 可行性原则

决策者和决策实施者受到他们所掌握资源的影响，他们必须考虑决策在技术上、经济上和社会效益上的可行性。进一步讲，只有在准确把握好以上三个方面的可行性之后，决策者和决策实施者才能运用最优化原则进行决策。

5) 集团决策原则

科学技术的飞速发展，使得社会、经济、科技等许多问题的复杂程度与日俱增，不少问题的决策已非决策者个人和少数几个人所能胜任。因此，集团决策是决策科学化的重要组织保证。集团决策不是靠少数领导“拍脑袋”，也不是找某几个专家简单讨论，或靠少数服从多数进行决策，而是依靠和充分利用“智囊团”，对要决策的问题进行系统的调查研究，弄清历史、现状，掌握第一手资料，然后通过方案论证和综合评估，提出切实可行的方案供决策者参考。

2.3.2 决策过程与决策分析

1. 决策过程

决策作为一门学科术语，是从英文 Decision Making 翻译过来的。作为西方决策理论学派的创始人，西蒙(Simon)对决策科学有着深刻的理解和研究。他借助心理学的研究成果，对决策过程进行了科学分析，概括出决策过程理论。根据西蒙的观点，决策过程主要分为四个阶段：情报活动、设计活动、抉择活动和实施活动(图 2-3-1)。

1) 情报活动

情报活动包括决策环境的识别、所需信息的获取及分析。情报活动的主要目

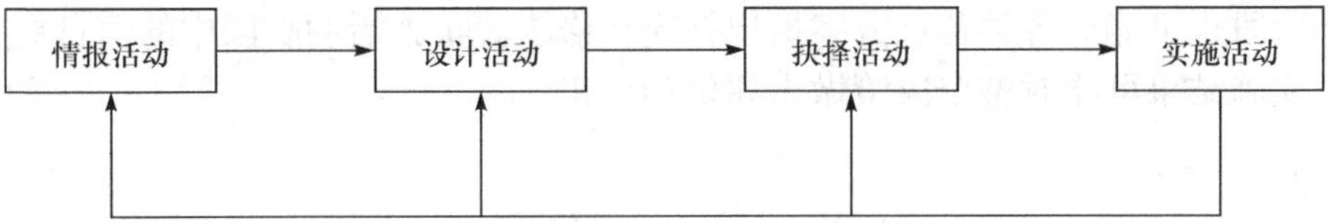

图 2-3-1　决策过程

的是识别问题、理解问题，并在此基础上设定决策的目标，即要判定在什么情况下做什么样的决策。这是一个决策时机的选择问题，选择什么决策主题与决策者的偏好、信念有关。有些组织领导者着重于长期发展实力，而有些则强调短期的效益。决策科学的研究不可能改变决策者的信念或价值观，但可以促使所选择的决策主题能够确切地反映决策者的价值观。

2) 设计活动

设计活动是寻求多种途径解决问题的过程，即确定备选方案。在此过程中，决策者或其咨询人员发掘、构想和分析多种可行的备选方案。设计活动强调多方案，如果面临的仅是一种方案，非采用不可，那么就无所谓决策了。

3) 抉择活动

抉择活动是指预估各种备选方案的后果，并做出结论性的评价，从而选出最满意的方案。

选择什么样的方案为好？什么样的方案为差？这是一个复杂的问题，并不是弄清各种备选方案的后果以后就能马上做出回答的。因为：①方案后果的多样性和后果评价准则的多样性，使得很难找到一个对所有准则来说都满意的方案；②后果往往是风险事件，决策者对风险的态度不同，导致对同一组备选方案有不同的选择结果；③抉择最终取决于决策者的习惯、传统、经验和信念等。这就造成理性评价方案的困难，符合理性准则的方案不一定能使决策者满意。然而，恰恰是上述这些困难为决策研究提供了广阔的领域。

4) 实施活动

实施活动是指实施选定的方案并在此过程中对原有决策进行检查或修正。

一旦选择出满意的方案，并不仅是下达一些命令、指示，还需制定出执行计划和资源预算，以满足实施方案各种可能的需要和有效措施。决策的实施过程需要跟踪、监督，原计划是否已执行？有哪些偏离？执行决策结果导致内外部环境发生了哪些变化？各下属部门是否按要求完成了任务？在实施活动的过程中需要不断地跟踪、检查、反馈，使选定方案的实施能够完成预定的目标，并能够及时调整、改善原有方案。

决策是一个动态的过程，一般可按上述情报活动、设计活动、抉择活动和实施活动四个阶段划分并按顺序进行，但前面的阶段不断从后面的阶段得到反馈信息，设计活动阶段分析研究的结果可能修正情报活动阶段提出的决策主题，抉择活动阶段也可能对各种备选方案提出补充和修改。实施活动阶段中的信息更为重要，实施结果可能对整个决策做出评价和修正。

2. 决策分析

决策分析是整个决策过程中的关键一环，它由分析人员与决策者共同完成，是对已经描述出来的决策问题的求解。其主要工作应属于决策全过程的第三阶段(抉择活动阶段)，即对备选方案进行评价与优选。这是指在决策目标及环境条件基本明确或被弄清，各种可能的行动方案已被找到或已被制订的情况下，由分析者采用合理的评价准则和模型，运用特有的数学方法或优化技术，选出一个或一组最满意的行动方案，供决策者最后抉择。因此，决策分析的主要任务应归结为求解决策问题。

决策问题专指决策过程中已通过某种方式描述出来的可提交给分析者运用数学模型进行优化分析的问题。一个完整的决策问题应由下述四个要素构成。

1) 决策主体

决策主体即做出决策的个体或个体的集合。很少有决策是在个体完全不考虑其他人观点的情况下做出的，即使一个组织的正式规程表明个人具有制定决策的权力，他通常也要搜集利益相关群体的意见，也要得到其他个人和团体的同意或默许。当考虑其他管理者的观点时，他们就成为决策主体的一部分。很明显，这意味着决策主体的成员对某项决策的影响力是不同的。

决策主体是决策中最为重要的一个因素，它能够控制决策的整个过程。

2) 决策备选方案

决策过程中存在可供选择的备选方案(或称行动方案、决策、措施等)的集合 A，它包含两个或两个以上的备选方案。解决某个问题，如果只有一个办法或一个方案，就不需要进行决策分析，而只需要执行。故凡能构成决策问题的，总是存在着两个或两个以上的备选方案，记这些备选方案构成的集合为 $A=\{A_1,A_2,\cdots,A_m\}$。

3) 不可控因素

存在着不以决策者主观意志为转移的客观环境条件，即自然状态(系统状态)集 S。例如，开发新产品有两种可能，或成功或失败，这就是两个自然状态；销路好、销路较好或销路不好等多种市场状态都是通常所指的自然状态。每一种自然状态的出现是不以决策者或分析者的主观意志为转移的，也就是说，它在求解问题的过程中是客观存在的。决策分析者在对备选方案进行评价和优选的过程中，不涉及改变自然状态的问题，只涉及如何对它们进行数学表述或预测、估计它们出现概率的大小、量值问题。当然，某些自然状态是可以改变的，例如，产品销路就可以经过人为的努力而加以改变，但这已经不属于原有的决策问题，是属于原有决策问题之外的另一个决策问题。这里自然状态的出现概率往往是主观概率，同一个方案在不同的自然状态下会有不同的后果。

4) 后果

每一个备选方案与每一个可能出现的自然状态对应于一个后果值(或偏好值、损益值等)，这种后果值有时并不是数量值，但是需要将它表示成数量值(如确定的数、效用值、模糊值等)。在决策分析中，这种数量值一般是效用值。用模糊值来表示后果的讨论属于模糊决策分析的范畴。后果值是一个二元函数：$A \times S \to \mathbb{R}$，其中$\mathbb{R}$是实数集，每种备选方案和自然状态的每一个组合都对应着一种后果。如果有n个备选方案和m个互相独立的自然状态，那么会产生$m \times n$种可能的后果。

从上述四个要素可以看出，决策分析方法应该是一种定量的方法。但在确定自然状态的出现概率大小及确定后果值(效用值)时需要用到主观的方法，此时决策分析方法是一种定性与定量相结合的方法。四个要素在有些问题中较为明显，在有些问题中则较为隐晦。在对决策问题进行分析时，尤其要对后一种情形加以注意。

2.3.3 决策基本类型

决策问题与决策分析一样，也可以进行分类，标准不同，分类的方式也不同。例如，按决策要解决的问题所涉及的范围划分，其可分为宏观决策和微观决策；按对决策者所在组织的行为及其效果的影响划分，其可分为战略决策和战术决策；按决策者的职能划分，其可分为专业决策、管理决策和公共决策；按决策问题的性质划分，其可分为程式决策和非程式决策；按决策的思维方式划分，其可分为理性决策和行为决策；等等。这里，主要按决策目标的多少和自然状态的种类予以分类。

1. 按决策目标的多少分类

按决策目标的多少，决策问题/决策分析可分为单目标决策和多目标决策两类。

1) 单目标决策

决策目标只有一个的决策称为单目标决策。

2) 多目标决策

决策问题同时考虑两个或两个以上的目标，它的解必须同时满足这些目标的要求，这类决策称为多目标决策。例如，装备维修保障计划问题就要同时考虑如装备使用、装备技术状态、装备维修保障经费、装备维修保障能力等多种因素。任何一个方案，只有当它能够使得与这些因素相联系的目标准则都得到不同程度的满足时，才算是令人满意的。

实际上，对于管理中的实际问题，单目标决策往往是对问题在某种程度上的简化，重点在于抓住问题的主要矛盾，忽略对组织没有明显影响的次要因素，集中力量落实组织核心战略。当环境发生变化或组织战略发生调整，或以不同的角度研究问题时，决策目标有可能发生变化。

2. 按自然状态的种类分类

按自然状态的种类来划分，传统上可将决策问题分为确定型决策、风险型决策和非确定型决策三种。

1) 确定型决策

自然状态是完全确定的，即只有一种，从而可以不考虑自然状态而按既定目标及评价准则选择行动方案，这样的决策称为确定型决策。确定型决策问题相对简单一些，其求解可直接利用现有的一些数学方法，如微积分中的函数极值法、运筹学(线性规划、非线性规划、动态规划、图论等)等，得到确定的最优解。

2) 风险型决策

若出现的自然状态不是一种，而是两种或两种以上，各种自然状态出现的可能性(概率)已知(可以通过某种方法确定下来)，则称这种条件下的决策为风险型决策，也称为统计型决策或随机型决策。

3) 非确定型决策

若决策者面临的可能出现的自然状态有多种，但各种自然状态出现的概率不能确定，则这种情况下的决策称为非确定型决策。非确定型决策与风险型决策相比较，两者都面临两种或两种以上的自然状态，不同的是，前者对即将出现的自然状态概率一无所知，后者则掌握了它们出现的概率。由于非确定型决策所掌握的信息比确定型决策所掌握的信息要少，因此分析非确定型决策要比分析确定型决策困难得多。就现有的决策分析方法来说，非确定型决策分析方法比确定型决策分析方法要少得多。

三种决策环境的区别可用“是否带雨具”的问题来说明。某人早上离家去市郊联系工作，若当时已经下雨且四周乌云密布，显然并非阵雨，出门时决定要带雨具，则属于确定型决策。如果根据早上的天气预报，有 0.7 的概率下小雨，0.3 的概率是阴天；或者气象台报告有雨，但从历史统计数据来看有错报的记录，那么这两种情况便属于风险型决策。再设想，若此人住在一个窗户紧闭、隔光隔音的房间，又无电话、电视或收音机等通信手段，则出门带雨具的问题就变成不确定型决策。

若将上述决策问题按决策目标和自然状态两种分类加以综合，则可将决策问题分为六种类型：①单目标确定型决策；②单目标风险型决策；③单目标非确定型决策；④多目标确定型决策；⑤多目标风险型决策；⑥多目标非确定型决策。

需要指出的是，这里要讨论的所有决策问题都有一个共同前提，就是所有决策对象都是某种客观存在的实体或由许多实体组成的系统，且这种实体或系统不受其他任何理性行为的支配(如另一决策者的支配)。因此，不存在任何与该问题决策主体发生利益竞争的问题。从这种意义上讲，实际上决策主体只有一个。当决策主体是由两个或两个以上的实体组成且成员之间互有影响时，这样的决策称为群决策。

一般地，对多目标决策问题总是按一定的规则将多个目标准则下的结果指标合并成一个总的目标准则结果指标值，或者通过某种适当的逻辑过程，将备选方案对每一目标准则而言给决策主体提供的用处或价值合并成一个总的用处或价值，便有可能将确定型、风险型或者非确定型的多目标决策问题转变为类似的可由单目标决策方法处理的问题。于是，决策分析方法在各种类型的多目标决策中，主要用于解决各目标准则下多个结果指标值的合并问题。

2.3.4　决策分析方法和步骤

1. 决策树

各种决策问题可以用一种称为决策树的树状图方便而又直观地表示出来。图 2-3-2 为决策人面临两种备选方案、有两种可能的自然状态的决策树。其中，最左侧的小方框称为决策点，表示决策人面临一个决策问题。从决策点向右发出的枝称为决策枝，每一枝代表决策人可能采取的一种行动(或方案)，并在该决策枝上做相应的标记 a_i ($i=1,2,\cdots,m$)；决策人必须从这些决策枝中选择一枝继续向前。决策枝的终点是小圆点，称为机会点。从机会点向右发出的枝称为机会枝，每一机会枝代表一种自然状态，有几种可能的自然状态就有几条机会枝；在各机会枝上可以标注自然状态的记号 θ_j ($j=1,2,\cdots,n$)或该自然状态出现的概率 $\pi(\theta_j)$ ；决策人在机会点处无法控制沿哪条机会枝继续向前。机会枝的终点是小三角形的点，称为后果点，可以用 c_{ij} 表示决策人采用某种行动 a_i ，出现某种真实的自然状态 θ_j 时决策人面临的后果；为了表述简单，也可以用 c_k ($k=1,2,\cdots,r$ ， $r=m\cdot n$)表示后果。具体的后果，无论是数值还是文字，均标在后果点右侧。

根据以上说明可以做出有关问题的决策树。

决策树不仅可以用来表示单步决策问题，也可以用来表示复杂的序贯决策问题。例如，油井钻探问题，某个公司拥有一块可能有油的土地，决策人可以在这块土地上钻井，也可以不钻井；设钻井费用为 C，有油的可能性为 0.2，有油时的净收益为 B，该问题的决策树如图 2-3-3(a)所示。若第一次钻井后没有出油，则决策人面临是否还钻第二口井的决策。第二次决策的决策树如图 2-3-3(b)所示。

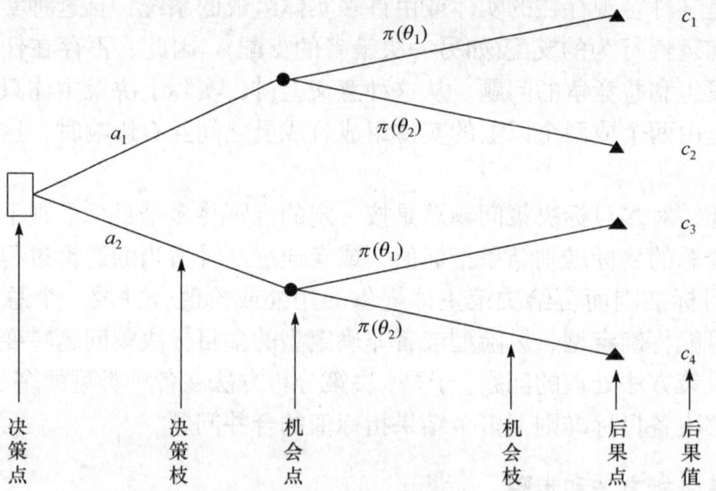

图 2-3-2　决策树

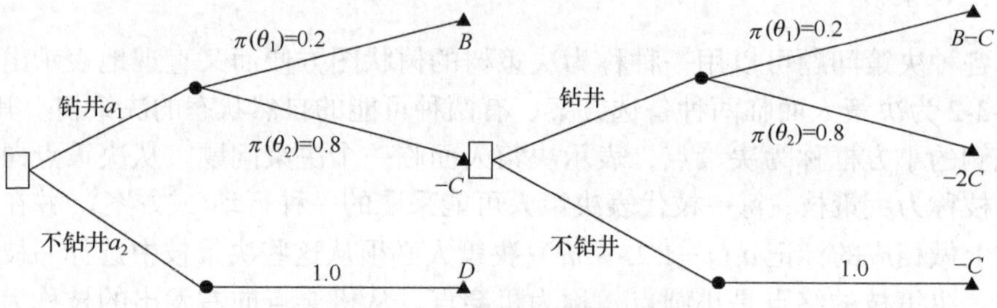

图 2-3-3　多级决策问题的决策树

2. 决策分析的一般过程

人们做决策工作时，应从决策的目标出发，根据对自然状态的科学分析，合理地选择所采取的策略，这就是决策分析的一般过程，具体地说，它包括以下步骤。

1) 发现、分析问题，确定决策目标

在发现、分析问题的基础上，确定决策目标是决策的起点。只有对决策问题进行深入分析，才能正确地确定决策目标。决策目标就是决策人希望决策所要达到的结果。决策目标的确定需要一个科学分析的过程，当决策问题具有多个目标时，应做到主次恰当、统筹兼顾。

2) 分析自然状态

自然状态是指决策分析必须依据的事物状态或发展情况，一般需要根据统计资料做出分析，然后预测今后可能发生的情况，也就是说，要根据过去和现在的信息对未来状态的变化进行预测。预测能为决策提供可靠的科学愿景，是决策的前提。各种预测技术的应用，为决策提供未来的信息，使决策更加准确。

3) 提出拟用策略或方案

在确定了决策目标并对决策依据的状态进行分析之后，就要设计或寻求达到决策目标的多种可能的策略或方案。一般决策时提出的策略或方案应在两个以上，以便通过比较择优选取。在拟定策略或方案时，应以科学技术手段为基础，所选策略或方案必须切实可行，这是决策的先决条件。

4) 确定评价准则，评价策略或方案效果

评价准则是评价策略或方案效果的基本依据。策略或方案的效果评价需进行科学的分析计算。评价决策效果一般应注意以下三点。

(1) 定量分析与定性分析相结合。

决策时应将定性效果和定量效果综合起来考虑，不便于用数量表示的内容可用定性分析方法，根据经验和主观判断来确定。

(2) 局部效果要服从整体效果。

系统的整体效果与各子系统的局部效果是统一的。一旦出现矛盾，应该从整体效果出发，系统的局部效果要服从系统的整体效果。在整体效果的前提下，尽量兼顾局部效果。

(3) 当前效果与长远效果相结合。

在当前效果与长远效果不一致时，当前效果应服从长远效果。虽然有些策略长远效果好，但由于投资或资源等条件的限制，可以先采取当前效果较好的策略，待取得一定效益、积累一定投资或创造一定条件后再考虑长远效果好的策略。

5) 选择最优(满意)策略或方案

对于单目标决策问题，一般可找到一个最优策略。但是对于多目标决策问题，通常找不到一个各个目标都是最优的策略，只能得到各个目标都较优的满意策略或称为满意解。

6) 做出决策

前面的决策步骤所做的工作可称为决策分析，决策分析提出的最优策略或方案被决策人认可并采纳，即做出决策，随后决策方案将付诸实施。

7) 决策结果的反馈与评价

决策结果的反馈是指在做出决策之后，分析决策方案是否实现了预定的目标，对决策方案实施效果进行检验。一项正确的决策常常需要经过不断反馈，进行多次修正后才能得到。决策的反馈过程是人们实践、认识、再实践、再认识的过程。另外，成功的决策经验对以后的类似决策工作具有指导作用。

2.4 本章小结

本章主要介绍了装备维修保障计划管理的理论基础，首先介绍了装备维修保障计划管理的基本思想，如科学管理理论、目标管理、标准化管理、规范化管理和精细化管理；然后介绍了装备维修保障计划预测和决策的基本理论与方法，这些基本理论与方法共同构成了装备维修保障计划管理的理论和方法基础，为装备维修保障计划管理的科学性和有效性奠定了坚实基础。

参考文献

[1] 斯蒂芬 · 罗宾斯, 玛丽 · 库尔特. 管理学[M]. 13 版. 刘刚, 程熙鎔, 梁晗等译. 北京: 中国人民大学出版社, 2017.
[2] 周三多, 陈传明, 贾良定. 管理学: 原理与方法[M]. 6 版. 上海: 复旦大学出版社, 2014.
[3] 张楠, 张学峰, 姚晓军. 航空装备维修保障精细化管理理论研究与创新实践[M]. 北京: 国防工业出版社, 2014.
[4] 张华歆. 预测与决策——理论及应用[M]. 上海: 上海交通大学出版社, 2014.
[5] 周林, 王君, 等. 军事装备管理预测与决策[M]. 北京: 国防工业出版社, 2007.
[6] 刘思峰, 菅利荣, 米传民. 管理预测与决策方法[M]. 3 版. 北京: 科学出版社, 2017.
[7] 陈庆华, 薛勇, 舒绍干. 装备维修计划管理与决策[M]. 北京: 国防工业出版社, 2012.
[8] 宋华文, 孟冲. 装备维修保障经济学[M]. 北京: 国防工业出版社, 2011.
[9] 王正元, 朱昱, 曹继平, 等. 装备维修保障辅助决策方法[M]. 北京: 国防工业出版社, 2014.

第 3 章　美军装备维修保障计划管理

许多军事强国都非常重视装备维修保障计划管理的工作，建立了完善的组织体系和规章制度，有序开展了装备维修保障计划的编制、审核、执行和考核等各项工作，有力确保了装备维修保障计划实施效果和装备维修保障经费使用效益。美军为了适应基于能力的军事战略和业务转型、国家行政管理改革、提高经费使用效益的需要，建立起装备维修保障规划计划预算执行(planning, programming, budgeting and execution, PPBE)系统，用以统筹协调装备维修保障资源，加强装备维修保障计划管理工作的有效性，在装备维修保障计划管理的具体实践方面也比较成熟，有许多值得借鉴的地方。本章将以美军为例，介绍其围绕装备维修保障计划管理开展的有关工作，总结经验教训，希望从中得到一些有益的启示。

3.1　美军装备维修保障计划管理概况

美军的军费开支是按照规划计划预算系统(planning，programming and budgeting system，PPBS)规定的政策和程序实施的，即年度经费开支由预算确定，预算则和长期规划、中期计划结合在一起，预算反映的是预算年度内已确定的计划项目的经费需求。也就是说，经批准列入计划的项目就有经费保证，预算需依据计划细目来编制。

从 1961 年开始，美军采用 PPBS，根据国家军事战略和财政预算限额，用系统工程的理论与方法，通过规划、计划和预算三个阶段，制定武器装备长期规划、中期计划和年度预算。在编制计划和预算时，将同一类任务的各军种项目纳入同一类计划，进行综合平衡，减少重复浪费。PPBS 是一个完整的、统一的过程，包括规划制定、计划研究和预算编制及实施三项功能。几十年来，PPBS 在国防部资源分配活动中发挥了重要作用[1]。

20 世纪 90 年代以来，美军装备维修保障业务逐步纳入装备采办管理体系，从管理体制上强化了武器装备的全系统全寿命管理。装备采办全寿命过程分为方案论证、技术发展、系统研制、生产与部署、使用与保障五个阶段，装备维修保障位于第五个阶段。

2003 年，美国国防部根据军事战略转型及国家行政管理改革、提高经费使用效益的需要，把 PPBS 改为 PPBE 系统，PPBE 系统于 2005 财年正式运行[2,3]。

3.1.1 PPBE 系统的管理体制

PPBE 系统涵盖立法、战略、规划、需求、采办、财务等诸多领域的工作，涉及诸多部门和单位，主要包括国会及其相关委员会、总统及其内阁相关机构、国防部层次管理机构、各军种和国防部业务局等[4,5]。其中，国防部部长办公厅是 PPBE 系统的核心机构，特别是主计长及其下属计划分析与评估局扮演着重要角色。

1. 国会及其相关委员会

国会是美国最高立法机构，总统的国防预算提案要经国会批准才予以拨款。国会参议院和众议院都设有军事委员会、预算委员会和拨款委员会，由它们审查、批准国防和武器装备规划、计划与预算。两院军事委员会负责每年审议武器装备采办计划，通过国防授权法案；两院预算委员会审议国防预算，并通过预算报告；其后由两院拨款委员会审议，通过国防拨款法案，并经总统批准签署后实施。

为协助国会及其相关委员会做出立法决策，评审国防预算执行情况，国会还设有立法咨询与辅助机构，如总审计署与国会预算办公室等。总审计署负责对政府的各项行政工作实施监督与评估，该办公室对国防预算的实施进行监督和评估，向国会汇报相关评估情况，确保国防预算的透明化和高效性。国会预算办公室负责分析研究国家财政情况，预测可行的财政政策，配合国会审议联邦预算(其中包括军事预算)。

2. 总统及其内阁相关机构

总统在美国国防预算编制与审批过程中发挥着重要作用，国防部的国防预算编制完成后，必须交由总统审批，总统签署预算后再提交国会审批。经过总统签署后的预算提案成为总统提案，总统提案经过国会审议批准后，还要由总统再次签署后才能生效和正式拨款。总统审批、汇总政府预算主要依托行政管理与预算局完成。

行政管理与预算局负责辅助总统制定和管理联邦计划与预算，为政府部门编制预算提供指导，汇总、综合平衡和协调各政府部门(含国防部)上报的预算，负责评估政府预算的实施绩效，促进部门间的协调与合作。

财政部负责制定美国国内外财政政策并为联邦各政府部门提供财政服务，包括资金的发放、借贷、税收等，负责与各联邦部门共同管理财务数据，确保中央财务与报告制度的落实。

3. 国防部层次管理机构

国防部诸多部门和官员参与 PPBE 系统工作，主要包括：国防部部长办公厅，国防部部长、常务副部长、主计长及其下属计划分析与评估局，负责政策的国防部副部长，负责采办、技术与后勤的国防部副部长，负责情报的国防部副部长，负责人员与战备的国防部副部长，参联会主席，联合参谋部等。上述部门和官员在参与 PPBE 系统工作时，往往组成相关委员会或协调小组，如国防部战略规划委员会、高级领导评审小组(取代原国防资源分配委员会)、三星小组等，负责 PPBE 系统各阶段的评审和决策工作。

另外，作为美国需求生成机制中的核心评审决策组织，联合需求监督委员会及其所属的功能能力委员会和联合能力委员会也参与 PPBE 系统的工作，主要参与联合作战能力规划与评审，为编制规划、计划和预算提出军事需求和联合作战能力方面的评审意见。

4. 各军种和国防部业务局

各军种和国防部业务局在 PPBE 系统中称为利益相关部门，也称为 PPBE 系统分析部门。美国实行国防部集中领导与军种分散实施的管理模式，各军种与国防部业务局作为 PPBE 系统具体执行部门，在计划和预算初期，负责编制和上报本部门的计划与预算文件；在计划和预算评审阶段，参与国防部部长办公厅组织的各类评审；在计划和预算执行阶段，具体执行和实施相关计划与预算。

3.1.2 PPBE 系统的运行程序

PPBE 系统构建了规范有序的运行程序。美国国防部从战略构架角度，把 PPBE 系统分为战略分析、能力规划、计划制订与资源分配、执行与绩效四步(图 3-1-1)。

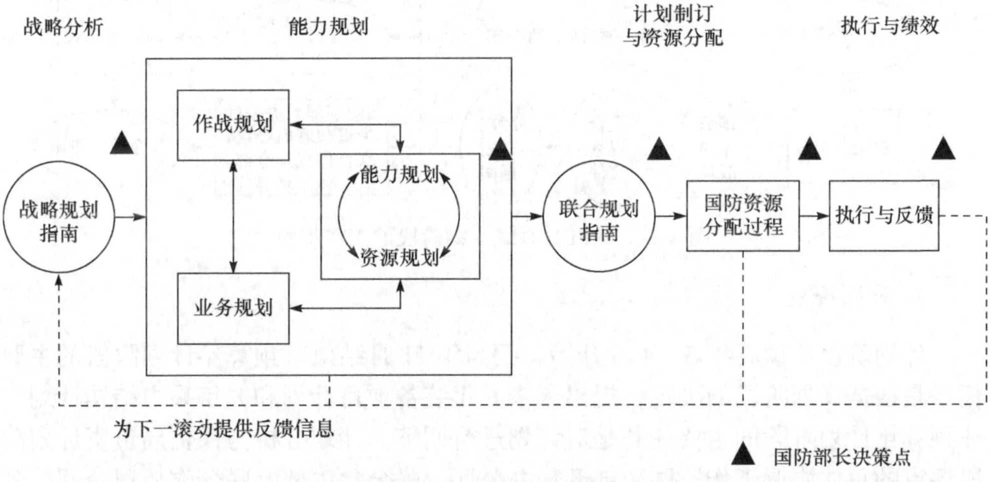

图 3-1-1　美军 PPBE 系统运行程序

(1) 进行战略分析，依据《国家安全战略》制定《国家军事战略》《作战概念》等顶层战略，确定军事战略目标。

(2) 进行能力规划，对美军需要达到的作战能力、现有能力及其缺陷等进行分析，确定美军需要发展的能力及其优先顺序。

(3) 并行开展计划制订与资源分配，确定需要的计划项目和预算。

(4) 对预算执行情况进行绩效评估，并向国防部和其他高层部门上报评估信息。

PPBE 系统运行程序按照工作内容的惯例划分，分为规划、计划、预算和执行四个阶段。规划阶段包括上述第(1)、(2)步工作，计划与预算两个阶段对应上述第(3)步工作，执行阶段对应上述第(4)步工作[6-8]。其中，计划与预算实行两年一次的编制制度，偶数年为预算年，编制新的计划与预算；奇数年为非预算年，对计划与预算进行调整。

1. 规划阶段

规划阶段的主要任务是分析国家安全形势和面临的威胁，制定军事战略，明确所需的作战能力，确定国防建设目标、政策和指导方针。该阶段工作由国防部负责政策的副部长领导，参谋长联席会议、各军种、联合参谋部、联合作战司令部、国防部部长办公厅参与完成。PPBE 系统规划阶段的工作程序如图 3-1-2 所示。

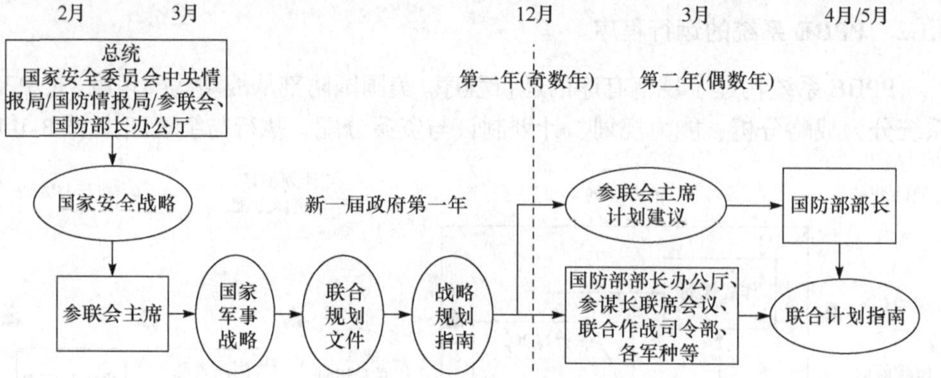

图 3-1-2 PPBE 系统规划阶段的工作程序

2. 计划阶段

计划阶段从预算年 3、4 月开始，到当年 11 月结束。预算年计划阶段的主要任务是根据规划阶段的决定，提出未来 6 年装备项目计划和 8 年兵力结构计划。非预算年计划阶段的主要任务是对计划进行调整。计划分析与评估局负责计划阶段评审的总体协调工作，国防部部长办公厅、联合参谋部、联合作战司令部、各军种和业务局参与完成。

3. 预算阶段

预算阶段与计划阶段的工作同时启动，从预算年 3、4 月开始，到次年 1

月完成。预算年预算阶段的主要任务是确定未来 2 年的资源(包括装备、兵力、人员、经费等)的分配情况。非预算年预算阶段的主要任务是对预算进行调整。该阶段工作由主计长领导，各军种、国防部业务局、国防部部长办公厅、总统行政管理与预算局等参与完成。

PPBE 系统预算年和非预算年计划/预算的工作程序分别如图 3-1-3、图 3-1-4 所示。

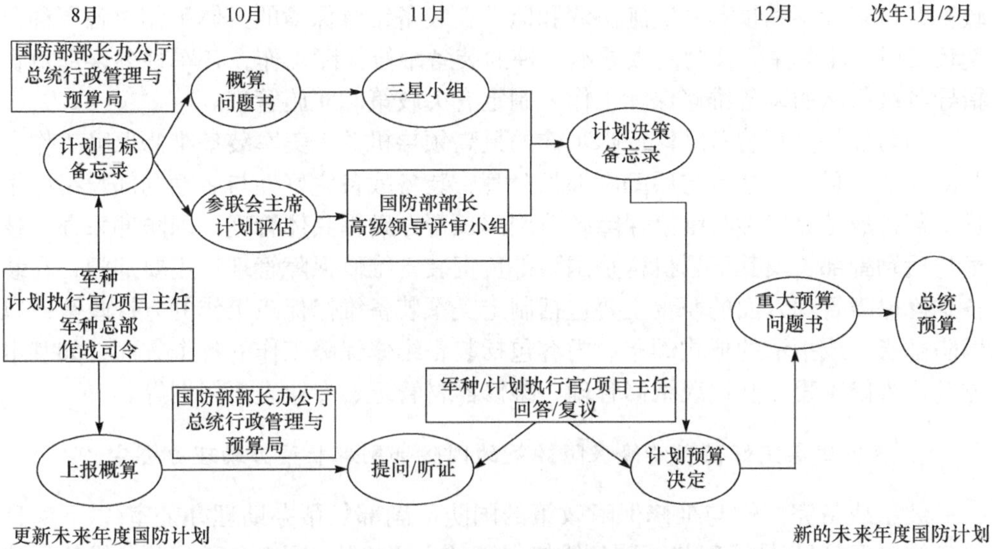

图 3-1-3　PPBE 系统预算年的计划/预算的工作程序

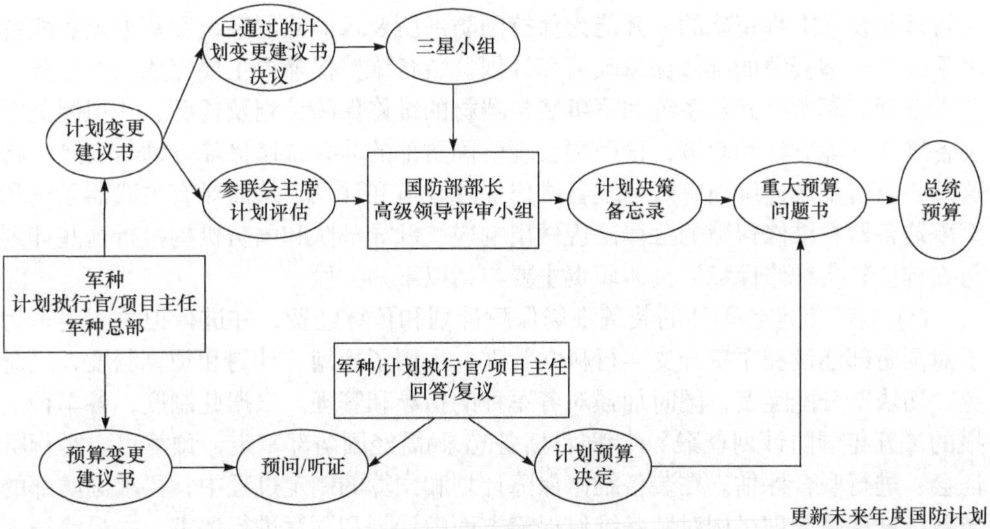

图 3-1-4　PPBE 系统非预算年的计划/预算工作程序

4. 执行阶段

9～11月为预算执行阶段，主要是拨付、执行和评审经费预算。

3.1.3 装备维修保障管理体系

美军装备维修保障实行国防部宏观调控、各军种具体实施的管理体系。其具有以下基本特点：在国防部的统一领导和指挥下，由国防部的主管部门制定方针政策，审查计划和预算，实施协调和监控；装备维修保障的具体工作由各军种分别负责[9]。各军种部长全面领导本军种的装备维修保障工作，各军种参谋部负责指导各级部队的装备维修保障工作，制定有关政策和实施管理。

国防部是美军装备维修保障工作的最高领导机关。美军装备维修保障工作主要由国防部采办、技术与后勤副部长分管，装备战备完好性与后勤副部长帮办主管，装备战备完好性与维修保障政策副部长帮办助理具体管理。国防部采办、技术与后勤副部长及其下属机构是国防部负责装备维修保障管理的主要部门，在装备维修保障管理方面的职责主要包括制定美军装备维修保障工作的方针政策，以国防部指令或指示的形式颁布。内容包括装备维修保障工作的各个方面，如基本方针、维修工程、基地级维修管理、维修器材管理、专业人员培训等。

1. 装备战备完好性和维修保障政策的国防部副部长帮办助理办公室

装备战备完好性与维修保障政策的国防部副部长帮办助理办公室(以下简称装备维修保障局)是管理美军装备维修保障的主要机构，原来名称为装备维修保障政策、计划与资源副部长帮办助理办公室。装备维修保障局的目标是确立并维持在管理和技术上都正确的，并能为保持国防部所要求的武器系统和军事装备战备水平提供足够资源的维修保障政策和计划。装备维修保障局主要完成以下任务：负责管理美军所有武器系统和军事装备器材的维修保障计划及资源，并拟制美军装备维修保障方针和政策；帮助国会理解国防部的装备维修保障计划与安排；将这些要求转变成连续而有效的装备维修保障政策和计划，从而对有关武器系统和军事装备器材维修保障的法律法规做出响应；领导部队和国防机构执行这些计划与安排。装备维修保障局具体职责主要包括以下两方面：

(1) 组织审定各军种的装备维修保障计划和预算经费，并进行把关。美军为了对国防部建设和军费开支实行科学管理，采用了规划、计划和预算制度，以避免“切块”分配经费，同时加强对各军种的指导和管理。根据此制度，各军种上报的《五年国防计划草案》(计划目标备忘录)需经国防部审定，预算也要举行听证会，进行联合评估。在装备维修保障计划和预算的制定过程中，要求国防部的装备维修保障管理机构对装备维修保障方面的计划和预算进行评审，并最终纳入整个年度国防总预算中。

(2) 掌握装备技术状况并指导各军种改善基地级装备维修保障的管理。装备维修保障局要求各军种每年上报一次装备大修成本核算与生产方面的数据(共 50 项)。装备维修保障局在此基础上进行研究分析，对各军种进行指导，同时将分析结果上报。此外，装备维修保障局还负责实施其他装备维修保障管理工作，如组织制定装备维修保障政策法规，推广三军装备维修保障工作经验，推动装备维修保障建设与发展。

装备维修保障局领导着一个装备维修保障高级指导小组，国防部负责装备维修保障局的副部长帮办助理担任装备维修保障高级指导小组的主席，成员包括来自国防部部长办公厅、联合参谋部、各军种和国防后勤局的高级代表。该机构是国防部在装备维修保障技术改进和创新方面的一个高级咨询组织，管理国防部有关装备维修保障工作的改革，并向装备维修保障局提出建议。

装备维修保障高级指导小组的职责是：按照国防部指令 4151.18《军事装备维修保障》的要求，在各军种、国防后勤局和联合参谋部实施各种倡议的过程中提供指导与帮助。该小组主要关注的领域是武器系统和军事装备维修保障政策、项目和过程，以及可用于维持装备战备完好性的信息系统。装备维修保障高级指导小组将推动技术、保障、管理和项目信息在各军种之间的互换，这些信息是与实现和保持武器系统及军事装备器材战备完好性目标和过程相关的信息。此外，装备维修保障高级指导小组还强调投资、推动、使用国防部倡导的维修保障技术、过程和方法，这些维修保障技术、过程和方法可恢复并维持系统的性能，最大限度地降低了装备维修保障周期。为满足上述任务要求，装备维修保障高级指导小组将强调并支持各种倡议的开发和实施工作，在优化装备总体战备完好性的同时降低总拥有费用。

2. 国防后勤局

国防部装备战备完好性与后勤副部长帮办下设国防后勤局，它是美军的联勤机关，总部设在华盛顿，负责国防部装备及物资器材保障的统一领导和组织实施。其主要职责包括以下方面：

(1) 负责三军通用物资器材及装备的供应。该局负责三军通用物资器材及装备的采购、储存和发放工作，包括三军装备维修保障所需的零配件，以及电子器材、工程器材、工业品等八大类。这些物资器材和装备补给工作主要由该局直属的补给中心负责。

(2) 负责管理联邦物资编目系统、国防部全部动产的再利用和剩余物资的处理、国防工厂设备的管理等，并为国防部管理有关保障的各种计划。

国防后勤局提供美军作战所需的各种消耗性物品，也能帮助销毁不再使用的物资器材和装备。国防后勤局的紧急保障小组为部署在世界各地的部队提供保障。

此外，国防后勤局已经精简其补给仓库和分发系统，以降低费用并缩短其向用户供应物资器材的时间。为了跟上电子化环境的步伐，该局在美军中率先使用了电子商务和信息管理，成立了电子商务部，实现了只要在计算机上轻轻点击鼠标即可完成向世界范围内的部队补给数百万美元重要物资器材的任务。

3. 参谋长联席会议

参谋长联席会议(以下简称参联会)负责从作战的角度对军队建设提出要求和参考意见。例如，在确定基地级核心装备维修保障能力的过程中，参联会负责提出作战想定。参联会在参联会主席的领导下参与装备维修保障管理活动，其中，联合参谋部后勤局和运输司令部是与装备维修保障最为密切的两个机构。

参联会主席在美军装备维修保障管理中承担管理与指导责任，主要包括以下内容：对政策、规划、设计、测试、保障及保障系统的评估事务提供建议；审查国防后勤局规划与设计文件，并为国防后勤局主管提供指导；定期向国防部部长提交关于国防后勤局对保障武装力量在战争期间或国家安全受到威胁时的责任和准备情况，以及参联会主席认为适当的其他建议；组织国防后勤局参加联合训练并评估其成绩；向国防后勤局主管分配与防务准备相关的任务；向国防后勤局主管提出参联会确定的保障要求。

联合参谋部通过陆军参谋部副参谋长、空军参谋部副参谋长、海军作战部副部长和海军陆战队副参谋长，对各军种、各联合司令部和海外战区的装备维修保障工作进行协调和指挥。其主要任务是：制订联合装备维修保障计划，对军种联合作战中的保障工作和战略机动进行监督；根据战略目标，确定保障工作目标；审定全军保障需求计划，研究预算和规划保障能力；研究各联合司令部制订作战计划时所需的保障能力，审查联合司令部在执行作战计划中的保障计划；在执行联合保障计划时，协调参联会、各军种、各联合司令部和特种司令部之间的关系。

3.1.4　装备维修保障计划

1. 装备维修保障计划的组织与管理

美军规定，国防部装备维修保障计划的组织与管理必须按照装备固有性能、安全性和可靠性的要求进行。当装备性能下降时，装备维修保障工作应能够使装备恢复到固有的安全性和可靠性水平。制订装备维修保障计划的目的是实现国防战略和紧急事件所要求的装备战备完好性与可维持性(包括机动性和应急能力)的目标。此外，装备维修保障计划还应开展以下工作：

(1) 采用能够优化生产工艺、组织结构和使用操作的装备维修保障方案，以便向作战部队提供性能完好的装备。

(2) 必须与国防部的战略规划和紧急事件规划紧密结合。

(3) 提供建制的核心装备维修保障能力；在适当时，通过竞争选择非核心装备维修保障能力，以便在各种装备维修保障活动中降低成本，提高性能。

(4) 以最大限度地降低装备寿命周期费用为原则进行设计：装备维修保障计划应有效满足装备在海上、固定基地、部署地点、修理机构、储存地点或运输途中的所有保障需求，应最大限度地减少在作战区域的装备维修保障负担。

(5) 采用商业实践和质量管理程序，以便持续改进维护、修理和操作，节省装备维修保障经费，缩短装备维修保障周期。

(6) 投资新技术的开发，提高装备的可靠性、维修性和保障性，包括维修保障成本、维修保障进度的有效性，以及维修保障工作的质量和程序。

(7) 采用可获得的各种保障能力(包括建制的或军方特有的能力，私营部门提供的保障、合作和竞争等)维持军事装备。

(8) 确保装备维修保障信息及相关信息的获得符合预定的保障方案，从而以较高的效费比维护、修理已部署系统，并在已部署系统的整个寿命周期内鼓励各保障提供方之间的竞争。

(9) 采取措施最大限度地降低或避免装备维修保障活动中环境、安全和职业健康等风险。应最大限度地减少危险设备在维修保障区域的使用、生产、储存和处理。在装备维修保障任务和程序的设计中，应充分考虑环境和人的因素，以确保安全、有效地完成装备维修保障任务。

(10) 定期或在必要时提交相关报告。

2. 初始装备维修保障计划的制订

初始装备维修保障计划的制订应在采办计划初期开始。当装备的固有可靠性或性能水平不佳时，装备维修保障程序应能够为装备设计改进提供所需的信息。初始装备维修保障计划应开展以下工作：

(1) 与装备设计同步编制，先进行故障模式与影响分析。装备维修保障计划应包含适当而有效的工作，以便使用以可靠性为中心的分析工具来完成故障模式和影响分析。装备维修保障计划还应按照从用户需求和效费比分析中导出的准则，将任务分配给相应的保障级别(如野战级和基地级)。装备维修任务的制定工作包括：确定初步的门限值和任务间隔时间；在任何有效的保障工作都无法完全解决某种故障模式或故障影响时，反馈到设计过程。

(2) 规定确定基地级装备维修保障的核心能力要求。基地级装备维修保障的核心能力要求应当在采办周期中尽早确定。对于直接支撑国防部战略和紧急事件规划的装备，核心的基地级装备维修保障能力应当在形成初始作战能力后的四年内形成。特殊项目中使用的系统和设备、核动力航空母舰及商业设备不需要满足这一要求。确定核心能力的要求只适用于国防部的建制基地级装备维修保障资源(包括人员、设备和设施)。国防部各部门应当按照国防部采办、技术与后勤副部长批准的方法，计算本部门所需的基地级装备维修保障核心能力和工作量。在国防部各基地分配的工作量中，用来维持核心能力的维修保障工作量应当占主要部分。

考虑到部队结构发生变化、引入新型武器系统、战斗条令为应对新出现的威胁而发生调整等因素，国防部应当定期对核心能力和相关的工作量进行调整，每隔两年进行一次正式的审查。对于执行国防部战略和紧急事件规划必需的武器系统，维护和修理工作不需要全部在建制维修保障机构中进行，但建制维修保障机构必须保留维护和修理上述武器系统的能力(包括专业技能、设备和设施)。

(3) 在私营部门送修的军事装备应与国防部保障程序有效结合。

(4) 初始装备维修保障计划应最大限度地减少对保障设备的需求，包括对测试、测量与诊断设备的需求。在必须使用保障设备时，初始装备维修保障计划应当按照现行的装备维修保障思想,对应用范围最广的保障系统的设计进行标准化。在可行且效费比较高的情况下，装备维修保障计划应将诊断技术、预测技术及状态管理技术应用到嵌入式设备及离位设备中。装备维修保障计划应向建制保障人员提供所需的技术工具(如交互式技术手册、便携式辅助设备、技术信息获取)的选择范围，并提供正确的设备、设施及适当的技术、培训和管理。

(5) 初始装备维修保障计划应使用序列化产品管理技术，在装备的寿命周期内对其实施有效管理。序列化产品管理应当侧重于向每个确定的装备提供全面、实时的数据。国防部的装备应当采用自动识别技术，以实现无纸化识别，并最大限度地降低数据输入的需求，以及推动必要信息(如历史数据)的数字化储存和恢复。

序列化产品管理应建立在现有的序列号跟踪倡议的基础上，并协调利用不断发展的自动识别技术。

3. 寿命周期内装备维修保障计划的调整

应在军事装备的整个寿命周期内对装备维修保障计划定期进行调整和修订，以提高装备维修保障的灵活性和装备的使用可用度，降低装备在寿命周期内的维修保障经费。

(1) 应使用装备维修工程方法确定效费比最佳的装备维修保障方式组合(建制维修保障、合同商维修保障、军种间服务保障)。

(2) 商业产品的装备维修保障应通过适用的商业装备维修保障计划进行。

(3) 应采用国防部采办、技术与后勤副部长批准的方法确定建制装备维修保障能力需求，选择承担装备维修保障任务的军方部门或私营企业。

国防部各部门应将主要的建制基地级装备维修保障机构指定为工业和技术优

势中心(这类中心拥有满足核心能力要求所需的一项或多项特定技术能力)。国防部各部门应通过设计工业化的过程并采用当代商业实践，使工业和技术优势中心成为各核心技术领域的领先者。此外，在对基地级装备维修保障工作量进行分配时，应当考虑国防部类似或相同装备维修保障需求，并在可能的情况下合并类似或相同装备维修保障需求。

在选择承担非核心基地级装备维修保障任务的修理机构时，国防部各部门应当进行风险分析，并考虑成本、性能和响应能力等因素。国防部将选择能够给政府带来最高价值的私营企业或军方部门承担非核心基地级装备维修保障工作。

对于维持基地级装备维修保障核心能力所必需的工作，不需要按照规定开展成本研究，除非国防部部长办公厅认为，由于国防，已经不再需要由政府部门承担该维修保障工作。

在对建制基地级装备维修保障工作进行初始分配时，应根据不同机构的特长来选择基地级装备维修保障的承担部门。对于以前由军方建制维修保障单位承担的、价值在 300 万美元以上的基地级装备维修保障工作，在确定装备维修保障机构时也应当遵守这一原则。为了实现装备维修保障的经济性和有效性目标，可在国防部建制基地级装备维修保障机构与私营部门(可完成非核心基地级装备维修保障工作)之间引入竞争机制。当军方和私营部门就基地级维修保障工作进行竞争时，不需要按照规定开展成本研究，可以批准国防部建制基地级装备维修保障机构参与国防部以外机构的基地级装备维修保障工作的竞争。

在可行且有利的情况下，应采用公私合作方式或其他合作方式完成基地级装备维修保障工作。

(4) 装备维修保障计划应当有助于获取、搜集与可靠性有关的数据，并对其进行分析。装备维修保障计划应当具备充分的分析能力，以便根据使用经验、技术状态、可靠性、维修性和保障性改进需求、培训课程或交付方法的变化进行调整。装备维修保障计划中应包括向装备维修保障机构提供对预测和诊断设备产生的信息进行评估的手段，以及提出适当的装备维修保障活动。装备维修保障计划还应确定维护、修理性能的度量标准，并对其进行评估，这些度量标准必须有助于装备维修保障工作的持续改进，可确保提高作战部队的反应能力，使作战部队达到最佳状态。

(5) 如果管理和控制得当，拼修可成为一种效费比较高、能够提高任务能力的装备维修保障方法。但国防部各部门必须对其进行必要的指导和训练，以确保拼修不会对装备的战备完好性和国防部工作人员产生消极影响。因此，国防部各部门制定的政策必须能够确保：对所有的拼修活动进行控制和记录(至少要记录被拼修设备的国家库存号和工作单元代码、耗费的人工时、采取拼修行动的原因)；部队级装备维修保障人员授权(包括与拼修行动有关的要求)。

美国国会要求军方提交拼修数据作为季度战备报告的一部分，因此国防部各部门必须建立相关的数据搜集和报告制度。

(6) 国防部各部门应当定期对野战级和基地级装备维修保障工作量进行审查，确定是否存在合并、地区化、公私合作或采用其他类型综合保障布局的机会，从而在维持或提高保障响应能力的同时显著降低保障成本。可使用军种间保障协议来建立统一的军种间服务能力，军种间保障协议必须符合规定。

(7) 应在整个寿命周期采用腐蚀预防与控制计划及防腐技术。可采取下列方法实现腐蚀的预防与控制：使用有效的设计准则、材料选择、保护性涂层、正确的生产过程、包装、适当的储存环境、运输期间的保护、正确的维护修理程序。在可操作的情况下，防腐技术应当成为装备维修保障计划的一部分。腐蚀预防与控制报告系统应当能够进行数据搜集和反馈。

(8) 国防部各部门应制定和实施有关的项目，用来有效地储存和回收暂时或长期停用的设备，以便在保持装备作战能力的同时减少装备维修保障需求。装备的非军事化和报废回收活动必须符合相关的环境与工业标准。

3.2 美军装备维修保障计划管理特点

3.2.1 综合的计划管理体制

PPBE 系统是美国国防部三大决策保障系统(需求生成系统、规划计划预算执行系统、国防采办系统)之一，主要负责制定战略规划、中期计划，确定预算经费。

PPBE 系统继承了 PPBS 的诸多做法，如按照不同领域制定计划和预算，加强对装备采办全寿命各阶段费用的统筹协调，加强远期、中期和近期安排的结合，建立起一套制度化的工作流程，实行程序化、规范化管理等[10]。同时，在一体化联合作战的时代背景下，PPBE 系统还表现出一些新的特点，如实行基于能力的资源分配机制、计划阶段与预算阶段工作并行、实行两年一度的预算编制制度及强化对计划和预算的执行评审等。美军综合完善的计划管理体制有效保证了装备维修保障计划管理工作科学高效地开展。

3.2.2 完善的法规体系

美军非常重视装备维修保障计划管理的立法工作，其装备维修制度上下配套，覆盖了装备维修的各个领域。美军装备维修管理法规可分为联邦政府、国防部、各军种、各军种下属有关业务部门等不同层次[11]。联邦政府一级以国家法律的形式颁布，具有法律效应；国防部一级以国防部指令、指示的形式颁布；各军种根据国防部法规精神制定本军种的装备维修管理条令、条例、规程和技术手册；各军种下属有关业务部门还制定了相关配套的条令、条例及规章制度。美军有关装备维修管理的法规非常全面，数量相当多，内容覆盖了装备维修的各个方面，同时涉及装备寿命周期各阶段的管理，体现了装备全系统全寿命管理的要求。

以美国海军装备维修保障相关法规体系建设为例，美国海军有关装备维修的法规和标准按照管理体系可分为海军部法规标准、海军作战部指令和通告、海军作战部下属各系统司令部指令及海军舰队指令和各种手册四类。

(1) 海军部法规标准。其主要是以海军部长的名义颁布的海军部长指令，如《综合保障评估与认证要求》。

(2) 海军作战部指令和通告。海军作战部指令和通告的数量极为庞大，涉及装备维修的也非常多。如《海军军械维修保障管理大纲》。

(3) 海军作战部下属各系统司令部指令。其中，与装备维修管理有关的主要是海上系统司令部。该司令部颁布的装备维修管理法规标准主要有《水面舰艇先进设备的修理大纲》《舰艇大修政策》等。

(4) 海军舰队指令和各种手册。其中，最典型的包括《美国海军联合舰队维修保障手册》、海军大西洋舰队航空部队指令、《航空装备维修保障管理评估大纲》等。

3.2.3　科学的评估体系

美军非常重视装备维修保障经费使用效益评估工作，美国国防部及下属各部门都设有独立的军费评估部门(后勤保障评估局)，对军费效益进行评价和考核，有完善的评估指标。国防部预算局和审计局负责对重点项目进行评价和考核，评价和考核的依据是各部门确定的项目业绩指标。美军还通过推行单位成本资源化管理和强化共同信息管理，提高军费管理的科学性和使用效益[12-14]。

以美国空军为例，有关的统计指标主要包括维修质量、装备状况、资源消耗等方面。有些统计指标是空军统一规定的；有些统计指标是各大司令部自己要求的统计项目；还有一些统计指标虽然没有统一的规定，但可以根据需要从信息系统的数据库中随时获取。

美国空军条例《飞机维修管理》规定了评估部队飞机维修工作质量的多项指标，如飞机设备重大故障率、与维修有关的地面事故率、人员合格率、飞机状况报告准确率、计划有效率等。

美国空军没有规定统一的飞机维修统计指标，而由各大司令部统一规定。各大司令部的统计指标基本相同，略有差异。例如，太平洋空军的《飞机月度维修汇总报告》规定了能执行任务率、串件率、推迟排除的故障率等 20 多个要上报的统计指标。

独立的评估部门和完善的评价指标体系为评估装备维修保障计划的执行情况和装备维修保障经费的使用效益提供了科学的依据。

3.2.4 全面的信息管理

在装备维修保障计划管理中，对装备维修保障计划执行过程中的有关信息进行全面、及时的记录是一项基础性工作，能够为今后制订科学的装备维修保障计划提供重要依据。

美军在装备维修保障计划的信息管理方面做了大量工作，如对于美国空军，信息记录和统计是飞机维修工作的重要一环。美国空军规定，只要在飞机上做了工作，消耗了工时和其他资源，就要有记录。统计的目的主要是掌握装备的实力和可靠性、维修性状况，掌握各种维修资源的消耗和利用情况，进行维修管理决策，并为新装备研制的指标确定提供依据。

美军装备维修中信息管理的特点主要表现在：有完善的维修信息记录的规章制度和方法，并与维修工作相结合；建立了先进的自动化的维修管理信息系统(如CAMS、REMIS等)；强调并采取各种措施保证原始数据的完整性和准确性；以部队的飞机维修信息记录为基础，做到数据一次收集、重复使用。

3.3 美军装备维修保障计划管理带来的启示

通过研究美军装备维修保障计划管理的有关情况，能够得到如下启示。

1. 要有完善的装备维修保障计划管理体制

完善的装备维修保障计划管理体制是提高装备维修保障计划管理效率和效益的前提。美军设有比较完善和层次分明的装备维修保障体制，健全的法规体系和评估体系。在装备维修保障体制方面，实行统分结合，按照集中领导、分工实施的方式开展工作，这样既有利于统筹资源、统一安排、宏观调控，又有利于兼顾不同军种、不同装备的维修保障特点。在装备维修保障法规体系方面，按照体系化建设的思想，分层次构建了集指令指示、实施指南、规范标准为一体的法规体系，从工作要求、具体实施、执行标准等方面进行了全面规范和指导。在装备维修保障评估体系方面，建立了分工明确、自成一体的评估管理体系和较为完备、具有较强针对性和指导性的评估技术体系，为科学评价装备维修保障计划管理工作效果提供了基本保证。

2. 要有合理有效的计划管理方法

合理有效的计划管理方法是加强军队建设、提高军事效益和经济效益的重要保证。随着新军事变革的不断推进和军事科学技术的飞速发展，军费支出剧增。如何能够以尽量少的花费获得最大的军事效益和经济效益，成为各国军队建设首先思考的问题。美军通过 PPBE 系统，对每个武器装备建设项目从初期的论证到项目开展过程中的监督评审，再到维修保障，每个环节都要进行严格管理，尽可能缩短项目周期、降低成本，通过有限的资源配置实现最大的经济效益，从而达到提高军事效益的目的[15]。因此，对军费预算进行合理有效的管理，使所有军事建设项目都能够充分地进行资源配置，不仅能够有效地节约军费，还有利于发挥有限军费的最大效益。

3. 要有严格周密的规划论证和评审工作

严格周密的规划论证和评审工作是提高装备维修保障计划管理质量的基本前提。美军在国防部和三军分别设有科研论证机构，负责军队装备建设规划、计划的编制工作，通过 PPBE 系统对规划、计划进行修订与完善，并以规划、计划为指导进行预算编制，使其军费预算的前期准备工作更加充分。同时，美军注重各个装备建设项目开展过程中的评审工作，贯穿于规划、计划和预算全过程，由财政部行政管理与预算局、国防部财会局从整体上对军费预算工作进行监督和检查，国防部及其下属各部门的后勤保障评估局对开展的装备建设项目进行考察和评估，采用绩效衡量的方法进行考核，从而可及时准确掌握各项目的进度和效益情况，有利于提高军费预算编制的合理性。

4. 要有先进的自动化的装备维修保障计划管理信息系统

美军的 PPBE 系统建立了一个统一、权威的数据库信息系统，把计划与预算的数据均纳入统一的标准数据库系统中，一方面实现了各类信息的集中规范化管理；另一方面增强了规划、计划和预算编制过程的透明度，通过完成从分散数据库向单一标准系统的转变，进而实现计划与预算数据的一体化管理。

5. 要重视装备维修保障经费使用效益的评估工作

美军在装备建设与发展过程中，同样遇到装备经费供需矛盾的巨大压力。为提高经费的使用效益，美军非常重视装备维修保障经费使用效益评估工作，其应用也十分广泛。美军的做法是建立健全完整的装备维修保障经费使用效益评估体制、设立独立的效益评估部门、完善效益评估程序、探求科学的效益评估方法、强化装备维修保障经费的信息化管理、实现装备维修保障经费的计算机网络化管理等[16,17]。美国国防部及其下属各部门都设有独立的军费评估部门(后勤保障评估局)，对军费效益进行评价与考核。国防部预算局和审计局负责对重点项目进行评价和考核，评价和考核的依据是各部门确定的项目业绩指标。美军还通过推行单位成本资源化管理和强化共同信息管理，提高军费管理的科学性和使用效益。

6. 要加强审计和监督，提高经费使用效益

制定业绩评估标准,相关部门制定的业绩评估标准包括采办项目的合同定价、执行情况、性能指标和目标完成情况等；制定维修评估标准包括全寿命费用、经济有效性、可靠性、战备完好性、及时性、人力成本。美军实行监督和报告制度：国防部部长办公厅至少每个季度向行政管理与预算局汇报经费支出情况；国防部部长办公厅每季度至少审查一次项目执行情况；年中，各军种和国防部要对所有业绩指标进行综合审查，并对部分项目做出调整。

3.4 本 章 小 结

本章以美军为例介绍了外军装备维修保障计划管理的基本情况，包括装备管理的基本体制、规划计划预算执行系统的运行程序、装备维修保障管理的体系及装备维修保障计划管理的相关情况，进而系统总结了美军装备维修保障计划管理的主要特点，最后借鉴美军的先进做法，结合我军装备维修保障管理的现状和特点，给出了对我军做好装备维修保障计划管理工作的启示。

参 考 文 献

[1] Grimes S R. PPBS to PPBE: A process or principles[D]. Carlisle Pennsylvania: U.S. Army War College, 2008.

[2] 刘洁, 王磊. 美国国防部实行新的资源分配制度[J]. 装备参考, 2004, (5): 5-12.

[3] 刘宏刚, 张诤敏, 唐峰. PPBE 系统运行机制分析及启示[J]. 装备指挥技术学院学报, 2008, 19(5): 22-26.

[4] Motherway D, Beardslee D. Planning, programming, budgeting and execution system[J]. Web Information Systems Engineering, 2006, 8786:340-356.

[5] Church A T, Warner T. DOD planning, programming, budgeting, and execution system: A Path toward improvement[J]. Joint Force Quarterly, 2009, (53): 80-84.

[6] Jones L R, McCaffery J L. Reform of the planning, programming, budgeting system, and management control in the U. S. Department of Defense: Insights from budget theory[J]. Public Budgeting & Finance, 2005, 25(3):1-19.

[7] Barry J C, Gillikin P L. Comparative analysis of navy and marine corps planning, programming, budgeting and execution systems from a manpower perspective[D]. Monterey: Naval Postgraduate School, 2005.

[8] Boyce J S. Linking PPBES and the pom with capabilities[D]. Monterey: Naval Postgraduate School, 2006.

[9] DoDD 7045.14. The Planning, Programming, Budgeting, and Execution (PPBE) Process[S]. 2013.

[10] 钟海波, 曹晓东. 美国国防部 PPBE 运行机制的启示[J]. 价值工程, 2016, 35(21): 201-203.

[11] Lews L, Brown R A, Schrader J Y. Improving the amy planning, progamming, budgeting, and execution system[R]. Santa Monica: RAND Corp., 1999.
[12] DoDI 5000.02. Operation of the Defense Acquisition System[S]. 2015.
[13] DoDD 5000.01. The Defense Acquisition System[S]. 2003.
[14] DoD 7000.14-R. Financial Management Regulation[S]. 2011.
[15] 唐瑞琳. 美海军舰船修理计划与工程中心, 提供"一站"维修与现代化计划的编制方法[J]. 装备参考, 2002, (7): 17, 18.
[16] DoD 7600.07-M. DoD Audit Manual[S]. 2009.
[17] DoD 5000.4-M. Cost Analysis Guidance and Procedures[S]. 1992.

第 4 章　装备维修保障计划编制

科学提出与正确选择方案是整个管理过程成功的基础和关键。装备维修保障计划管理活动是从计划的编制开始的，科学的装备维修保障计划从全局高度来考察装备维修保障需求及其影响因素，协调装备维修保障过程中涉及的各个层次、各项资源，可以大大降低装备维修保障经费，提高装备维修保障效益。本章重点介绍装备维修保障计划编制的有关内容，包括编制工作的基本概况、主要内容和流程、需求分析及计划审核等。

4.1　装备维修保障计划编制概述

4.1.1　装备维修保障计划编制的基本要素

装备维修保障计划编制时需要掌握下列基本要素：

(1) 必要性，即为什么要编制计划。

(2) 目标，即计划要达到什么目的。

(3) 地点，即在什么地方执行。

(4) 时间，即什么时机执行和什么时间完成。

(5) 执行者，即由谁执行及分工。

(6) 资源，即计划执行需要消耗多少资源。

(7) 方法，即计划如何实施。

(8) 措施，即怎样解决实施中可能出现的问题。

(9) 检查和监控，即分阶段检查点和监控程序。

上面所列基本要素是编制装备维修保障计划时必须考虑的基本要求，根据具体计划项目的不同，还可能需要补充和完善。如果在编制装备维修保障计划时，对上述问题都能给出正确、圆满的回答，那么编制出的计划就会比较完善周密，在实施时才可能达到较好的效果[1]。

4.1.2　装备维修保障计划编制的程序

1. 领会意图，明确任务

在编制装备维修保障计划时，要充分了解与装备维修保障工作相关的各级机关和部门有关指示与首长的意图，了解装备维修保障任务的具体内容，明确编制装备维修保障计划的意图、目标和主要内容等。

2. 研究信息，掌握情况

研究信息，掌握情况，是正确编制装备维修保障计划的基础。在任务内容明确后，要广泛收集、研究有关信息资料，掌握装备的状况和维修力量的大小，预测维修需求和可能出现的各种情况与问题，分析影响任务完成的一切因素，做到心中有数。例如，根据过去和现在维修人员的技术水平，预测今后可能提高到什么程度，才能编制出切实可行的维修训练计划；根据科学技术水平，预测今后维修科学发展动向，才能编制出维修科研计划。制订装备维修保障计划的前提条件是要摸清楚过去和现在的情况，只有把情况摸清楚了，才能通过预测和决策制订出计划。为此，要对大量的装备维修保障数据进行统计，经过数理分析，用数学模型表达出变化规律，才能确切地进行定性、定量的预测与决策。

3. 列出项目，拟定指标

将掌握的情况进行分析判断，把有关内容按照轻重缓急、统筹安排列出项目，草拟进度和各阶段的具体指标与要求。目标的具体化需要通过各项具体指标来体现，可以说，指标是实现计划目标的集中体现。装备维修保障计划管理的指标随具体装备维修保障任务的不同而不同，既有定性指标，又有定量指标，既有总体指标，又有单项指标，既有任务方面的，又有质量方面的，既有军事方面的，又有经济方面的。指标的选择应根据装备维修保障任务和需要而定。例如，任务方面的指标有完好率、修竣率等；质量方面的指标有合格率、事故率、人为差错率、返工(报废)率等；经济方面的指标有装备维修保障经费、工时和材料定额等。

4. 提出方案，优化决策

要在提出目标和指标的基础上，编制多种实现指标和目标的具体措施与方案，方案应是多种、可供选择的方案，并尽可能地应用工程分析决策技术对其优化和评估，择优执行，以保证装备维修保障工作的高效率和低消耗。

5. 上报审批，下达执行

在计划草案拟定后，应按有关规定送上级主管部门和首长审批，计划得到批准后，应迅速下达执行单位。在计划执行过程中，要不断检查计划执行情况，看是否符合有关规定要求和装备维修保障目标，若发生偏差，则迅速反馈，采取措施，加以改进和调整。

4.1.3 装备维修保障计划编制的方法

编制装备维修保障计划不仅要依据客观的技术经济规律和装备维修保障任务需求，还必须有科学的编制方法[2]。装备维修保障计划的编制涉及相关数据、指标和计划的确定，编制装备维修保障计划的常用方法有以下七种。

1. 定额法

维修定额是依据一定时期的科学技术和生产力发展水平编制的有关维修人力、物力、财力的标准。装备维修中定额的种类很多，如原材料消耗标准、备件供应标准、维修经费标准、维修质量标准等。定额法就是直接根据各种定额和标准来确定计划指标的方法[3]。

2. 比例法

比例法是依据两个过程或相关指标之间长期形成的稳定比例关系，大致确定计划指标的方法。例如，在相同条件下，装备的大修台数和材料消耗有大致比例，参照上述比例可以根据装备大修台数科学安排材料的筹供计划。

3. 统计法

装备维修保障计划根据维修的客观规律做出预测和决策。要准确地反映维修的客观规律，就必须依靠能够反映维修现实的数据进行统计分析，运用统计法对数据样本进行整理分析来推断总的状况，从而把包含在数据中的装备维修保障规律揭示出来，常用的有统计分析法、分层法、主次排列图法、直方图法等[4]。

4. 比较法

比较法就是通过比较分析来确定计划指标的方法。一般有两种情况：一是不同时期的纵向比较，即与以往各年度实际的发展水平、速度、比例、消耗、效果及具体条件进行分析对比，以确定合理的计划目标；二是各部队、各部门或同类单位、同类项目进行横向比较，从中找出差距，挖掘潜力，确定可行的计划目标[5]。

5. 平衡法

平衡法是编制装备维修保障计划的基本方法之一。平衡是指运用系统工程的方法手段，对整个装备维修保障系统进行整体协调和全局平衡。装备维修保障工作中的需要与可能之间经常从不平衡发展到平衡，又从平衡发展到不平衡。平衡法要求把装备维修保障过程中的需要和可能两个方面作为矛盾的统一体加以考虑[6]。装备维修保障计划工作的任务，就是要经常地、自觉地保持装备维修的人力、物力、财力在维修需要与可能之间的相对平衡，使计划既具有积极的促进作用，又留有适当的余地。

6. 网络法

网络法是一种科学的计划管理方法。装备维修保障计划管理错综复杂，既有先后顺序，又有互相关联。运用网络法可以把整个装备维修保障计划作为一个系统，根据各个环节之间的逻辑关系，对人力、物力做出合理的安排，保证以最少的资源、最短的时间、最有利的方式为维修管理和技术人员选择最优的计划决策[7]。

7. 综合法

综合法综合考虑技术和经济两方面的目标，既要考虑技术性能优劣的要求，又要考虑在经济上是否节约、划算[8]。在装备维修保障计划管理中，较大范围的经费物资调整、大型装备的修理、维修厂的选点和组建等，都需要进行技术和经济的分析论证。

在编制装备维修保障计划时，上述技术方法应根据掌握到的信息情况和计划内容综合应用。例如，当有定额标准时，装备维修保障任务通常采用定额法；当没有定额标准时，装备维修保障任务可以采用比较法和比例法，装备维修保障的工序计划可采用网络法等。

4.2　装备维修保障计划编制的内容与流程

现行装备维修保障计划按照计划时间主要有五年规划和年度计划，本节将重点介绍五年规划和年度计划编制的有关情况。

4.2.1　有关要素

1. 装备维修保障计划项目构成

装备维修保障计划涉及各种类型的项目，实际管理工作中通常会按照项目内涵进行归类，划分为不同的项目类型，而且在不同时期根据管理活动的需要，项目类型划分也会有所不同。典型的装备维修保障计划项目可以分为装备大修、装备中修、专项维修、维修器材购置、修理能力建设、维修科学研究与改革、维修管理业务及其他等类别。

2. 装备维修保障计划项目档别

装备维修保障计划项目分为如下档别。

1) 一档项目

一档项目是指为保障部队装备不失修、不失保，年度计划必须安排的项目。其主要包括：应当安排的装备等级修理，部队从事修理、检测维护等必需的维修器材与设备购置，保障年度重大军事训练任务、非战争军事行动等必需的专项补助，保证装备维修保障工作正常开展必须安排的管理类和其他类项目，涉及部队安全和稳定且属于装备维修保障经费保障范畴的相关项目，相关部门特别批准安排的有关项目。

2) 二档项目

二档项目是指不影响部队当年装备维修保障任务需要，可以暂缓安排的项目，主要包括装备维修保障设备的更新、技术升级，其他可以视情安排的维修类和管理类项目。

一档项目经费总需求不得超过五年规划确定的当年指标与拟纳入年度计划使用的结转经费和弥补经费总额。二档项目按优先等级实行排序管理。

3. 装备维修保障计划项目目录

装备维修保障计划项目实行项目目录管理。该项目目录主要规范项目分类、名称、内容和管理要求等。实行项目目录管理是规范装备维修保障计划项目设置，进一步提高装备维修保障计划管理科学化、精细化、规范化水平的重要举措。

在运用装备维修保障计划项目目录时需要注意：

(1) 加强项目目录推广。各级装备维修保障计划管理部门要熟悉掌握项目目录的结构、特点和编报要求，指导年度计划的制订、审核工作，不断提高装备维修保障计划管理工作水平。

(2) 严格落实项目目录要求。装备维修保障计划项目的编报要严格执行目录规范的统一名称，装备维修保障计划项目的安排要符合目录规定的编报要求。凡另立名目、不按项目目录编报要求设置的装备维修保障计划项目，在计划审核中一律予以核减。

(3) 及时收集反馈情况。要建立动态保鲜机制，根据装备维修保障体制改革和装备维修保障计划工作实际，认真梳理目录执行过程中的问题，对目录进行适时调整。

4.2.2 五年规划

1. 主要内容

装备维修保障五年规划主要包括下列内容：

(1) 装备维修保障建设面临的形势。

(2) 装备维修保障建设的指导思想和基本原则。

(3) 规划安排情况及说明，主要包括装备维修类、管理类和其他类项目的需求申请，规划的总体安排和分年度安排情况，以及分别针对装备修理、维修器材和设备保障等主要项目及部队类别、主要装备、战略方向等做出的说明。

(4) 保障程度评估及说明，包括总体保障形势和水平，以及分别针对装备大修、维修器材和设备保障等主要项目及部队类别、主要装备、战略方向等对保障程度做出的说明。

(5) 存在的问题。

(6) 对策措施及有关意见和建议。

2. 编制原则

装备维修保障五年规划编制原则是指在论证装备维修保障五年规划过程中必须遵循的基本准则。因此，其应该注重操作和实际运用，装备维修保障五年规划的编制原则主要有以下方面。

1) 实事求是原则

坚持实事求是原则就是要正确回答这样一个基本问题：现在的情况是什么？由于装备维修保障五年规划对装备维修保障力量当前目标的实现和长远发展具有重要影响，在制定装备维修保障五年规划过程中，必须坚持实事求是原则，切实把装备维修保障五年规划的制定建立在对装备维修保障组织内外各种制约因素的客观评价基础之上。其主要包括：

(1) 当前和今后一段时期的装备技术状况。

(2) 当前和今后一段时期可用于装备维修保障的经费数额。

(3) 今后一段时期的装备发展规划，具体包括装备的研制、改装和维持等。

2) 目标定位原则

坚持目标定位原则就是要正确回答：目标是什么？回答这一问题，也就是要明确装备维修保障的当前目标与战略目标，从而确立装备维修保障五年规划的基本方向。在组织目标明确后，从装备维修保障管理的角度衡量组织目标和现状之间的差距，进而解决这个差距就成为组织装备维修保障管理所要实现的目标，而这个目标就是装备维修保障五年规划的目标定位。

3) 手段整合原则

坚持手段整合原则就是要正确回答：怎样实现目标？一般来说，这不是一个简单的问题，并不容易回答，但必须做出回答。确立了装备维修保障五年规划的目标以后，首先应从缩小现实与目标之间的差距来考虑实现目标手段的选择。但手段通常不止一个，装备维修保障五年规划就是选择各种有效的手段并把它们整合起来，建立一个体系。

4) 效果评估原则

坚持效果评估原则就是要正确回答：做得如何？这个问题要求在完成装备维修保障五年规划后，密切跟踪实施过程，及时检验规划，以便及时修改后续规划。例如，装备维修保障的编配应考虑各维修级别的任务划分，战场条件下应急抢修人员的配备和战损装备的补充等问题。效果评估需要科学地预测出今后装备维修保障经费的投入情况及维修保障的效果情况。

5) 协调兼顾原则

坚持协调兼顾原则就是要处理好装备维修保障五年规划内部及不同规划之间的关系。只有协调好这些关系，才能使装备维修保障五年规划如期完成，才能产生最大的效益。要着重处理好数量与质量、局部与全局、当前与长远、一般与重点等问题。其具体表现如下：

(1) 在数量与质量的关系中，既要突出重点，保证应急装备、任务装备的完好能战，也要兼顾数量，兼顾一般装备的维修保障，保持必要的装备规模。

(2) 在局部与全局的关系中，各类通用装备和专用装备等都不能偏废。

(3) 在当前与长远的关系中，既要满足当前的急需，更要注重装备的长远发展、装备维修保障的长远建设。

(4) 在一般与重点的关系中，要集中人力、物力、财力保证重点装备的维修保障，但在安排好重点装备发展的同时，也要兼顾一般装备发展的需要。

3. 编制依据

装备维修保障五年规划在时间上和范围上都具有层次性，因此制定不同时间段、不同种类的装备维修保障五年规划具有差异性。为了科学论证和制定科学合理的装备维修保障五年规划，必须把握好以下方面：

1) 装备维修发展战略

装备维修保障五年规划是装备维修发展战略内容的进一步展开，是装备维修发展战略的具体化。因此，制定装备维修保障五年规划，必然要以装备维修发展战略为基本依据，主要考虑本国未来一段时期内，国家的军事战略方针、对国际战略环境和周边环境的分析与预测、未来军事斗争中本国对装备维修保障的需求等。

2) 装备维修保障体制

装备维修保障体制是根据装备维修发展战略对装备维修保障总体组织结构进行优化、实施宏观调控的重要手段和制度。装备维修保障体制为明确装备维修保障需求及规划期内将要发展的装备维修保障计划项目提供了基本依据，能有效防止总体情况不明而造成人力、物力和财力的浪费。

3) 国防科技水平

装备维修保障五年规划的制定，必须以国防维修科技现有水平为基础。装备维修的发展是一个循序渐进的过程，一个国家现有的国防维修科技水平，决定了该国装备维修发展规划的规模、水平。如果一个国家现有的维修水平高、力量强，那么其装备维修保障五年规划的目标就可以定得高一些，速度可以加快一些；反之，发展规模、水平和速度就会受到限制。

4) 装备的现状

制定装备维修保障五年规划的出发点是改善现役装备的状况，提升装备综合作战能力。因此，制定装备维修保障五年规划，既要考虑改善现役装备的状况，也要考虑实际可能，不能脱离现役装备而提出改善目标。

5) 装备维修保障经费

装备维修保障的发展离不开经费的投入。装备维修保障五年规划受国家经济发展规划的制约，其主要原因是国家实际划拨的装备维修保障经费指标往往低于需要的经费。国家经济形势较好，装备维修保障经费往往较高，容易接近装备维修保障的经费需求，但现实情况往往是装备维修保障经费不足。

4. 需要把握的几个问题

1) 经费投入与军事需求的关系问题

对国家可能的投入，要有一个恰如其分的估算，量力而行，留有余地，可以多设想几种预案，但期望值不能太高，否则，期望过高、过大、过急，脱离实际，欲速则不达。

2) 当前急需与长远发展的关系问题

在装备维修保障五年规划编制工作中，一定要坚决贯彻缩短战线，突出重点和有所为、有所不为的方针，应集中力量优先保障重点方向、重点建设装备的需要。

3) 装备维修保障五年规划的动态宏观调控

装备维修保障五年规划是根据当前的基本情况及对今后发展情况的科学预测综合确定的。但是随着时间的推移及各项工作的陆续开展，各种条件和环境都可能发生变化，因此需要与时俱进，根据实际情况的变化对装备维修保障五年规划的有关内容做出动态调整。

4) 装备维修保障五年规划的风险问题

国家的内外部环境对装备发展规划会产生很大的影响，各种新技术的出现也会对装备维修保障工作产生重要的影响，因此在对装备进行维修保障规划论证时除了需要准确预测按照正常趋势可能产生的效果，还要准确评价产生的各种可能后果，加强装备维修保障五年规划的风险意识。

4.2.3 年度计划

1. 主要内容

装备维修保障年度计划主要包括下列内容：

(1) 装备维修保障形势分析，包括现有装备规模、保障资源情况、年度装备维修保障任务预计等相关内容。

(2) 计划安排情况及说明，包括装备修理项目申请情况，经审核平衡后的修理计划安排情况，维修器材与设备保障申请情况，经审核平衡后的维修器材与设备购置、修理、实物分配等计划安排情况，重要和重大装备项目安排情况，管理类项目的申请和安排情况等，以及对部队类别、主要装备、战略方向、重大任务、各档项目的安排情况等做出的说明。

(3) 保障程度评估及说明，包括总体保障形势和水平，以及针对装备大修、维修器材与设备保障等主要项目及部队类别、主要装备、战略方向、重大任务等对保障程度做出的说明。

(4) 存在的问题。

(5) 对策措施及有关意见建议。

2. 编制原则

编制装备维修保障年度计划应当统筹兼顾、突出重点、量入为出、合理安排，优先保障重点部队、重点方向、重点装备，必须遵循预见性、科学性、可行性、协调性、经济性等原则。

(1) 预见性原则。必须从本国装备的现实状况出发，创造性地、准确地预测未来一段时期内的军事需求、发展途径、可用经费、保障条件等，据此确定装备的发展，并做出装备维修保障的总体安排。

(2) 科学性原则。坚持以军事需求为牵引，根据作战方向、作战对象、作战环境、作战手段的变化，统筹安排装备维修保障年度计划，结构要合理，比例要协调，数量要适中，时机要恰当，各种计划要素要达到最佳组合，做到最大限度地利用有限资源、最大限度地发挥整体效能、最大限度地满足军事需求。

(3) 可行性原则。既要考虑需要，更要考虑可能，包括客观的、主观的、现实的和未来的可能条件，要综合考虑维修能力、维修负荷、经费等约束条件。

(4) 协调性原则。着重处理好数量与质量、局部与全局、当前与长远、一般与重点等问题。编制装备维修保障年度计划应当突出主要战略方向、重点部队、重点装备和各级明确的重大任务，区分轻重缓急，优先保障维修类项目，确保装备不失修、不失保；加强与装备科研、采购、调配、退役报废等计划的协调，实现与各项计划的合理衔接。

(5) 经济性原则。必须考虑国家经济建设大局，精心策划，量力而行。从宏观上讲，必须对规划与计划期内的维修目标、发展重点进行效益分析；从微观上讲，也要对维修项目的立项、修理定价进行效益分析。统筹安排装备维修保障经费，合理配置维修器材与设备，提高维修保障器材、设备和经费的使用效益。

3. 编制依据

装备维修保障年度计划根据下列依据进行编制：

(1) 部队年度战备、训练、执勤任务需要。

(2) 装备维修保障五年规划。

(3) 装备维修保障标准和技术状况。

(4) 经有关部门核准的装备编制实力和维修实力。

(5) 现有装备维修保障资源情况、修理机构承修能力。

(6) 装备维修保障经费开支要求。

(7) 上年度计划执行情况。

4.2.4　装备维修保障计划编制流程

装备维修保障计划编制基本流程可用图 4-2-1 简要表示。装备维修保障计划编制要在分析保障需求、预测保障资源、了解保障基础和条件、掌握保障标准和要求及估算保障经费等情况下开展，具体体现在如下方面。

1. 分析保障需求

分析保障需求主要包括军事战略方针、军事斗争装备维修保障需求，部队年度战备、训练、执勤任务需要。

2. 预测保障资源

预测保障资源主要包括现有装备维修保障资源情况、装备维修保障资源投入预测。

3. 了解保障基础和条件

了解保障基础和条件主要包括有关部门核准的装备维修保障计划编制实力和装备维修实力，部队装备现状和发展情况，修理机构承修能力，装备维修科学技术水平与发展趋势。

4. 掌握保障标准和要求

掌握保障标准和要求主要包括有关技术和保障标准、装备维修保障经费开支要求。

5. 估算保障经费

1) 对于曾经开展过的装备维修保障计划项目

综合考虑物价上涨因素、装备实际技术状况和使用强度及近年维修审价情况，对装备维修保障经费进行调整。

2) 对于首次开展的装备维修保障计划项目

参照相近装备维修保障计划项目经费，根据项目间的差异性，按照相应比例予以估算，在计划执行中根据实际维修保障情况组织费用审核，核定的超出基准的增补经费或低于基准的核减经费，在编制年度调整计划时予以确定。

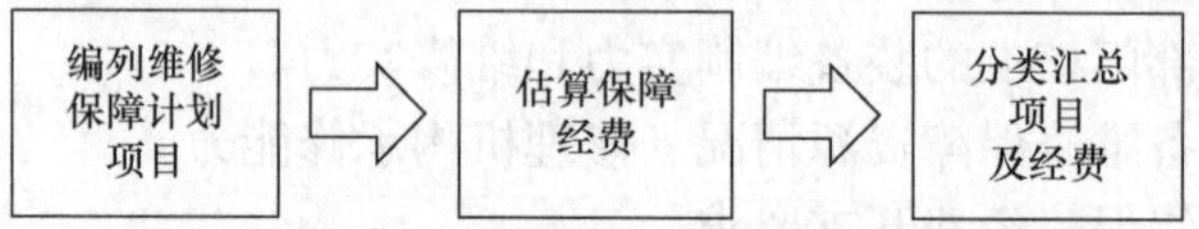

图 4-2-1　装备维修保障计划编制基本流程

4.3　装备维修保障需求分析

装备维修保障需求分析是装备维修保障计划的重要组成部分，在编制正式装备维修保障计划时必须成文，在文字说明中表示出来。要制订装备维修保障计划，首先必须弄清楚装备维修保障有哪些需求，以及影响装备维修保障需求的各种因素和它们之间的关系，为装备维修保障计划制订提供科学的依据。在优化过程中要全面综合考虑装备维修保障需求的各个方面，使优化结果与实际相结合，真正起到辅助计划制订、优化计划方案的作用。

4.3.1　装备维修保障需求的内容

一定时间内，部队在编的装备维修任务及其所需的装备维修保障资源统称为装备维修保障需求，其主要由维修任务量和维修资源量构成。它遵循特定的系统运动规律，具有派生性、整体性、动态随机性和非均衡性等特点。

装备使用量是指在役装备的数量和使用强度，是预测装备维修任务量和各类装备维修保障资源量的基础，可用战备出勤率、航海里程等指标进行度量。其主要来自部队战备、执勤、训练等任务的需要，与在一定时期内对部队的总体要求有很大关系。此外，新入役装备及拟退役装备的数量和型号也影响着装备使用量。

装备维修任务量是各级维修机构为保障部队战备、执勤、训练用装需要而担负的装备维修类别和数量。装备维修任务量一般用各类需修装备数或维修工时数来度量。

装备维修保障资源量是指完成装备维修任务必需的人力、物力、财力、技术和信息等资源的种类与数量。其中，人力资源包括装备维修所需的专业技术人员及其他管理人员的数量和质量；物力资源包括装备维修必须提供的维修物资、设备和备件的型号、品种与数量；财力资源是指保证装备维修任务完成所需的经费指标和数额。在实际中可以将维修人力、物力、技术和信息资源一同归结于承修单位的维修实力需求。

装备维修保障计划的编制是指根据装备维修任务量和装备维修保障资源量的实际需要，合理地将装备维修任务分配到有能力的承修单位，达到各种资源的优化配置。

4.3.2　影响装备维修保障需求的因素分析

根据对装备维修保障需求的界定,其影响因素主要体现在对装备维修任务量、装备维修人力资源、装备维修物力资源、装备维修财力资源等方面。

1. 装备维修任务量影响因素

装备维修任务量主要受客观装备损耗和主观使用维护情况两类因素影响，具体可分为以下方面：

(1) 装备技术状况，包括固有可靠性、使用可靠性和技术性能等。

(2) 装备使用环境，包括地域、水文、气候等。

(3) 装备使用量，包括装备使用数量、使用强度等。

(4) 装备使用技术，包括操控技术、运行修理技术、特殊条件下的应急处理技术等。

(5) 用装重要度，包括部队完成战备、执勤、训练等任务用装的急需程度。

(6) 装备维修质量，包括维修的及时性、修理质量和品质等。

(7) 装备失修情况，包括失修时间、数量、型号等。

2. 装备维修人力资源影响因素

影响装备维修人力资源需求量的因素主要有以下方面：

(1) 装备维修任务，包括装备使用量和装备维修任务量的生成规律、数量、强度、种类与持续时间等，这是确定各类人员需求量的基础。

(2) 装备维修方式，包括维修级别、维修策略、维修间隔等，它将影响人员的分配与使用。

(3) 人员在位情况，它决定着各类维修人员的实际可用性，受探亲休假、生病住院等因素的影响。

(4) 维修设备的配套作业率，即维修设备的实际可用数量对人力资源需求的影响与作用。

(5) 其他因素，如维修人员的专业技术水平、维修人员组成结构也对人力资源需求量有一定影响。

3. 装备维修物力资源影响因素

影响装备维修物力资源需求量的主要因素有以下方面：

(1) 装备维修任务和装备维修方式，是确定装备维修物力资源需求量的基础。

(2) 装备维修设备性能，包括技术性能、安装或展开时间、使用方便性、功能复合性等。

(3) 器材备件损耗，包括次品数、运输损耗量。

(4) 其他因素，如使用装备人员的技术水平、仓库储备能力等都将影响装备维修物力资源的需求。

4. 装备维修财力资源影响因素

装备维修财力资源需求量同样受到装备维修任务和装备维修方式的影响，而且人力、物力资源需求量的变化还将直接作用于装备维修保障经费，另外，物价和劳动力价格的变动也会对装备维修保障经费产生影响。装备维修保障经费是装备经费的一部分，来源于国家财政预算和军费总预算，因此它的需求量也必定受到预算的制约和国家宏观调控的约束。

4.3.3 装备维修保障需求关系结构

装备维修保障活动是一个复杂、完整的系统，其各类维修需求量之间相互联系、相互制约，形成由装备使用需求、装备维修任务需求到装备维修保障资源需求的有序过程。依据各类维修需求量间的逻辑生成关系，图 4-3-1 给出了装备维修保障需求及其影响因素关系结构。

从图 4-3-1 中可以看到，装备使用量是装备维修任务需求和装备维修保障资源需求的基础，决定着需求预测量；装备维修任务需求又是维修财力资源、物力资源和人力资源需求量的基础与依据；人力资源和物力资源的需求量同时影响着财力资源的需求量。此结构是装备维修保障系统运行及装备维修保障需求生成规律的客观反映，不仅有助于建立科学合理的装备维修保障需求预测和系统仿真模型，更有助于装备维修保障计划管理人员从系统的角度出发，协调配置资源，控制关键步骤，减少无谓消耗，合理制订装备维修保障计划，保证装备维修任务的顺利完成。

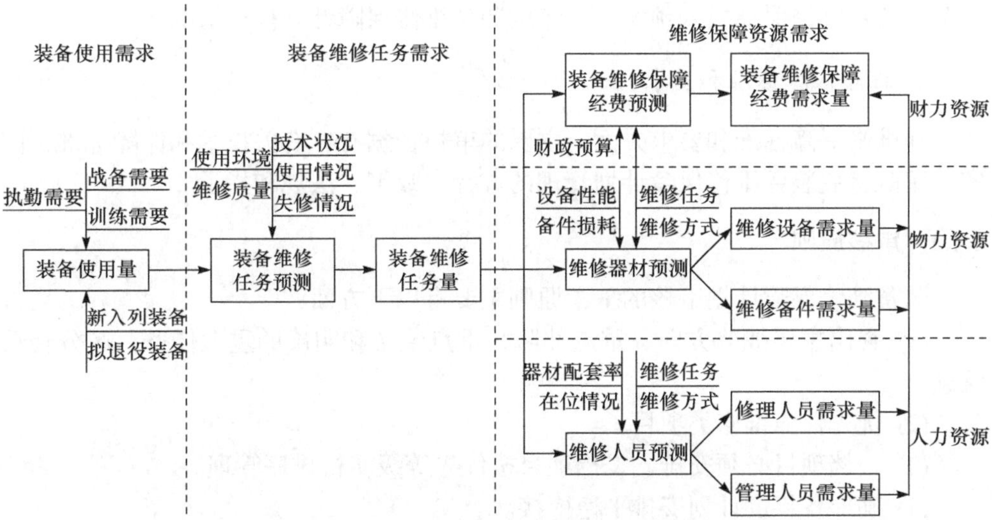

图 4-3-1　装备维修保障需求及其影响因素关系结构

4.4　装备维修保障计划审核

装备维修保障计划审核是针对拟定计划草案根据有关规定和要求进行的审查，是科学编制装备维修保障计划的关键环节。本节主要介绍装备维修保障计划审核的依据、原则、内容和程序。

4.4.1　审核依据

1. 装备维修保障需求

在装备维修保障需求方面，主要的审核依据有：军事战略方针，部队装备现状和发展情况，军事斗争准备装备维修保障需求，部队年度战备、训练、执勤任务需要。

2. 现有保障能力

在现有保障能力方面，主要的审核依据有：装备维修科学技术水平与发展趋势，有关部门核准的装备编制实力和维修实力，现有装备维修保障资源情况、维修机构承修能力。

3. 维修保障资源投入情况

在维修保障资源投入情况方面，主要的审核依据有：现有装备维修保障资源情况、装备维修保障投入预测、上年度装备维修保障计划执行情况。

4. 维修保障标准和要求

在维修保障标准和要求方面，主要的审核依据有：有关技术和保障标准，国家、军队有关装备维修保障计划管理的方针、政策、法规和指示。

4.4.2 审核原则

装备维修保障计划审核的基本原则主要有以下方面：

(1) 突出主要战略方向、重点部队、重点装备和明确的重大任务，区分轻重缓急。

(2) 优先保障维修类项目。

(3) 一档项目必须安排，二档项目按优先等级实行排序管理。

(4) 确保各年度计划安排平稳衔接。

(5) 统筹安排装备维修保障经费，合理配置维修器材与设备，提高维修器材、设备和经费的使用效益。

(6) 加强与装备科研、订购、调配、退役报废等计划的协调，实现与各项计划合理衔接。

(7) 确保装备不失修、不失保。

4.4.3 审核内容

1. 总体方案审核

总体方案审核是从整体角度对装备维修保障计划进行的审核，主要内容包括以下方面：

(1) 审核项目是否重复，本装备维修保障计划中有无相同或相近项目，以往年度计划中有无相同或相近项目。

(2) 审核装备维修保障计划及预算需求，装备维修保障计划及预算需求不得超过装备维修保障经费指标。

(3) 审核年度装备完好率实际水平，分别按装备型号和单位计算其装备完好率水平，不得低于相关要求。

2. 项目审核

项目审核是针对装备维修保障计划中所列单个项目进行的审核，主要内容包括以下方面：

(1) 项目的必要性。

(2) 项目的可行性。

(3) 项目单价、数量、金额是否正确。

(4) 项目分配(送修)、供货(承修)单位安排是否合理。

(5) 项目安排的军事效益和经济效益如何。

不合理的项目应当取消，其项目经费用于安排上报的二档项目；不准确的项目应当按审核要求调整；论证不充分的项目应当补充说明情况，并视情调整经费用于安排上报的二档项目，其中对于急需安排但在规定时限内未能提供详细说明的项目，可先纳入计划安排，执行前应当上报批准，未获批准的项目应予撤销，相关经费纳入各单位当年调整计划或者翌年计划统筹安排使用；超出装备维修保障经费开支范围的项目应予取消，对经费指标超出规定限额的应予核减，核减的相关经费收回并统筹安排使用。

4.4.4 审核程序

装备维修保障计划审核程序包括准备和实施两个阶段，具体见图 4-4-1。

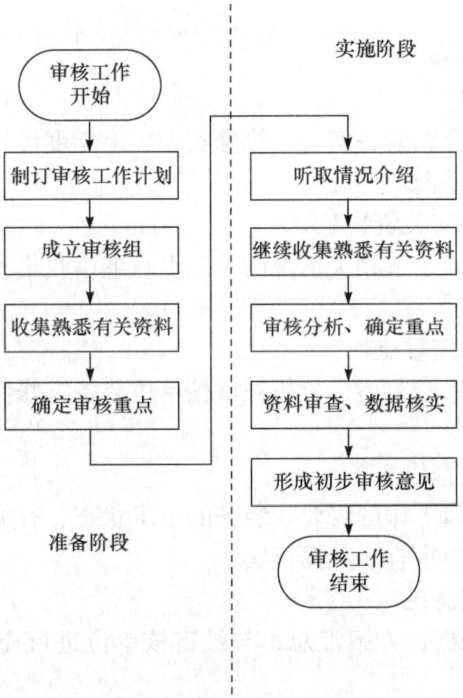

图 4-4-1　装备维修保障计划审核程序

1. 准备阶段

1) 制订审核工作计划

装备维修保障计划审核工作牵涉面广，工作量大，要提前做出计划，有步骤地展开工作。在审核前，应认真分析所审核单位及装备情况，明确任务，制订审核工作计划，确定工作目标和具体步骤，有计划地开展工作。

2) 成立审核组

综合考虑专业覆盖面、装备维修保障计划管理熟悉程度等要素，成立由综合计划部门、相关业务部门及各类专家共同构成的审核组。

3) 收集熟悉有关资料

重点收集熟悉装备年度使用需求、装备大修修理间隔期及修理时间需求、维修器材消耗标准和现有库存、维修设备配备标准和当前配置情况、承修单位修理能力负荷情况，以及修理经费或价格标准等。

4) 确定审核重点

根据装备维修保障工作的重点初步确定装备维修保障计划审核的重点和难点问题，此时明确的重点还有待与上报单位进一步沟通了解情况，后续可视情调整。

2. 实施阶段

1) 听取情况介绍

听取被审核单位介绍装备实力、维修实力、上年度计划执行情况，了解、熟悉被审核单位及装备情况。

2) 继续收集熟悉有关资料

在听取汇报、深入了解相关情况的基础上，继续收集和熟悉计划审核需要的相关资料。

3) 审核分析、确定重点

在听取情况、熟悉资料后，分析被审核单位装备维修保障计划，进一步调整和确定审核的重点。

4) 资料审查、数据核实

根据装备维修保障工作的需要、装备的技术状态、有关的技术和管理标准，对被审核单位进行资料审查、数据核实。

5) 形成初步审核意见

全面开展情况分析、方案汇总，与被审核单位进行充分沟通，形成初步审核意见。

4.5 本章小结

本章介绍了装备维修保障计划编制方面的有关内容，包括装备维修保障计划的基本要素、编制程序、编制方法、编制的主要内容与流程，装备维修保障需求分析的主要内容、影响装备维修保障需求的因素分析、装备维修保障需求的关系结构，以及装备维修保障计划审核的依据、原则、内容和程序。通过有关内容的介绍，能够较为全面地了解装备维修保障计划编制工作的全貌，重点把握装备维修保障计划编制的关键环节和工作要点。

参考文献

[1] 舒正平, 等. 军事装备维修管理学[M]. 北京: 国防工业出版社, 2013.
[2] 罗里 · 伯克. 项目管理: 计划和控制技术[M]. 陈勇强, 汪智慧, 张浩然, 等译. 北京: 中国建筑工业出版社, 2008.
[3] 王涛, 王康. 工程项目计划管理: 规划、计划、计量技术解析与应用[M]. 北京: 科学出版社, 2015.
[4] 于仲鸣. 项目设计与计划[M]. 天津: 南开大学出版社, 2007.
[5] 何铁军. 项目计划编制的理论方法和工具研究[D]. 昆明: 昆明理工大学, 2005.
[6] OGC 组织. 成功的大型项目计划管理[M]. 欧立雄, 薛岩译. 北京: 机械工业出版社, 2005.
[7] 李力. 项目计划集成[M]. 昆明: 云南科技出版社, 2010.
[8] 帕维兹 · F. 拉德，维特 · S. 阿南泰特穆拉. 项目计划技术[M]. 陈勇强译. 北京: 电子工业出版社, 2008.

第 5 章　装备维修保障经费需求分析

装备维修保障经费需求分析是装备维修保障计划管理的一项重要内容，在当前装备维修任务重、压力大，而装备维修保障经费较为紧张的情况下，该项工作就显得尤为重要，能够为科学编制装备维修保障计划、合理安排装备维修保障计划项目、优化装备维修保障经费配置、提高装备维修保障经费使用效益提供依据和参考。本章将重点介绍装备维修保障经费需求分析的基本情况、装备维修保障经费的影响因素及装备维修保障经费需求分析的主要方法。

5.1　概　述

本节主要介绍装备维修保障经费需求分析的基本情况，包括目的和要求、作用及程序等。

5.1.1　装备维修保障经费需求分析的目的和要求

1. 目的

装备维修保障经费需求分析的目的是：通过分析影响装备维修保障经费的主要因素，研究各因素与装备维修保障经费之间的相关关系，以便明确装备维修保障工作的经费需求，为装备维修保障经费预算的制定提供依据，最大限度地节约装备维修保障经费，使装备维修保障经费管理更加科学化、规范化。

2. 要求

装备维修保障经费需求分析的要求主要有以下方面：

(1) 应根据分析的目的与要求、装备的特点，以及所掌握的费用数据资源选择合适的分析方法。装备维修保障经费需求分析是一种预测技术，预测装备维修保障经费的精度与所选择的估算方法及所建立的相应费用估算模型关系极大，而估算方法的选择应当考虑估算的目的与要求、装备的特点，以及所掌握的费用数据资源。不同的估算目的需要估算不同费用单元的费用和要求不同的估算精度，装备所处服役时期将直接影响能获取费用数据的多少，并决定选择哪一种适用的估算方法[1]。

(2) 应明确估算的条件与时间范围，要考虑估算时间内发生的所有费用，既防止遗漏，又避免重复计算。估算的条件与时间范围将影响到费用估算的结果，在估算工作开始之前，应当明确估算的条件与时间范围，尽量计及估算条件与时间范围内所发生的或预计发生的所有费用，并且按构建的费用分解结构确定费用单元，做到既防止遗漏，又避免重复计算。

(3) 估算模型必须适用，对不同方案应采用可比的估算方法与估算模型。估算模型的适用性是对所建立费用估算模型的基本要求，不适用的估算模型显然得不出可信的估算结果。装备维修保障经费需求分析的结果，如果是用于装备维修保障方案的评价与权衡分析，那么为了使方案的评价与权衡分析具有可比性，应尽可能地采用同一种估算方法和建立相类似的费用估算模型。

(4) 应考虑资金的时间价值，所有费用单元的费用金额应折算到同一个基准时间或其等价形式。装备维修保障经费各费用单元的费用及估算过程中用到的费用数据可能发生在不同时刻，由于资金具有时间价值，不同时刻相同数目的资金的实际价值是不相同的，在估算费用金额时，必须将所有费用单元的费用金额折算到同一个基准时间或其等价形式。

(5) 各费用单元的费用金额应考虑物价指数的影响。类似资金的时间价值，在计算各费用单元的费用金额时，应当考虑物价指数的影响，按照特定的物价指数，折算到选定的时间基准点。有时，为了简化计算，也可以取估算期间的平均物价指数进行计算。

(6) 与重复作业有关的费用单元的费用金额应考虑熟练曲线因子的影响。对于反复完成的具有相同功能的重复作业，如持续地进行同一种类装备的维修保障活动，其所发生的费用金额将随重复作业次数的增加有规律地下降，因此应当考虑熟练曲线因子的影响。

(7) 凡是与所估算装备之外的其他装备及工作发生费用分摊关系的费用单元，应考虑费用的合理分摊。在估算装备维修保障经费时，经常会遇到一些费用单元的费用不仅与所估算的装备有关，而且与其他装备及工作有关，如估算固定设施、设备和间接保障人员所发生的费用。对于这种情况，应当按照费用的分摊关系合理地分摊费用。关于费用如何分摊，应视具体情况而定。例如，多种装备共用一个设施，在分摊费用时一般要考虑该设施的维修费用、使用寿命和所估算装备使用该设施的频次与使用时间等因素。考虑设施与设备的折旧费是常见的费用分摊中需要重点关注的内容。

5.1.2　装备维修保障经费需求分析的作用

装备维修保障经费需求分析得到的结果，通常是指从装备维修保障开始到结束所必需的费用，它是以货币形式预先规定装备维修保障工作中所有维修耗费的计划总水平，是对装备维修保障经费实施有效管理的依据。装备维修保障经费需求分析是装备维修保障经费管理各项工作的龙头，在装备维修保障计划管理工作中占有重要的地位，其作用主要体现在以下方面：

(1) 为装备维修保障计划编制提供基础数据。装备维修保障计划包括装备维修保障工作安排及其相应的经费需求，因此装备维修保障经费需求数据是装备维修保障计划的重要组成部分。通过装备维修保障经费需求分析，可以为计划编制提供整个装备维修保障计划、装备维修保障计划项目的经费数据。

(2) 为装备维修保障计划优化提供决策依据。装备维修保障计划编制过程中需要根据事业任务、经费约束等对装备维修保障计划项目安排进行优化调整，尤其是在经费约束条件下，不同装备维修保障计划项目经费需求值的准确估算就显得尤为重要，为计划优化分析提供了根本的决策依据。

(3) 为装备维修保障计划管控提供经费目标。装备维修保障计划的执行就是要有效开展装备维修保障工作，在既定的装备维修保障经费预算条件下，确保各项装备维修任务能够圆满完成，因此装备维修保障经费需求分析能够为开展装备维修保障计划管控提供目标。

5.1.3 装备维修保障经费需求分析的程序

装备维修保障经费需求分析的目的是估算出装备维修保障活动的费用需求值，以便在需要运用费用因素进行决策时，提供有效的信息。正因为它能给出费用的量值，所以它也成为各种定量经济分析中的重要和基础性工作。

装备维修保障经费需求分析的一般流程如图 5-1-1 所示。现将流程中主要工作内容分述如下：

1. 确定估算目标

确定估算目标就是对所要估算的费用给予正确的说明。要根据估算所处的时期及具体任务，确定估算目标、明确估算范围(装备维修保障经费或某主要费用单元，或主要分系统的费用)及估算精度要求。估算目标能确定和限制费用分析的范围，并将费用估算值与工程项目决策联系起来。估算目标往往又受数据的不适当性、估算的进度与工作量及准确度的要求、估算结果的应用等因素的限制。

2. 明确假设和约束条件

确定了估算目标后，要对估算所涉及的各种因素进行分析，设置各种相应的假设和约束条件，以保证估算的顺利进行。估算装备维修保障经费应有明确的假设和约束条件，一般包括装备维修保障方案、装备维修保障机构、装备维修要求、任务频次、任务时间、使用年限、利率、物价指数、可利用的历史数据等。凡是不能确定而估算时又必需的约束条件都应事先假设。

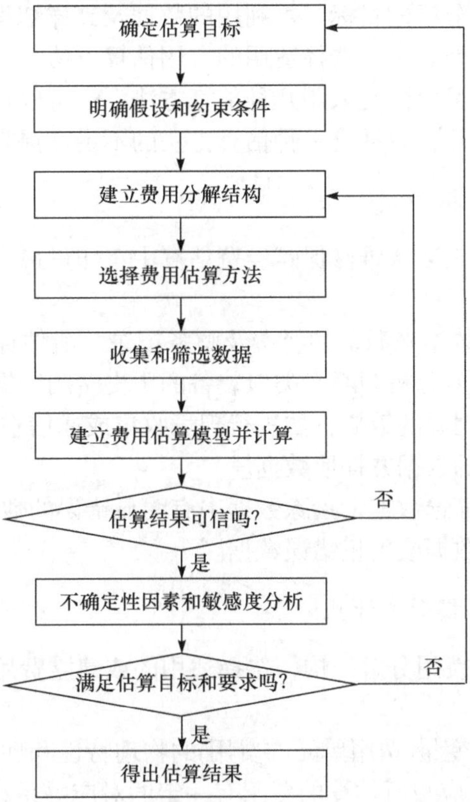

图 5-1-1　装备维修保障经费需求分析的一般流程

对于所有的假设，都应当进行清楚的说明，而且要用实际数据加以证明。如果既不能进行清楚的说明，也不能用实际数据加以证明，那么应说明此假设的理由(如在数学上处理简便、符合常理等)，指出要做多少额外的研究工作，准确地指出可能产生偏差的地方。对于关键性假设，还应检验其合理性。

约束条件能够用来缩小问题范围，但必须具有一定的伸缩性，不应妨碍得到问题的解。

3. 建立费用分解结构

根据费用估算的目标、假设和约束条件，确定费用单元并建立费用分解结构。在建立费用分解结构时，由上至下逐级展开，直至需要的层次和范围。要考虑收集费用数据的可能性与便利性，否则在建模时会遇到很大困难，例如，为了便于获取和利用历史数据，应参考现行财会费用类目设置相关的费用单元项目。

4. 选择费用估算方法

根据费用估算与分析的目标、可利用的数据及其详细程度、允许进行费用估算与分析的时间及经费要求，选择适用的费用估算方法。

在估算费用时，可以同时采用几种估算方法，也可以在一种估算方法中部分地使用另一种估算方法，以补充一种估算方法的不足和提高估算与分析的精度。

5. 收集和筛选数据

收集和筛选数据是装备维修保障经费估算中工作量最大的一项工作，其基本步骤如下：

(1) 确定可能的数据来源，如经费及财务记录、所估算装备的费用数据库、费用研究报告、专家的分析判断、类似装备的历史费用数据库等。

(2) 拟定利用数据源的策略，如进行现场收集或通信查询。

(3) 获得可利用的数据并提取数据。

(4) 去伪存真，筛选数据，剔除数据中有明显错误的数值。

(5) 补充遗漏的数据或更正错误数据。

6. 建立费用估算模型并计算

根据估算要求和费用分解结构，选择适用的或建立费用估算模型以进行费用计算。

建模时要根据因变量(费用单元的费用)的物理特性和性能特性确定自变量(费用主导因素)。自变量应与所估算的费用有一定的对应关系，且各自变量不能互为函数，再选定费用估算模型的形式(一元、多元、线性、非线性等)，利用收集到的数据采用合适的拟合方法建立费用估算模型，并通过相关系数检验及方差分析等验证模型的统计特征。

在此基础上，代入有关数据进行费用计算，计算时应考虑费用的时间价值。

7. 不确定性因素和敏感度分析

不确定性因素主要包括与费用有关的经济、资源、技术、进度等方面的假设，以及费用估算方法与费用估算模型的差别等。对某些明显的且对装备维修保障经费影响重大的不确定性因素和主宰因素(如装备维修保障方案、装备维修进度和技术要求等)应当进行敏感度分析，以便估计决策风险和提高决策的准确性。

8. 判断估算结果是否满足估算的目标和要求

根据得出的估算结果与估算目标进行比较，以判断估算结果是否满足要求。若满足要求，则编写估算报告；若不满足要求，则反馈到第一步，重新审定估算目标并继续估算，直到满足估算的目标和要求。

9. 得出估算结果

整理估算结果，按规定的要求编写装备维修保障经费估算报告。装备维修保障经费估算报告是进行装备维修保障经费估算工作的结果文件，该报告的编写单位由有关文件规定，一般是承担费用估算与分析任务的单位。

5.2　装备维修保障经费影响因素分析

装备维修保障经费的影响因素众多，概括起来可以归纳为三个方面，即装备因素、环境因素和管理因素，具体情况可用四环结构模型加以描述，如图 5-2-1 所示。其中，装备因素是指与装备紧密联系的各种属性和特性，如装备的战术技术指标及可靠性、维修性、保障性等通用质量特性等[2]；环境因素主要是指装备自身之外的、与装备维修保障密切相关的各类客观因素，主要包括自然环境(地域、气候)和社会环境(政策、规定、经济、技术、条件)等因素；管理因素是指与管理活动相关的因素，如维修保障活动采取的理论、方法和手段，以及实施管理的人员等。

图 5-2-1　装备维修保障经费影响因素的四环结构模型

不同因素对装备维修保障经费影响规律是不同的。为了准确分析装备维修保障经费需求，在开展装备维修保障经费需求分析之前，需要全面系统地了解相关因素的影响情况。下面重点针对几种主要的影响因素开展分析。

5.2.1 装备购置费

严格来说，装备购置费不是装备维修保障经费的影响因素，但是大量的统计研究表明，装备维修保障经费与其购置费大致呈正相关关系，但为什么基本上呈正相关关系？两者有哪些必然的联系？可否由装备购置费推算出装备维修保障经费？推算的方法如何？等等，下面将重点分析这些问题。为了使整个过程更加具体，下面重点以舰船装备为例加以分析。

1. 装备购置费的构成及影响分析

为了搞清装备维修保障经费与装备购置费的关系，首先需要了解装备购置费是如何构成的，然后才能更好地理解它与装备维修保障经费的关系，以及确定是怎样的关系。对于舰船装备购置费与维修保障经费的关系，可以考虑从以下方面开展分析。

1) 原材料费

装备建造的原材料(包括钢材、油漆、焊材、木材、管材、有色金属材料、电缆等)费越高，维修费一般也越高。首先，若建造时这些材料用量大，则维修时用量和工作量也大，导致维修费增高；其次，材料性能高，导致购置费高，维修时更换同样材料时费用也必然高。但是，一些新型舰船采用了高性能材料，使其在服役期间很少损坏，从而使维修工作量减少，这样会使维修费降低，如船体采用耐腐蚀性能好的 945 钢比 907 钢要贵得多，但维修费却有可能降下来，其他材料也有类似情况[3]。总的来说，在一个时期内，若装备建造原材料费高，则维修费一般也随之增高。

2) 外购配套设备费

外购配套设备费越高，维修费越高。舰船外购配套设备费包括动力系统、电力系统、导弹发射装置、主副炮、鱼雷发射装置、船体系统及各种电子设备等。外购配套设备费在现代舰船造价中占总成本的 50%～70%，从配套设备数量和先进复杂程度看，维修费基本与其成正比，若增加了高成本、高可靠性的设备，则维修费相对购置费增加的速度会趋缓，有的甚至会呈下降趋势；相反，若增加了高成本、低可靠性的设备，则维修费增加幅度会趋大。但不论从哪个方面分析，系统设备维修费都与购置费有直接关系，只是这种关系并非各种舰船和各种设备的统计特性。购置费对舰船不同级别的等级修理影响也有所不同，对比较成熟的系统、设备，主要是影响中修、小修费用，若购置时系统设备遗留问题多，则对坞修、小修费影响较大。

3) 准备工程与专用费

此项费用中的设计、放样及样板、胎架等费用与维修费关系不大，但专用工装费、船台费(船坞费)、码头费、试验费等对维修费有直接影响，两者具有一定比例关系。

4) 舾装及自制零星设备费

此项费用包括舵系、锚系、系泊、救生、减摇、桅杆、栏杆、天幕、扶梯、门窗、舱口盖、起重设备、生活设施、固定件、连接件等费用，这些项目都对维修费有显著影响。

5) 备品属具费

备品包括系统设备的备品和备件、工具等。属具费包括信号设施、消防用品、备件工具、容器、备用油漆、床上用品、办公用品、餐具、厨具和装潢品等费用。这些项目也对舰船坞修、小修、中修费造成影响。

6) 系统责任费和不可预见费

这两项费用一般不对维修费产生直接影响，但若这两项费用所占比例大，则说明建造风险和需要协调的工作多，该型舰船复杂，会对维修费产生影响。

从上述分析可以看出，舰船装备维修费与购置费有很强的相关性，因此往往可以用购置费来估算维修费，但不同种类、不同型号和不同技术水平的舰船装备维修费与购置费的比例是不同的。这些规律需要进一步深入研究。

2. 装备维修费与总体购置费的联系

前面分析了装备购置费各分项成本对维修费的影响，较详细地说明了它们与维修费的相关关系，但目前这些工作尚难以做到逐项定量分析的程度，主要是因为维修费构成与购置费构成没有严格对应关系，且各类费用构成还缺乏必要的可用数据。

但是，从装备维修费和总体购置费来看，可用数据相对齐备，因此可以针对这些数据开展一定程度的统计分析，通过换算得出维修费与购置费的比例。不同类型装备购置费、使用费、维修费的比例关系如表 5-2-1 所示，表中各型装备的费用比例不是特指某一单装，而是多套装备的统计平均数据。需要注意的是，表 5-2-1 中统计的比例关系不是一成不变的，由于装备技术的发展和政策规定，以及技术经济规律的变化等，比例关系可能发生变化，例如，在当前装备发展过程中，研制阶段对可靠性、维修性和保障性重视程度不断加强，维修费与购置费比例可能会有所降低。

表 5-2-1　不同类型装备费用结构比例关系

型号序号	服役年限/年	购置费比例/%	使用费比例/%	维修费比例/%
1	20	47	23	30
2	30	27	36	37

续表

型号序号	服役年限/年	购置费比例/%	使用费比例/%	维修费比例/%
3	22	30	37	33
4	18	25	29	46
5	16	23	25	52
6	20	28	32	40
7	16	16	51	33
8	25	30	38	32
9	24	36	6	18
10	25	30	37	33

从装备经济投入的宏观视角来看，根据对美军国防费分配的统计可知，装备维修费在军费中所占比例比较稳定，而且略有上升趋势，大多数为13%～14%。20世纪50年代为13.1%，60年代为15.3%，70年代为14.1%，80年代为14.5%，这说明维修费要保障现役装备的正常工作，在装备规模没有重大变化的情况下，必须保持相对稳定，不能随意削减。另外，也可以看出，随着装备现代化程度的日益提高，不仅购置费不断提高，维修费也随之增大。

5.2.2 经济波动

1. 基本情况

处于同样技术状态的装备，在不同年代维修时，所需费用截然不同，且可能差异极大。根据对舰船修理大量资料的统计可知，1991～2004年，职工货币工资指数上涨了6.9倍(《中国价格统计年鉴》数据)[4]；与舰船关系密切的船用钢材价格一直持续上涨，由2003年1月时的3650元/吨，到2005年3月已攀升至7000元/吨，两年多的时间涨幅达约91.8%；铜的价格由2003年1月的15880元/吨，到2005年更是达到40000元/吨，两年多的时间涨幅高达约151.9%，这些因素都导致了“十五”以来单舰维修费有较大幅度的上涨。例如，XX型潜艇“十五”期间坞修费是“八五”初期的12.7倍；XX型驱逐舰“十五”期间坞修费是“八五”初期的21.3倍；XX型护卫舰“十五”期间坞修费是“八五”初期的13.6倍。

大量的实践数据已经表明，经济波动(在此重点考虑物价变动)对维修费的变化会产生显著的影响，如物价上涨通常将促使装备维修保障经费随之上涨。

装备维修保障经费随物价上涨而增大，究其原因主要体现在：①物价上涨导致原材料、燃料等价格及工人工资上涨，进而使维修费上涨；②由于现代武器装备极为复杂，配套轮次越来越多，当物价上涨，支付给承包商的价格利润含量也将逐步提高时，最终将使装备维修保障经费迅速增长。物价变动对装备维修保障经费的影响可用图 5-2-2 表示。

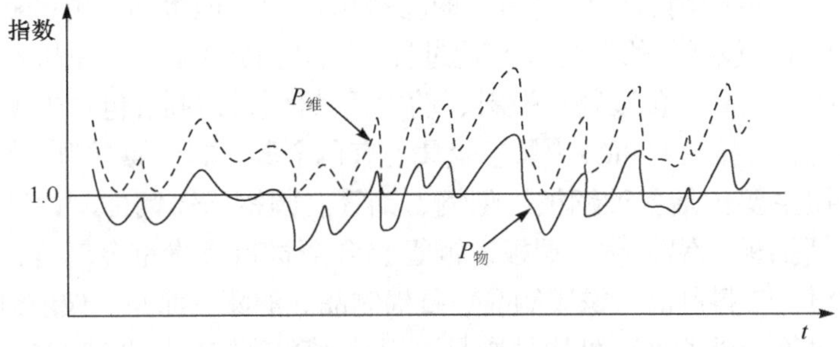

图 5-2-2　物价指数和装备维修保障经费指数随时间变化图

如何定量研究经济波动对装备维修保障经费的影响是考虑经济波动因素时面临的主要问题。常规的做法是在国家发布的诸多经济指数(如全国零售物价总指数、消费价格指数、全国和部分省市就业人员平均工资指数、全国和部分省市城镇就业人员平均工资指数)中选取合适的指数对不同时期的装备维修保障经费数据直接进行换算。这种处理办法虽然相对简单，却也存在明显的问题：一是由于装备维修保障领域涉及的产品与我国各类经济指数编制时调查的产品目录存在差异，因此在考虑物价变动换算装备维修保障经费时不能直接采用国家发布的经济指数进行计算，而需要构建专业性的装备维修保障经费指数；二是装备维修保障中的多轮配套效应，即前一轮配套产品的利润将作为后一轮配套产品的成本，其中受物价上涨等影响的因素也不断累积，最后导致装备维修保障经费指数通常高于国家发布的物价指数[5-7]。

装备维修保障经费指数的建立通常可以采取以下两种办法：

(1) 根据国家统计各类经济指数的办法，将装备维修保障经费进行成本或产品构成分解，通过调查各组成部分不同时期费用的变化，统计得到总体装备维修保障经费指数变化情况。这种办法遵循经济指数的原始统计法，能够较为准确地得到不同类型装备维修保障经费指数，但是实施起来过于繁杂，工作量极大。

(2) 根据装备维修保障经费指数与国家发布经济指数之间存在的相关关系，选择合适的经济指数，建立装备维修保障经费指数与经济指数之间的统计关系，据此换算不同时期的装备维修保障经费。本节将重点针对第二种方法展开分析。

2. 经济指数选取

下面主要针对装备等级修理价格与经济指数之间的关系展开分析，建立装备维修保障经费指数与经济指数之间关系的统计模型。

1) 成本构成

根据有关规定，装备等级修理价格包括定价成本和利润两部分。定价成本又包括制造成本和期间费用两部分。其中，制造成本包括直接材料、直接工资和其他直接支出、制造费用、专项费用；期间费用包括管理费用和财务费用。

(1) 直接材料包括承修单位在修理过程中预计消耗的器材、原材料、辅助材料、外协件、外购半成品、包装物、燃料、动力及其他直接材料(包含进项增值税额)。在具体分类上，直接材料可分为黑色金属、有色金属、非金属材料、外购件、外协件。黑色金属主要包括各种钢板、型钢、钢管、圆钢、铸钢件、铸铁件等；有色金属主要包括铝板、铝型材、铜板、铜管、合金材料及贵重金属等；非金属材料主要包括木材、塑料制品、橡胶制品、石棉制品、油漆、涂料、玻璃制品、水泥及其他化工材料等；外购件、外协件则是可以从生产单位直接获取的成品件。

(2) 直接工资和其他直接支出包括承修单位直接从事装备修理的人员的工资、奖金、津贴、福利费、社会保险费(医疗保险费、养老保险费、失业保险费、工伤保险费、生育保险费)、住房公积金、工会经费、职工教育经费等。

(3) 制造费用包括承修单位所属分厂、车间等基层单位组织管理人员的薪酬，房屋、其他建筑物和机器设备的折旧费及修理费，试验检验费，取暖(降温)费，水电费，办公费，差旅费，运输费(包含营业税)，劳动保护费，低值易耗品损失等。

(4) 专项费用主要包括订货起点费、质量筛选损失费、试验费、理化检测费、专用工装费、会议费、培训费、特殊津贴及补贴、技术服务费、异地修理差旅费等。

(5) 管理费用主要包括承修单位行政管理部门为管理和组织生产活动的各项费用，依据国家规定的开支内容和开支标准计算。

(6) 财务费用是指承修单位为筹集资金而发生的各项费用。

从装备等级修理价格的构成来看，直接材料、直接工资和其他直接支出占装备等级修理价格的绝大部分，且与各类经济指数密切相关，其他如专项费用、期间费用等也与经济指数存在一定联系。

2) 经济指数关系分析

从经济角度来看，装备等级修理是一种典型的经济活动，其成本的发展变化必然受到各类经济指数的综合影响。

经济生活中常用的经济指数有很多，下面将根据装备等级修理价格的构成情况，选取几个典型的具有重要关联影响的经济指数进行分析。

(1) 城镇单位就业人员平均工资指数。

城镇单位就业人员平均工资，是指单位就业人员在一定时期内平均每人所得的货币工资额。它表明一定时期职工工资收入的高低程度，是反映就业人员工资

水平的主要指标，计算公式为

$$\text{平均工资} = \frac{\text{报告期实际支付的全部就业人员工资总额}}{\text{报告期全部就业人员平均人数}} \tag{5-2-1}$$

城镇单位就业人员平均工资指数则是报告期就业人员平均工资与基期就业人员平均工资的比值，是反映不同时期就业人员货币工资水平变动情况的相对数。其计算公式为

$$\text{平均工资指数} = \frac{\text{报告期就业人员平均工资}}{\text{基期就业人员平均工资}} \tag{5-2-2}$$

因此，选择该指数可以在一定程度上反映装备承修单位直接工资和其他直接支出的发展变化情况。

(2) 工业生产者购进价格指数。

工业生产者购进价格指数是反映工业企业作为生产投入，而从物资交易市场和能源、原材料生产企业购买原材料、燃料和动力产品时，所支付的价格水平变动趋势和程度的统计指标，是扣除工业企业物质消耗成本中的价格变动影响的重要依据。目前，我国编制的工业生产者购进价格指数所调查的产品包括燃料动力、黑色金属、有色金属、化工、建材等九大类，调查目录包括 900 个基本分类的 6000 多种工业产品。从工业生产者购进价格指数的内涵可以看出，其发展变化与直接材料中的原材料、辅助材料、燃料、动力等内容密切相关。因此，可以考虑采用该指数描述这类直接材料的成本变化情况。

(3) 工业生产者出厂价格指数。

工业生产者出厂价格指数是反映一定时期内全部工业产品出厂价格总水平的变动趋势和程度的相对数，包括工业企业售给本企业以外所有单位的各种产品和直接售给居民用于生活消费的产品。该指数可以观察出厂价格变动对工业总产值及增加值的影响。产品目录包括 39 个行业大类、191 个行业中类、525 个行业小类、1702 个基本分类的 11000 多种工业产品。其通常通过简单指数法和加权平均法对所有产品综合计算得到。从工业生产者出厂价格指数的内涵可以看出，其发展变化与直接材料中的外购件、外协件等内容密切相关。因此，可以考虑采用该指数描述这类直接材料的成本变化情况。

综上，本节将主要采用城镇单位就业人员平均工资指数、工业生产者购进价格指数和工业生产者出厂价格指数来描述装备等级修理价格受到经济波动的影响变化情况。

3. 经济波动影响的定量分析

通过前面的分析，在考虑经济波动外推装备等级修理价格时不能直接采用国家发布的经济指数进行计算，而需要构建专业性的装备等级修理价格指数。

装备等级修理价格指数模型的建立过程如下：

(1) 对装备等级修理价格数据进行预处理，剔除地区差异、维修轮次等因素的影响。

(2) 选取基准年T_0和比较年 T，得到同型装备同等修理级别的修理价格分别为C_0和 C，计算得到不同年度等级修理价格的比值$y = C / C_0$，即装备等级修理价格指数；同时可以计算得到不同年度第i项经济指数的比值$x_i = I_i / I_{i0}$，即累积经济指数。

(3) 依据上述方法得到不同的经济指数x_i和装备等级修理价格指数 y，以此为基础，针对不同类型装备建立y与x_i之间的回归关系式。

通过对不同类型装备等级修理价格指数与累积经济指数进行回归分析，建立不同类型装备等级修理价格指数模型，如统计得到的某型装备等级修理价格指数估算关系式如下：

$$y = 0.500x_1 + 0.063x_2 + 0.252x_3 + 0.163 \tag{5-2-3}$$

式中，y——某型装备等级修理价格指数(第n年相对于基准年)；

x_1、x_2、x_3——不同类型累积经济指数(第n年相对于基准年)。

$$x_i = \prod_{j=1}^{n}(1 + f_{ij}) \tag{5-2-4}$$

式中，n——外推估计区间的年数；

f_{ij}——国家公布的第j年的第i项经济指数数据。

4. 装备维修保障经费指数应用

利用上述方法建立装备维修保障经费指数与经济指数的相关关系以后，通过某年度相对于基准年国家发布的经济指数，可以计算得到对应年度相对于基准年的装备维修保障经费指数，进而用于不同年度装备维修保障经费的换算。

具体换算过程如下：已知某装备基准年t_0的装备维修保障经费为C_{t_0}，根据关系式换算得到的m年的环比装备维修保障经费指数为p_{xi} ($i = 1,2,\cdots,m$)，则$t_0 + m$年的装备维修保障经费为

$$C_{t_0+m} = \prod_{i=1}^{m} p_{xi} \cdot C_{t_0} \tag{5-2-5}$$

式中，C_{t_0+m}——某装备第$t_0 + m$年的维修保障经费；

C_{t_0}——基准年的装备维修保障经费；

p_{xi}——第i年的环比装备维修保障经费指数(相对上年值)。

【**例 5-2-1**】假定第 N 年(基准年)中修费为 1000 万元，$N+1$～$N+3$ 年的相对装备维修保障经费指数分别为 1.04、1.03 和 1.05，求第 $N+3$ 年的中修费。

$$\begin{aligned} C_{N+3} &= 1.04\times1.03\times1.05\times1000 \\ &= 1124.76(\text{万元}) \end{aligned} \tag{5-2-6}$$

5.2.3　装备可靠性、维修性和保障性

可靠性、维修性和保障性(reliability，maintainability and supportability，RMS)对装备维修保障经费具有显著影响。

RMS 相对较差的装备故障多，导致预防性维修和修复性维修的工作量大，修理零部件消耗增多，使装备维修保障经费上升。从长期的装备建设实践来看，可靠性偏低，维修性、保障性偏差已成为制约装备维修效益的一个重要因素，显著地增加了装备维修工作量和装备维修保障经费[8]。

具有良好 RMS 的装备，故障率较低，并且具有较强的适应能力和较好的保障环境，一旦出现故障，能尽快修复，因而其固有能力可以得到充分发挥。提高装备的可靠性，将减少装备的故障次数；改进维修性，能够缩短装备维修停机时间；增加配件的互换性、通用化和标准化，能够使装备维修省时、省力。因此，RMS 的提高会极大地减少装备维修工作量，同时，良好的 RMS 有助于减少维修时间、备件供应及保障设备和器材，降低维修人员的技术等级要求和培训要求，进而降低装备的维修保障经费。

RMS 与装备维修保障经费的关系大致如图 5-2-3 所示。从图 5-2-3 中可以看出，RMS 的提高可以使装备维修保障经费得到有效控制，它们和装备维修保障经费是一种负相关关系。

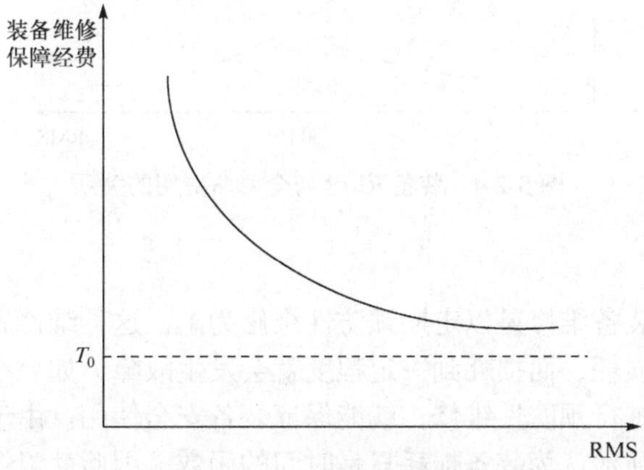

图 5-2-3　RMS 与装备维修保障经费的关系

在相当长的时期内，人们主要注重装备的性能，忽视了 RMS 在装备建设中的重要作用。统计表明，在装备的全寿命过程中，由质量缺陷带来的经济损失和消耗是以数量级的形式增大的。

现代维修理论认为，RMS 是装备的设计特性，属于装备质量的重要特性。在现代装备的设计中，RMS 已成为与其战术技术指标同等重要的设计要求，对装备的作战能力、生存能力、部署机动性、维修需求和寿命周期费用具有巨大的影响。当代质量观认为，提高装备质量的核心是提高其效能，降低装备寿命周期费用、提高装备效能的关键是提高其 RMS。

对于装备可靠性，主要在研制阶段确定，如果研制阶段对可靠性进行适当投资，装备入役后维修保障经费可以有效降低。例如，美国对 F-105 飞机进行可靠性改进，从 0.7231 提高到 0.8986，一次性投入仅增加 2550 万美元，但年维修费节省了 5400 万美元，全寿命周期累计节约费用则更为可观。又如，美国对“大力神”导弹制导系统，在研制和制造阶段多花 0.1%的费用，在维修阶段就能节省 54%的费用。当然，如果对装备的可靠性要求过高，固然可以大幅降低装备维修保障经费，但将使装备发展早期的可靠性投资急剧增加，从而导致全寿命总费用增加。

因此，追求过高的 RMS 通常是不经济的，需要在装备技术经济论证中确定适当的 RMS，寻找合适的决策点，使得总费用最低。在考虑控制装备维修保障经费时，注意把握装备维修保障经费和全寿命费用的关系(图 5-2-4)。

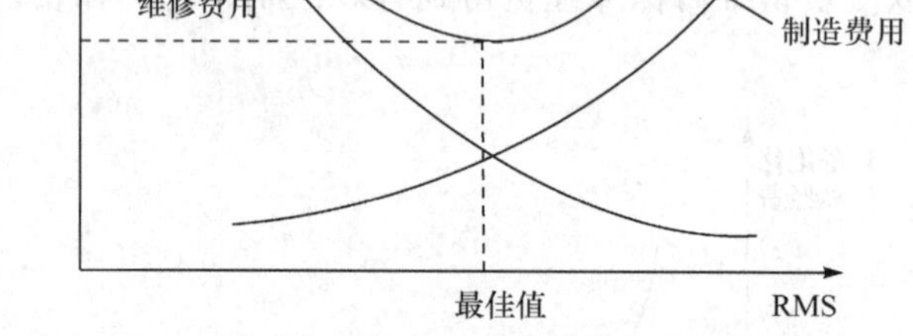

图 5-2-4　装备 RMS 与全寿命费用的关系

5.2.4　维修思想

目前，我国装备维修是以定期预防性维修为主，这种维修思想认为：装备开始工作就要遭受损耗，而损耗到一定程度就会发生故障，如果在装备损耗导致故障之前能对装备进行预防性维修，就能保证装备安全使用。由于当时缺乏先进的检测手段，又单纯地认为装备损耗只是时间的函数，因此就以规定期限来进行拆卸检修，形成了定期预防性维修。我军长期以来实施的维修活动，基本上就是以这一思想为指导而具体实施的。

显然，这种维修思想对于预防与时间有关的装备损耗及故障，如船体腐蚀、机械磨损、电缆老化等还是行之有效的。但是，影响装备故障的因素有很多，许多是随机因素，而且许多故障并不是由时间因素造成的，加之现代化装备复杂，各个子系统的故障规律不完全一致，很难在同一个规定的时间间隔内进行维修，因此按规定时间“一刀切”进行维修，就会缩短相当一部分装备的使用寿命，使有些本来不该维修的装备也进行了维修，做了许多无效的工作。装备修理中的分解拆卸勘验，给装备增添了人为的损耗和差错，增加了装备的早期故障，同时，也无谓地增加了装备维修保障经费。因此，定期维修不是一种最佳方式。

随着可靠性理论的发展，以可靠性为中心的维修思想逐步被人们接受。从可靠性理论研究可知，损耗性故障与时间有关，而早期故障、随机性故障则与时间无关，凭借定期预防性维修是无法解决该问题的，只有将视情维修作为预防性手段，才能在早期发现故障、处理故障，从而达到装备的安全使用。

因此，装备维修采取定期维修和视情维修相结合的方式较为合理。在这方面，国外已开始推广和付诸实施，美国海军在装有“宙斯盾”系统的 CG-47 级导弹巡洋舰和 DDG-51 级导弹驱逐舰上全面应用了定期维修和视情维修相结合的方式。例如，维修和现代化改装计划同时施行，并集中管理；以驱逐舰运动期检修代替以运转时间为基础的维修；以选择性小修补充常规大修；等等。这些措施实质上是定期维修与视情维修相结合的产物。

通过采用合理的维修思想，应用有效的维修模式，可以大幅提升装备维修保障的工作效果，提高装备维修保障经费的使用效益。

5.2.5　服役情况

服役情况包括服役地区、服役时间及使用强度等。

1. 服役地区

装备服役的地区差异对其维修保障经费具有显著影响。例如，服役区域的自然环境就会对舰船装备的维修保障经费产生明显影响，我国海岸线长，舰船服役地区从南到北纬度跨度较大，气候、海况等自然条件差别较大。不同的服役地区环境，对舰船的技术状态影响是不同的。在纬度低、气温高的地区，海水盐度也较高，对舰船表面腐蚀程度大，南方地区高温、高湿的环境对电子等特装设备造成的损坏也比北方地区严重一些。因此，在分析装备维修保障经费时必须考虑服役地区差异的影响。

2. 服役时间

装备维修保障经费与其故障率密切相关，而装备故障率和使用时间是密不可分的。

1) 对计划性经费的影响

装备服役情况对同等级别的装备维修保障经费具有明显影响。对新入役的装备，特别是已形成批量生产、技术比较成熟的装备，早期维修保障经费较少；对于随时间损耗的机体、机电等设备，一般维修工作量较少，因而维修保障经费也较低，但随着使用时间的延长，累积损耗较大，尤其是电子设备的失效，修理工作量将逐步增大，费用也逐步增大。

例如，对于舰船装备等级修理，按照目前执行的修理结构，进行某级别修理后，到后面同级别修理时，舰船又运行了一定的时间周期，损坏程度也会进一步加大，虽为同级别修理，但后面所需的工时和材料更多，周期也会更长。此时，装备老化导致维修范围扩大，维修保障经费增加，有的装备系统设备的很大一部分是电子设备，其性能、价格都在不断提高，但电子设备使用寿命较短，维修时对加速损耗的电子设备进行替换的费用也较高。虽然进行过同级别修理，但由于熟练程度抵不过损坏程度导致的增加，维修工时和更换件等需要增加，费用也要提高，这和建造中熟练程度问题的处理是有区别的。

又如，对于某型舰船，在第一轮中修期内，若第一次坞修费为 1，则第二次坞修费一般要增加 15%～20%，而至第二轮中修期内，相同级别的维修保障经费又要比第一轮中修期内相同级别的维修保障经费再增加 15%～20%。维修轮次不同，维修保障经费差距会很大。其系统的不同轮次坞修工时数及修理范围和更换件有如表 5-2-2 所示的变化规律。

表 5-2-2　某型舰船坞修工作量的变化情况

系统	工时数变化	修理范围和更换件变化
分系统Ⅰ	第二次坞修比第一次坞修增加 11.2%～13.6% 第三次坞修比第二次坞修增加 13.8%～16.3%	第二次坞修比第一次坞修增加 9.3%～11.5% 第三次坞修比第二次坞修增加 11.6%～13.8%
分系统Ⅱ	第二次坞修比第一次坞修增加 17%～18.5% 第三次坞修比第二次坞修增加 22%～24.5%	第二次坞修比第一次坞修增加 14.8%～16.1% 第三次坞修比第二次坞修增加 15.5%～18.7%
分系统Ⅲ	第二次坞修比第一次坞修增加 14.5%～15.2% 第三次坞修比第二次坞修增加 20.2%～27.8%	第二次坞修比第一次坞修增加 13.5%～14.2% 第三次坞修比第二次坞修增加 15.5%～17.8%
分系统Ⅳ	第二次坞修比第一次坞修增加 15%左右 第三次坞修比第二次坞修增加 17%左右	第二次坞修比第一次坞修增加 12.6%～14.7% 第三次坞修比第二次坞修增加 15.1%～17.3%

舰船维修保障经费随维修轮次的增加，也有类似的变化情况，其变化趋势如图 5-2-5 所示。

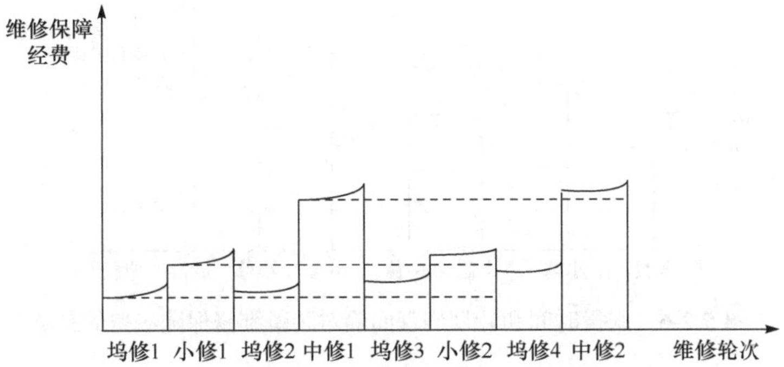

图 5-2-5　舰船维修保障经费随维修轮次增加的变化趋势

2) 对非计划性经费影响

装备服役时间对装备维修保障经费的影响并不是简单的线性递增关系，它与装备服役的不同阶段息息相关。

(1) 装备服役初期。

装备入役后的相当长一段时间内，各类设备，尤其是机械设备都处于磨合期，这个时期的设备故障率必然较高，费用也较高。特别是，当入役的装备是新型号时，使用人员操作不熟练，容易发生误操作，导致故障频发，这就造成磨合期装备维修保障经费的大幅攀升。

(2) 装备服役中期。

在装备服役中期，大部分设备处于随机故障期。因此，这个时期的故障率较平稳，装备维修保障经费表现也较平稳。但在这个阶段，装备维修保障经费偶尔也会出现一些跃升，主要原因是部分设备使用强度较大或者设计寿命有限，导致在装备服役中期已进入后期故障期，使得装备维修保障经费消耗量大幅上升。

(3) 装备服役后期。

随着装备进入服役后期，装备各系统的可靠性储备逐步下降，装备维修保障经费不断上升。虽然每次计划修理对各类系统的性能有一定的恢复，但每个维修间隔的装备维修保障经费消耗仍是随时间不断上升的，这是由各种机械设备本身的特性决定的。

在整个服役期内，装备经历了多次计划修理。每次计划修理后，单位时间的装备维修保障经费会较修理前有所下降。但随着服役时间的延长，装备维修保障经费也随之增加，这一关系可用图 5-2-6 表示，尤其是接近退役或处于失修但仍在使用的装备，其维修保障经费有可能剧增。

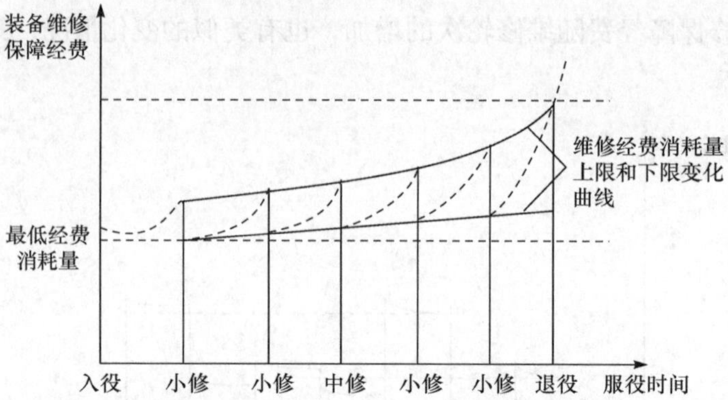

图 5-2-6 服役时间和计划修理间隔对装备维修保障经费的影响

3. 使用强度

使用强度对装备维修保障经费也有影响,使用强度大的装备维修保障经费高。这主要是由装备各类设备的可靠性和维修性决定的;另外,使用强度增加,使用人员操作不当和失误的情况也会增多。因此,装备的使用强度越大,必然会出现越多的故障,装备维修保障经费是随使用强度递增的。但根据机械的疲劳限制和系统的突变理论可知:存在某一个使用强度 P_0,当使用强度大于 P_0 时,装备维修保障经费会急剧上升,以至于不能保证装备在规定时间内按要求恢复性能,如图 5-2-7 所示。装备维修保障经费和设备使用时间之间是非线性关系,函数的导数是递增的。

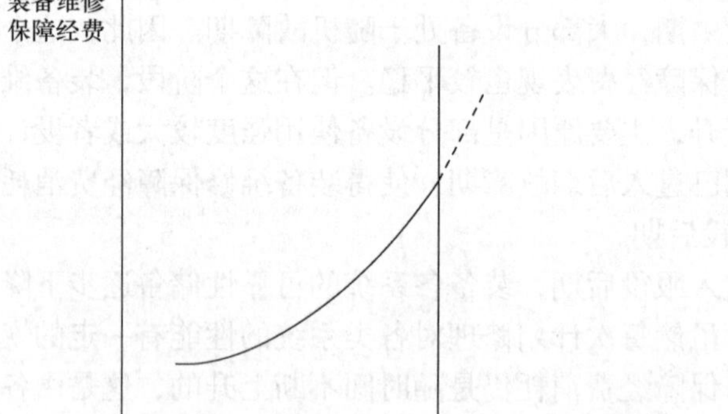

图 5-2-7 装备维修保障经费和使用强度的关系

使用强度对装备维修保障经费的影响主要由设备的机械特性决定。故障类型由设备本身决定,当使用强度较大时,装备各设备离损耗期的时间就越短,接近失效期的设备和零部件在单位时间内的故障率就越高，当接近或达到零部件的实际使用寿命时，由失效导致的维修需求量会急剧攀升，费用也随之迅速上升。因此，结合装备常用设备设计的冗余量，合理使用装备和分配装备上各种设备的使用时间，可以有效降低单位时间设备的故障率，减少装备维修保障经费，使得各分系统的修理时间尽量与计划修理时间相匹配，从而达到节省装备维修保障经费的目的。目前，可能存在对少量战备状态较好的装备集中超强度使用，而其他装备处于闲置状态的现象，这样便有可能形成各种装备使用强度不均匀的现象，也导致同一型号不同装备之间的维修保障经费差别很大，增加了装备维修保障经费估算的难度。

5.2.6　先进技术

近年来，高新技术迅猛发展，并不断在装备中得到应用。从国内外的研究与应用情况来看，军用先进材料技术、先进测量技术等对降低装备维修保障经费具有显著效果。

先进材料技术的应用，提高了材料的耐腐、耐污、耐冲击、耐核辐射性能及机械性能等，从而延长了材料的使用期限和装备的寿命，并有利于降低装备维修保障经费。先进材料技术的种类繁多，如轻质结构材料(指合金材料和复合材料)、结构功能一体化材料、防护材料、智能结构材料、信息系统功能材料及新概念材料等。材料技术的发展在信息技术、纳米技术、生物技术、自组装技术等新技术的推动下给装备的发展带来了新的机遇，但任何一种材料技术的发展必须以性能更高、经济可承受性更强及寿命周期费用更低为基本出发点。例如，美国洛克希德·马丁公司研制的 JSF 联合攻击战斗机，采用新的隐身材料，能够在复杂的战斗环境中保持隐身并具有良好的耐久性和维修性，全部损伤 8 小时即可修复，而同样的 B2 隐身材料的修复时间长达 72 小时。2000 年，该公司对该机的可代替油漆胶膜的效益进行了评估，初步评估表明，3000 架 F35 可节省 30 亿美元的费用，相当于 100 架 F35 的价格。

先进测量技术是先进制造技术的组成部分和必备条件，也是视情维修、主动维修、精确维修和延长使用期维修等的前提条件。这些先进测量技术可以通过精细测量得到有关物理场和物质成分的准确数据来对装备的质量与故障情况进行诊断检测，这些数据信息往往是传统测量技术无法得到的，可以迅速、有针对性地对装备重点部位进行修理，不会由判断失误使得不需要修理的设备得到修理，减少浪费。美国洛克希德·马丁公司研制的激光超声检测系统可以对 X-33 航天飞机油箱的内侧进行检测，这是该公司在 JSF 项目上战胜波音公司的关键技术之一，它还可以对 F22 和 JSF 进行多项数据的测量，预计新的设备将使 F22 和 JSF 的寿命周期检测成本减少约 3 亿美元。

目前各国都在不断加大装备模块化设计和建造力度，这些技术对今后的维修保障也会产生积极的影响。在进行维修时，各个模块可从装备上拆下，单独进行维修，既节省时间，又可改善维修条件，提高维修质量。对于大量配置的模块，甚至可以考虑制成备件，事先调试完毕后，即刻就可以替换安装，无须进行大规模的探测、排故，从而能够最大限度地节省维修时间，进而可以有效地降低装备维修保障经费。

5.2.7 承修单位

承修单位的能力和素质对装备维修保障工作至关重要，也直接影响装备维修保障经费需求的多少，具体体现在技术水平、管理水平和熟练程度等方面。

1. 技术水平的影响

承修单位技术水平包括维修设备、测试设备、试验设备等的先进程度，技术文件的完备程度，以及技术队伍的整体素质和结构的合理性等。拥有先进技术的承修单位，修理质量高，能够节省材料、降低损耗、缩短生产周期，也便于管理。而技术基础薄弱的承修单位，修理质量难以保证，生产效率低，完成同样的生产任务耗用工时多，材料利用率低，生产周期长，还存在制造和管理费用高的问题，甚至有些修理工作需要委托外承修单位进行，导致费用增加。总之，技术水平较高的承修单位，不但易于保证维修质量，而且对提高材料利用率、节省工时和缩短生产周期等方面均会产生有利影响。

2. 管理水平的影响

承修单位的管理水平主要体现在以下三方面。

(1) 对材料、设备供应的管理。若供应不及时，则导致停工待料等现象的发生，将会增加维修工时；若临时采购，则单件采购的材料价格也必然增加，而库存过多、闲置不用又将造成材料的浪费和库存管理费用的增加。原材料、备品备件的供应程度和库存水平存在交叉影响关系，如图 5-2-8 所示。要搞清各种原材料及备品备件的需求规律、市场供应情况和价格变化规律，需要将实时采购费用和早期采购费用加库存管理费用总额进行定量比较，找出最佳采购的决策点 P。

(2) 对维修进度计划的管理。科学的进度计划管理始终是考核承修单位科学管理水平的重要内容，是否能结合实际、科学运用计划评审技术(program evaluation and review technique，PERT)和风险评审技术(venture evaluation review technique，VERT)是提高进度计划管理水平的关键。进度计划安排不合理，将导致各个施工环节不能紧密衔接，进度拖延，进度拖延越长，工时越多，需要支付的直接工资就越多。另外，制造费用和管理费用中的许多费用是按照工期进行分摊的，工程进度越长，分摊的费用越多；专项费用中的各种场地占用费、试验费都是按照工期进行核算的。因此，修理周期对装备维修成本中专项费用的影响十分敏感，即进度计划管理水平对该费用影响很大。

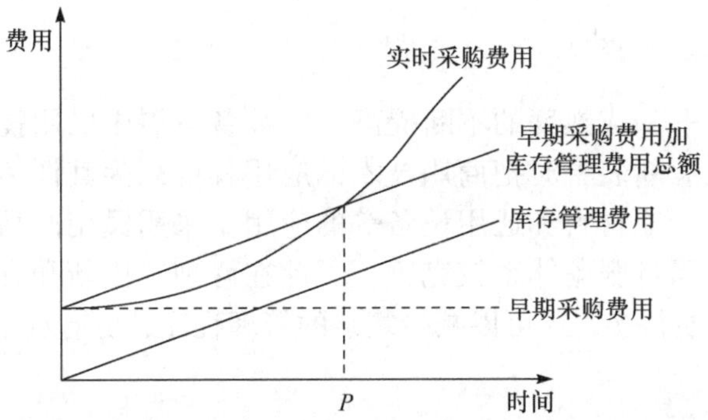

图 5-2-8　原材料、备品备件供应程度与库存水平的交叉影响关系

(3) 对生产过程的管理。加强对工人作业过程的管理，可以有效提高工作效率，减少工时，降低直接工资费用；加强对投料领料的控制，提高边角余料的回收率，可以提高材料利用率，有效降低材料费用；加强对资源消耗的管理，采用先进的节能减排、回收利用技术，有效控制各种业务费用，提高资源利用效率，可以降低制造费用和管理费用。科学管理水平是影响管理费用的最主要影响因素，对维修成本中的直接工资和材料费用也有很大的影响。

3. 熟练程度的影响

由于新型装备一般具有较明显的技术改进，势必会存在一些问题，如修理人员对系统、设备不够熟悉，修理的有关文件资料不完善，在维修管理方面需要逐步熟悉，首次修理需要购买许多专用工装和设备等，这些都将增加首次修理的各项费用。随着修理次数的增加，管理水平越高的承修单位，适应能力越强，越能够更快地进入熟练状态。

熟练程度和批量影响这两者可视为同一回事，对同型号装备同样级别的修理次数越多，技术和管理也就越熟练，维修周期和费用都会有所降低，一般是在 3～5 次修理后趋于稳定。

5.2.8　其他因素

装备维修保障经费的影响因素还有很多，这里进行简要介绍。

1. 装备建造标准化、通用化水平

实践证明：提高装备建造标准化、通用化水平能够缩短装备制造和维修时间，在一定程度上节约制造费用和维修费用。一般来说，装备建造标准化、通用化水平越高，其节约时间和费用的效果就越好，在分项成本中节省比例从大到小的是期间费用、专项费用和工时费用。

2. 民用技术应用程度

民用技术水平和成熟度的不断提高，为装备发展中民用技术的应用创造了条件。美军在发展新装备时把商用技术的应用程度列为其评估考核指标之一，特别是电子产品、原材料和通用设备等的应用。采用民用产品，不仅可以随时在市场上采购，而且服务体系较完善，因此在修理、更新和有关服务方面会比军事专用产品方便很多，还可以减少复杂的管理程序，更有利于降低专项费用和管理费用。

3. 维修保障模式选择

装备的维修保障模式主要包括军方自主保障、承研承制单位全寿命保障和军民融合保障等，不同的维修保障模式不仅在保障效果上存在差异，对费用的需求也会大不相同。在制订装备维修保障计划时，应综合考虑保障对象特点、军地保障能力、维修保障要求和经费需求等，科学选择有效的维修保障模式。

5.3　装备维修保障经费需求分析的主要方法

装备维修保障经费需求分析的方法有很多，但其共同点是必须在具有一定数据和信息基础上进行，根据数据和信息的完备性、可信性和估算费用的目的选用合适的方法[9]。对所使用的技术数据、装备维修保障经费历史数据和估算方法等，应反复评估和斟酌，确认具有较高的可信度之后，才可以在实际工作中使用。下面重点对装备维修保障经费需求分析中的几种常用方法予以介绍。

5.3.1　参数分析法

1. 基本原理

通过某些与装备维修保障经费有关的变量，建立其与装备维修保障经费之间的关系式，再利用关系式计算装备维修保障经费的方法称为估算装备维修保障经费的参数分析法。参数分析法在很多领域都有很重要的应用，不仅在装备维修保障经费分析中，在研制费、购置费和使用费分析中也有大量应用。凡是能建立以某些参数为自变量、费用为因变量的关系式，就表示找到了两者之间的变化规律，这一变化规律揭示了费用与某些自变量之间的内在关系，自变量的变化必然引起费用的变化，这就是为什么可以用参数分析法预测分析装备维修保障经费的依据。与任何方法一样，使用参数分析法是有条件的，只有在满足这些条件的情况下，该方法才能可靠有用，这些条件主要有：

(1) 选择的自变量必须与费用具有强相关关系，弱相关关系抗干扰性差，相关数据也很难获得，达不到满意的效果。

(2) 建模分析必须对自变量与因变量之间的影响关系有深入的理解，也要对装备结构、原理、损耗规律及维修方式与方法有深刻的认识，所建关系式才能可信。

(3) 所用数据必须真实可信，建模者必须有辨别数据真伪的能力，如果数据不准确，那么所建模型也就不可信。

(4) 要具有一定的数据量，从目前情况来看，很难得到大量全息数据来建模，一般来说，预测区间跨度越大，要求数据量越多。

(5) 必须明确所建关系式使用的限制条件，任何一个模型只能在一定的参数范围内适用，离原始数据范围越远，越不准确。

(6) 即使所建关系式的计算数据具有很高的精度，也必须进行分析，与经验数据进行比较，或经修改后使用。

参数分析法建模中常用的关系式主要有

$$y = a_0 + a_1x_1 + a_2x_2 + a_3x_3 + \cdots + a_nx_n \tag{5-3-1}$$

$$y = a_0 + a_1x_1 + a_2x_2^2 + \cdots + a_nx_n^n \tag{5-3-2}$$

$$y = a_0\mathrm{e}^{a_1x_1}\mathrm{e}^{a_2x_2}\cdots\mathrm{e}^{a_nx_n} \tag{5-3-3}$$

$$y = a_0{x_1}^{a_1}{x_2}^{a_2}\cdots{x_n}^{a_n} \tag{5-3-4}$$

$$y = a_0 + a_1\ln x \tag{5-3-5}$$

$$y = a_0 + a_1a_2^x \tag{5-3-6}$$

$$y = \mathrm{e}^{(a_0 + a_1a_2^x)} \tag{5-3-7}$$

$$y = \frac{1}{a_0 + a_1a_2^x} \tag{5-3-8}$$

式中，y——装备或系统设备的维修保障经费，也可以是中间变量，如工时、时间均值、分项成本等；

$x_1, x_2, \cdots, x_n$——与预测对象有强相关关系的自变量，如装备某项性能、维修等级、物价指数、工资指数、时间等；

$a_0,a_1,a_2,\cdots,a_n$——模型参数。

2. 应用分析

以某型舰船装备等级修理所需工时的估算问题为对象说明参数分析法的应用。以下对某型舰船装备等级修理工时的预测，采用了参数分析法和类比分析法相结合的方法进行建模分析，由于数据关系，不能每一型装备建立一个模型，只能通过类比，将使命任务相近、动力类型相同、排水量差别不是很悬殊的舰船归为一类，运用参数分析法进行建模分析。

选择二元指数函数建模，可得到一般化的回归关系式：

$$y = a_0 e^{a_1 x_1} e^{a_2 x_2} \tag{5-3-9}$$

式中，y——维修工时(单位：万工时)；

x_1——排水量(单位：吨)；

x_2——维修等级(坞修为 1；小修为 2；中修为 3)。

计算表明，选取的样本数据基本有效，模型揭示的内在规律也相对科学和客观。建模中运用了某些技巧，如对坞修、小修、中修这些本来定性描述的问题，采用定量的方法来表示，建模计算结果证明了这种转换的正确性。

利用模型预测所得的数据一般可以作为基本数据。预测数据是各种情况下的均值，实际上各舰船的坞修、小修和中修情况有很多具体的差别，这些差别一般不会颠覆模型计算得到的基本结果，但应在全面分析的基础上做进一步修正，具体可考虑采用以下模型进行预测：

$$H_{xg} = H_m \cdot K_c \cdot K_y \cdot K_g \cdot K_q \cdot K_z \cdot K_w \cdot K_d \cdot K_s \cdot K_Q \tag{5-3-10}$$

式中，H_{xg}——修正后的工时；

H_m——模型预测工时；

K_c——维修轮次系数；

K_y——引进装备系数；

K_g——管理水平系数；

K_q——使用强度系数；

K_z——维修质量要求系数；

K_w——维修性系数；

K_d——地区差别系数；

K_s——熟练程度系数；

K_Q——其他因素修正，如舰船特性、维修时机等。

5.3.2 工程分解法

1. 基本原理

工程分解法首先是将装备维修保障经费按工程属性进行分解，从分项成本直到最基础的各费用单元，如具体需要的零部件的规格、数量、价格，各类材料的数量及价格，具体维修项目所需工时等，然后逐步累加得出材料费和总工时等装备维修保障经费构成，进而得到相应层级工程项目的装备维修保障经费需求。该方法主要适用于装备维修保障经费的成本构成比较清晰、数据容易获取或估算的装备维修保障经费的计算。

对装备维修保障经费各分项成本的具体分析如下：

1) 材料费

材料费是最基础性的费用项目，必须在详细勘验和测评基础上列出其所需材料与维修工时的具体目录。材料费可按下述公式累加计算：

$$C_{材}=\sum_{i=1}^{l}\sum_{j=1}^{m}\sum_{k=1}^{n}p_{ijk}\cdot r_{ijk} \tag{5-3-11}$$

式中，$C_{材}$——材料费；

p_{ijk}——i 系统 j 设备 k 材料(含零部件)单价；

r_{ijk}——i 系统 j 设备 k 材料(含零部件)用量。

2) 工资及福利费

工资及福利费的性质与材料费一样，其获取表达式为

$$C_{工}=p\cdot\left(\sum_{i=1}^{l}\sum_{j=1}^{m}\sum_{k=1}^{n}h_{ijk}\right) \tag{5-3-12}$$

式中，$C_{工}$——工资及福利费；

p——小时费用率；

h_{ijk}——i 系统 j 设备 k 项目维修所需工时。

由括号内公式求出所需总工时，再乘以小时费用率就能得出所需总工资及福利费。这只是提供一个思路，实际工作应以数据获取方式便利和计算方便为原则。

材料用量和所需工时必须由有丰富维修经验的专业人员逐项确定，而小时费用率则应由生产经营单位、报价人员和企业管理人员根据各方面信息综合分析，实事求是地确定，军方有关人员也应对这方面有所研究。

3) 制造费用

制造费用按有关文件规定采取分摊的方法计算确定，基本公式为

$$C_{制} = \frac{C_{Qjz}}{H_{Qjz}} \cdot h_{mjg} \tag{5-3-13}$$

式中，$C_{制}$——某装备维修应分摊的制造费；

C_{Qjz}——企业计划制造费用总额；

H_{Qjz}——企业计划任务总工时；

h_{mjg}——某装备维修总工时。

企业的装备维修保障经费计算中应附有计划制造费用总额和计划任务总工时的有关报告。

4) 期间费用

期间费用根据有关文件规定，也是按分摊的方法计算确定的。期间费用由管理费用和财务费用两项组成，分别对其进行计算。

(1) 管理费用。

管理费用计算公式为

$$C_{管} = \frac{C_{Qjgz}}{H_{Qjz}} \cdot h_{mjg} \tag{5-3-14}$$

式中，$C_{管}$——某装备维修管理费用；

C_{Qjgz}——企业计划管理费用总额；

H_{Qjz}——企业计划任务总工时；

h_{mjg}——某装备维修总工时。

企业的维修价格计算中应附有该公式费用计算的具体资料。

(2) 财务费用。

财务费用计算公式为

$$C_{财} = \frac{C_{Qjcz}}{H_{Qjz}} \cdot h_{mjg} \tag{5-3-15}$$

式中，$C_{财}$——某装备维修财务费用；

C_{Qjcz}——企业计划财务费用总额；

H_{Qjz}——企业计划任务总工时；

h_{mjg}——某装备维修总工时。

若装备维修有预付款且能满足经营需求，则不计入修理成本；若不能满足经营需求，则按实际情况计入。

5) 专项费用

专项费用的具体项目通常有很多，计算时由各专项费用进行累加，计算公式为

$$C_{专}=\sum_{i=1}^{n}C_i \tag{5-3-16}$$

式中，$C_{专}$——装备维修专项费用总额；

C_i——专项费用中的第 i 项费用，如专用工具费、勘验费、吊运费、去污费等。

对于不同类型的装备，专项费用的计算方法可能有所不同。例如，对于舰船维修需要的船坞、船台、码头使用费，均按维修舰船长度、使用天数、单价(一般以米为单位)计算。例如，舰船维修码头费的计算公式为

$$C_{mt}=p_m\cdot l_m\cdot N_m \tag{5-3-17}$$

式中，C_{mt}——某维修舰船码头使用费；

p_m——码头成本单价；

l_m——舰船长度；

N_m——使用码头天数。

其中，码头成本单价 p_m 的计算公式为

$$p_m=\frac{C_{mz}}{Q} \tag{5-3-18}$$

式中，C_{mz}——当月码头总成本费用；

Q——当月码头总劳务量(单位：米 · 天)。

6) 外协费用

外协费用计算公式为

$$C_{外}=\sum_{i=1}^{n}C_i \tag{5-3-19}$$

式中，C_i——第 i 项外协费用。

由式(5-3-19)可知，总外协费用等于各项外协费用之和。外协费用的情况很复杂，一般来说，应严格控制外协费用，外协费用的计算原则上按有关规定处理，没有明确规定的，依据实际情况协商解决。

2. 应用分析

以某装备大修费为例说明工程分解法的计算过程。

1) 材料费

$$C_{材}=\sum_{i=1}^{l}\sum_{j=1}^{m}\sum_{k=1}^{n}p_{ijk}\cdot r_{ijk}=270\text{万元}$$

由于材料涉及多个系统，达数百项之多，为节省篇幅而略去细目。

2) 工资及福利费

装备修理企业任务总工时为 80 万小时，该装备大修所需工时为 20 万小时，当时工时费率定为 15 元/小时，则工资及福利费为

$$C_{工}=p\cdot(\sum_{i=1}^{l}\sum_{j=1}^{m}\sum_{k=1}^{n}h_{ijk})=15\text{元/小时}\times 20\text{万小时}=300\text{万元}$$

3) 制造费用

该装备修理企业制造费用总额为 1600 万元，计划任务总工时为 80 万小时，则该装备大修的制造费用为

$$C_{制}=\frac{C_{Qjz}}{H_{Qjz}}\cdot h_{mjg}=\frac{1600\text{万元}}{80\text{万小时}}\times 20\text{万小时}=400\text{万元}$$

4) 期间费用

(1) 管理费用。

$$C_{管}=\frac{C_{Qjgz}}{H_{Qjz}}\cdot h_{mjg}=\frac{400\text{万元}}{80\text{万小时}}\times 20\text{万小时}=100\text{万元}$$

(2) 财务费用。

$$C_{财}=\frac{C_{Qjcz}}{H_{Qjz}}\cdot h_{mjg}=\frac{16\text{万元}}{80\text{万小时}}\times 20\text{万小时}=4\text{万元}$$

5) 专项费用

$$C_{专}=\sum_{j=1}^{m}C_j=80\text{万元}$$

6) 外协费用

$$C_{外}=\sum_{i=1}^{n}C_i=160\text{万元}$$

于是，某装备大修费用构成如表 5-3-1 所示。

表 5-3-1　某装备大修费用构成

名称	金额(取整)/万元	占总成本比例/%
材料费	270	20.54
工资及福利费	300	22.83
专项费用	80	6.09
制造费用	400	30.44
期间费用： 管理费用 财务费用	 100 4	 7.61 0.30
外协费用	160	12.18
定价成本	1314	100
企业利润	66	5
维修价格	1380	—

对于工程分解法，该例的计算分析非常简略，略去了大量的具体计算，特别是材料费、工资及福利费和专项费用。因为是维修前的估算，所以很多具体计算中都有一定的不确定性和风险，原材料数量和消耗系数多是根据历史数据统计确定的，很难做到没有误差，在实际维修工作中还可能遇到其他具体问题，这是在装备维修保障经费估算中很难预料到的，制造费用和期间费用的计算要求基础数据必须准确，这也很难做到不出任何误差，但应将误差降到可接受程度。

工资及福利费计算中的两个变量(工时和小时费用率)都很敏感，近年来工资及福利费所占比例不断提高，对老旧装备来说，其工时可参考历史数据确定，一般可做到不出现大的误差，但对于小时费用率，其动态性很强，与物价和工资指数有很强的关系，从技术性角度讲可以用参数分析法预测，实际中还应结合企业及其所在地区相关信息综合分析确定，力求减小预测误差。

对于新型装备维修，虽然缺少历史修理数据，但一般仍有母型装备相关数据作为参考，对于变化较大的部分，完全采用工程分解法确定的数据容易产生误差，而且正负误差均可能产生，因此需要综合利用各方面信息、数据和经验，采用多种方法计算确定。

5.3.3　类比分析法

1. *方法概述*

通过同类装备不同类别的某些参数相比较而求解装备维修保障经费的方法称为类比分析法。类比分析法比较简单直观，在有丰富经验的情况下，应用类比分析法求装备维修保障经费往往有较好的可信性。从目前情况看，可用于比较的因素主要有以下方面：

(1) 通过同类系列装备不同购置费比较求装备维修保障经费。

(2) 通过同类系列装备总体可靠性变化求装备维修保障经费。

(3) 通过同类同型装备多次维修熟练程度的提高比较求装备维修保障经费。

(4) 通过物价指数、修理企业和职工工资及福利费变化求装备维修保障经费。

(5) 通过同类系列装备技术复杂性比较求装备维修保障经费。

(6) 通过同类系列装备不同轮次等级修理比较求装备维修保障经费。

(7) 通过同类装备已发生的等级修理经费比较求当前等级修理的装备维修保障经费。

(8) 通过同类装备不同动力类型、功率、型号等比较求装备维修保障经费。

(9) 通过比较在不同地区服役的同型装备维修求装备维修保障经费。

(10) 通过同型装备同级别修理由不同修理企业承担比较求装备维修保障经费。

(11) 通过新旧各类装备比较求新装备的装备维修保障经费。

(12) 其他可以采用类比分析法的因素。

类比分析法可以通过某些因素的比较求装备总体等级修理经费、某系统装备维修保障经费、维修周期、所需工时及某分项成本等。

总之，类比分析法应用范围很广，只要有相似性、相关性和可比性的均适合采用类比分析法求装备维修保障经费，可比性越强，该方法效果越好。当然，类比过程中对各种差异性的正确处理也就显得特别重要。

2. 应用分析

假定某型某舷号舰船的母型舰某年度等级修理经费为 1200 万元，该舰正常排水量为母型舰船的 1.018 倍，预测两年后同等级修理所需经费。

采用类比分析法求该舰船装备维修保障经费，主要有以下区别可以用作比较：一是舰船排水量相差不大，可认为舰船机电无明显变化，主要变化来自舰载系统，购置费也反映了该方面的差异；二是维修时间相差两年，假设这两年累积物价涨幅为 4%，工资与福利费增加 15%；三是假设在同一个承修单位维修。

经类比分析发现：仅舰载系统变化较明显，而舰载系统大多可进行视情维修，舰船等级修理期间维修工作量相差不是很大，假设算可使装备维修保障经费提高约 5%；近年来，虽然物价涨幅不是很大，但是工资及福利费增幅一直较大，因此经分析物价与工资及福利费提高使该舰装备维修保障经费总额增加约 8.6%，承修单位的熟练程度有所提高可使装备维修保障经费降低约 5.5%，由此可得出该舰两年后同等级修理经费需求为

$$C_{某} = C_{母} \cdot (1 + 0.05 + 0.086 - 0.055) = 1297(万元) \tag{5-3-20}$$

从类比计算过程可以看出，实际上在计算分析过程中必须对变量之间的影响关系具有基本概念，对有关信息数据具有一定的辨别能力，而这些都必须基于对有关装备及维修实践的实质性了解，才有可能做出正确可信的分析。

5.3.4　比例分析法

1. 方法概述

利用装备购置、维修等各项费用之间存在的比例关系，求得某项费用的方法称为比例分析法。历史统计数据显示，某些费用之间存在着相对稳定的比例关系，利用这种关系，在已知某些费用的情况下就可以求出所需要的未知装备维修保障经费[10]。

对装备维修保障经费来说，下述问题可以利用此方法求解：

(1) 已知某装备维修保障经费某分项成本及通常所占比例，如材料费、人工费、专项费用及其通常所占总成本比例，便可求出总装备维修保障经费。

(2) 已知某装备维修保障经费及各分项成本所占比例，求各分项成本。

(3) 已知某装备维修某分项成本及各分项成本所占比例，求其他分项成本。

(4) 已知某类系列装备购置费与装备维修保障经费等的大致比例关系，求新型装备维修保障经费。

比例分析法与类比分析法的主要区别在于：类比分析法利用相似性理论对同类事物进行比较分析，可以定量也可以定性，应用较广泛；比例分析法是对系统内部结构参数间相对稳定的比例关系进行分析，只能定量分析，在某些问题上两者具有一定的兼容性。

2. 应用分析

假定某装备中修，经勘验测试，需材料费和人工费 255 万元，求总成本、制造费用、专项费用、外协费用及期间费用。

母型装备人工费和材料费共占总成本比例为 34%，因此总成本为

$$C_{zc} = \frac{255}{0.34} = 750\,(万元)$$

各分项成本如下：

制造费用 $C_{zz} = 750 \times 20\% = 150\,(万元)$；

专项费用 $C_{zx} = 750 \times 18\% = 135\,(万元)$；

外协费用 $C_{wx} = 750 \times 19\% = 143\,(万元)$；

期间费用 $C_{Qj} = 750 \times 9\% = 68$ (万元)。

由此得总成本、制造费用、专项费用、外协费用、期间费用分别为 750 万元、150 万元、135 万元、143 万元、68 万元。

实际问题并非这么简单，但只要历史数据真实充分，在分析计算过程中，边分析边进行判断斟酌，而不仅仅是进行简单的数据计算，做到了这一点，这种方法就有一定的应用价值。

5.3.5　灰色预测方法

1. 基本原理

灰色预测方法是基于灰色系统理论的一种预测方法。灰色系统理论研究的是信息不完全的对象、内涵不确定的概念、关系不明确的机制，其任务就是开拓一条新的途径，从杂乱无章的、有限的、离散的数据中找出规律，建立灰色系统模型，然后用它来做相应的分析、预测、决策和规划。灰色系统理论将一切随机变量看成在一定范围内变化的灰色量，将随机过程看成在一定范围内变化的、与时间有关的灰色过程。针对灰色量，不是从找统计规律的角度通过大量样本进行研究，而是用数据处理的方法提取其中有价值的信息[11]。

2. 主要特点

(1) 一般系统理论只能建立差分方程模型，不能建立微分方程模型，而灰色系统理论建立的是微分方程模型。差分方程模型是一种递推模型，只能按阶段分析系统的发展，且只能了解系统显露的变化。灰色系统理论基于关联度收敛原理、生成数、灰导数、灰微分方程等观点和方法建立了微分方程模型[12]。

(2) 系统行为数据列往往是没有规律、随机变化的。对于随机变量、随机过程，人们往往用概率统计的方法进行研究。概率统计的方法一般要求数据量大，必须从大量数据中找出统计规律，只便于处理统计规律中有较典型的概率分布、有平稳过程的这一类，对其他非典型分布、非平稳过程、有色噪声的处理，都会很棘手。总之，概率统计的方法，计算工作量大。灰色系统理论认为尽管系统的行为现象是朦胧的，数据是杂乱的，但在杂乱无章的数据后面，往往潜藏着某种规律，而灰数的生成，就是从杂乱无章的原始数据中去开拓、发现、寻找这种内在规律。

(3) 灰色系统理论通过模型计算值与实际值之差(残差)建立 GM(1, 1)模型，作为提高模型精度的主要途径。残差 GM(1, 1)模型，一般只注重现实规律及最新数据的修正，因此残差 GM(1, 1)模型与主模型在时间上一般是不同步的。因此，灰色预测经常是差分微分方程模型。

(4) 用灰色系统理论建模，一般采用三种检验方式，即残差大小检验、后验差检验、关联度检验。残差大小检验是模型精度按点的检验，是一种直观的检验，属于算术检验。后验差检验是按照残差的概率分布进行的检验，属于统计检验。关联度检验是根据模型曲线与行为数据曲线的几何相似程度进行的检验，属于几何检验。

(5) 灰色系统理论建立的不是原始数据模型。因此，灰色系统理论的预测数据，不是直接从生成模型得到的数据，而是还原后的数据，或者说是通过生成数据的灰色系统模型得到的预测值，必须进行逆生成处理。

3. 计算步骤

(1) 进行数据处理。给出下列原始数据序列：

$$\left\{X^{(0)}(i)\right\},\quad i=1,2,\cdots,M \tag{5-3-21}$$

执行一次累加生成(accumulated generating operation，AGO)：

$$\left\{X^{(1)}(i)\right\},\quad i=1,2,\cdots,M \tag{5-3-22}$$

$$X^{(1)}(i)=\sum_{k=1}^{i}X^{(0)}(k) \tag{5-3-23}$$

累加生成数列的一次累差为

$$\left\{a^{(1)}(X^{(1)}(i))\right\},\quad i=1,2,\cdots,M \tag{5-3-24}$$

$$\begin{aligned}\left\{a^{(1)}(X^{(1)}(i))\right\}&=X^{(1)}(i)-X^{(1)}(i-1)\\&=\sum_{k=1}^{i}X^{(0)}(k)-\sum_{k=1}^{i-1}X^{(0)}(k)\\&=X^{(0)}(i)\end{aligned} \tag{5-3-25}$$

(2) 构造以下矩阵：

$$B=\begin{bmatrix}-\frac{1}{2}[X^{(1)}(2)+X^{(1)}(1)] & 1\\ -\frac{1}{2}[X^{(1)}(3)+X^{(1)}(2)] & 1\\ \vdots & \vdots\\ -\frac{1}{2}[X^{(1)}(n)+X^{(1)}(n-1)] & 1\end{bmatrix},\quad Y_M=\begin{bmatrix}X^{(0)}(2)\\X^{(0)}(3)\\ \vdots\\X^{(0)}(n)\end{bmatrix} \tag{5-3-26}$$

(3) 求 $\frac{\mathrm{d}X^{(1)}}{\mathrm{d}t}+aX^{(1)}=u$ 的系数向量 $\hat{\alpha}$ 。

$$\hat{\alpha}=\begin{bmatrix}a\\u\end{bmatrix}=\left(B^{\mathrm{T}}B\right)^{-1}B^{\mathrm{T}}Y_M \tag{5-3-27}$$

(4) 求微分方程的时间函数。

$$\hat{X}^{(1)}(t+1)=\left(X^{(0)}(1)-\frac{u}{a}\right)\mathrm{e}^{-at}+\frac{u}{a} \tag{5-3-28}$$

(5) 用模型求生成数的回代计算值。

$$\left\{\hat{X}^{(1)}(i)\right\},\quad i=1,2,\cdots,M \tag{5-3-29}$$

(6) 求原始数据还原值。

$$\hat{X}^{(0)}(i)=\hat{X}^{(1)}(i)-\hat{X}^{(1)}(i-1),\quad i=1,2,\cdots,M \tag{5-3-30}$$

(7) 求残差值及相对误差。

$$\varepsilon^{(0)}(i)=\hat{X}^{(0)}(i)-X^{(0)}(i) \tag{5-3-31}$$

$$q^{(0)}(i)=\frac{\varepsilon^{(0)}(i)}{X^{(0)}(i)}\times 100\% \tag{5-3-32}$$

(8) 计算模型还原数据列 $\left\{\hat{X}^{(0)}(i)\right\}$ 与原始数据列 $\left\{X^{(0)}(i)\right\}$ 的关联度 S。

(9) 进行后验差检验。

4. 应用分析

1) 灰色预测模型的建立

以某型装备中修经费为样本，用灰色预测方法预测其维修保障经费过程计算如下：

(1) 做 AGO 生成，结果如表 5-3-2 所示。

表 5-3-2　某型装备中修经费灰色预测累加生成数列表

k	1	2	3	4	5	6	7	8
$X^{(0)}(k)$	87	108	126	160	157	193	187	180
$X^{(1)}(k)$	87	195	321	481	638	831	1018	1198
k	9	10	11	12	13	14	15	16
$X^{(0)}(k)$	239	298	315	320	320	320	420	570
$X^{(1)}(k)$	1437	1735	2050	2370	2690	3010	3430	4000

数列 $X^{(0)}(k)$ 为第 1～16 年度某型装备中修年均维修经费，数列 $X^{(1)}(k)$ 为累

加生成后的数列。

(2) 确定数据矩阵 B 、Y_M 。

$$B=\begin{bmatrix} -141 & 1 \\ -258 & 1 \\ -401 & 1 \\ -559.5 & 1 \\ -734.5 & 1 \\ -924.5 & 1 \\ -1108 & 1 \\ -1317.5 & 1 \\ -1586 & 1 \\ -1892.5 & 1 \\ -2210 & 1 \\ -2530 & 1 \\ -2850 & 1 \\ -3220 & 1 \\ -3715 & 1 \end{bmatrix},\quad Y_M=\begin{bmatrix} 108 \\ 126 \\ 160 \\ 157 \\ 193 \\ 187 \\ 180 \\ 239 \\ 298 \\ 315 \\ 320 \\ 320 \\ 320 \\ 420 \\ 570 \end{bmatrix} \tag{5-3-33}$$

(3) 求参数列 $\hat{\alpha}=(B^{\mathrm{T}}B)^{-1}B^{\mathrm{T}}Y_M$ 。

$$\hat{\alpha}=\begin{bmatrix} -0.10477 \\ 97.0933 \end{bmatrix} \tag{5-3-34}$$

(4) 确定模型。

$$\frac{\mathrm{d}X^{(1)}}{\mathrm{d}t}-0.10477X^{(1)}=97.0933 \tag{5-3-35}$$

$$\hat{X}^{(1)}(k+1)=\left(X^{(0)}(1)-\frac{u}{a}\right)\mathrm{e}^{-ak}+\frac{u}{a} \tag{5-3-36}$$

$$X^{(0)}(1)=87\ ,\quad \frac{u}{a}=-926.7256 \tag{5-3-37}$$

$$\hat{X}^{(1)}(k+1)=1013.7256\mathrm{e}^{0.10477k}-926.7256 \tag{5-3-38}$$

(5) 精度检验。

经过对残差、关联度、后验差的计算，该模型通过检验进行预测。

2) 灰色预测的结果

某型装备中修经费灰色预测模型拟合值和预测值如表 5-3-3 所示。

表 5-3-3　某型装备中修经费灰色预测模型拟合值和预测值

年度	中修经费/万元	灰色预测拟合值	灰色预测值/万元
2	108	111.97	—
3	126	124.34	—
4	159	138.07	—
5	157	153.32	—
6	193	170.26	—
7	187	189.06	—
8	180	209.95	—
9	239	233.14	—
10	298	258.89	—
11	315	287.48	—
12	320	319.24	—
13	320	354.50	—
14	320	393.66	—
15	420	437.14	—
16	570	485.43	—
17	—	—	539.04
18	—	—	598.58
19	—	—	664.70
20	—	—	738.12
21	—	—	819.65

5.3.6　时间序列预测方法

1. 基本原理

时间序列又称时间数列，是指观察或记录到的一组按时间顺序排列的数据，展示了研究对象在一定时期内的发展变化过程，可以从中分析和寻找其变化特征、趋势和发展规律的信息。

时间序列预测方法假设预测对象的变化仅与时间有关。根据它的变化特征，以惯性原理(连续性原理)推测其未来状态。实际上，预测对象与外部因素具有密切而复杂的联系。时间序列中的每一个数据都反映了当时许多因素综合作用的结果。整个时间序列则反映了外部因素综合作用下预测对象的变化过程[13]。

因此，预测对象仅与时间有关的假设是对外部因素综合作用的简化，从而使预测的研究更为直接和简便。

2. 应用分析

以某型装备历史维修保障经费为样本，用时间序列预测方法来预测其未来发展变化情况。

1) 时间序列模型的建立

由某型装备历年来维修保障经费的散点图(图 5-3-1)可以看出，其趋势发展接近抛物线，因此可以选用多项式曲线模型中的二次抛物线预测模型进行建模，其表达式为

$$\hat{y}_t = a + bt + ct^2 \tag{5-3-39}$$

式中，a,b,c——参数；

t——时间。

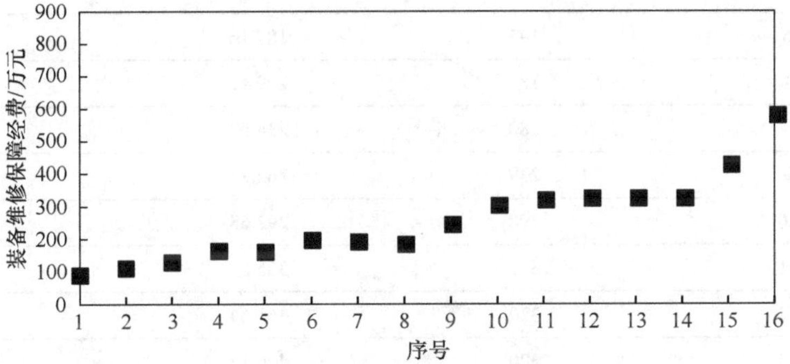

图 5-3-1　某型装备维修保障经费散点图

采用最小二乘法，用二次抛物线预测模型对样本值进行拟合，得到时间序列预测模型：

$$\hat{y}_t = 109.88 + 4.78t + 1.35t^2 \tag{5-3-40}$$

2) 时间序列预测的结果

某型装备维修保障经费时间序列预测模型拟合值和预测值如图 5-3-2 和表 5-3-4 所示。其中，第 2～16 号为历史数据，第 17～21 号为预测数据，从表中数据可以看出，该模型能够较好地反映该型装备维修保障经费时间序列的变化规律，可以

用于对未来年度装备维修保障经费的预测。

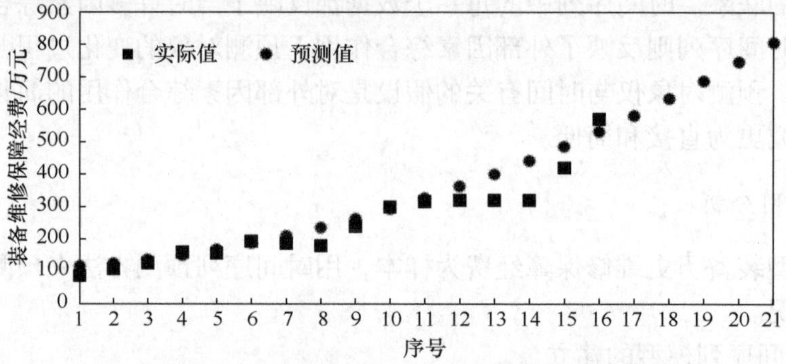

图 5-3-2　某型装备维修保障经费时间序列预测拟合图

表 5-3-4　某型装备维修保障经费时间序列预测模型拟合值和预测值

序号	装备维修保障经费/万元	时间序列预测拟合值/万元	时间序列预测值/万元
2	108	124.84	—
3	126	136.37	—
4	160	150.6	—
5	157	167.53	—
6	193	187.16	—
7	187	209.49	—
8	180	234.52	—
9	239	262.25	—
10	298	292.68	—
11	315	325.81	—
12	320	361.64	—
13	320	400.17	—
14	320	441.4	—
15	420	485.33	—
16	570	531.96	—
17	—	—	581.29
18	—	—	633.32
19	—	—	688.05
20	—	—	745.48
21	—	—	805.61

5.3.7 组合预测方法

在装备维修保障经费需求分析中，组合预测方法是一种较为有效的方法，该方法主要是对同一个预测问题，将多个不同的预测模型有机地组合在一起，综合各模型的优点，以期有效地改善模型的拟合能力，提高预测精度。

1. 基本原理

组合预测方法实施的关键是对不同预测模型进行组合，而加权处理是一种常见的手段，其基本思想是：假设在某一预测问题中，在某一时段的实际值为 γ_t $(t=1,2,\cdots,n)$，针对该问题有 m 种预测方法，其中第 m 种预测方法对 t 时段的预测值为 f_{it} $(i=1,2,\cdots,m)$，若各种预测方法的权重为 $W=\begin{bmatrix} w_1 & w_2 & \cdots & w_m \end{bmatrix}^{\mathrm{T}}$，满足 $\sum_{i=1}^{m} w_i = 1$，则组合预测模型可以表示为

$$\gamma_t = \sum_{i=1}^{m} w_i f_{it}, \quad t=1,2,\cdots,n \tag{5-3-41}$$

其中，W 因子可用拉格朗日乘数法或其他数学规划方法确定。

上述组合预测方法只对权重进行线性组合，要求参加组合预测方法的误差能够保持稳定，但有时误差往往是非均匀性的，因此这种组合校正存在不足之处。考虑到人工神经网络(artificial neural network，ANN)对复杂非线性问题的拟合能力，本小节将构造基于人工神经网络的组合预测模型，通过网络训练自适应地调整各种预测模型的权重[14]。

基于人工神经网络的组合预测模型，通常选择与预测量最近的 n 个已知值作为样本，即把最近的 n 个已知值作为输出，采用不同的单个预测模型对这 n 个已知值分别进行预测，其预测值即神经网络的输入，由此对神经网络进行训练。对于训练好的神经网络，当输入端为不同的单个模型预测值时，其输出即用神经网络组合后的预测值[15]。

2. 径向基神经网络

人工神经网络技术是模拟人脑生物过程的人工智能系统，这种方法无须解析体系内部的复杂关系，仅通过对样本的训练就可以建立输入与输出之间的映射关系，在研究复杂系统建模的问题上具有独特的优越性。近年来，该技术已经取得了很大发展，在许多领域都得到了广泛应用。

目前，应用较多的是基于反向传播(back propagation, BP)的前馈多层网络(简称 BP 神经网络)，但是 BP 神经网络有一个缺点，即网络与参数间是高度非线性

的，学习(网络的训练)必须基于某种非线性优化技术。如果采用梯度下降算法，那么在学习阶段参数估计可能会陷入其优化标准函数的一个局部极小值点，虽然有一些方法，如遗传算法、学习自动机、模拟退火等，可以避免局部极小，但一般都需要巨大的计算量，从而限制了前馈多层网络的应用。在这种情况下，研究神经网络的学者提出径向基函数(radial basis function，RBF)网络，它是针对 BP 神经网络存在局部极小值和收敛速度慢这两个固有缺陷而提出的一种改进型网络。

RBF 网络是一种三层前馈神经网络，从网络结构来看，它是由第一层的输入层、第二层的隐含层和第三层的输出层组成。输入层节点只传递输入信号到隐含层，隐含层节点由激活函数构成，输出层节点通常是隐含层节点给出的基函数的线性组合。

图 5-3-3 为单隐含层前馈的 RBF 网络的拓扑结构。

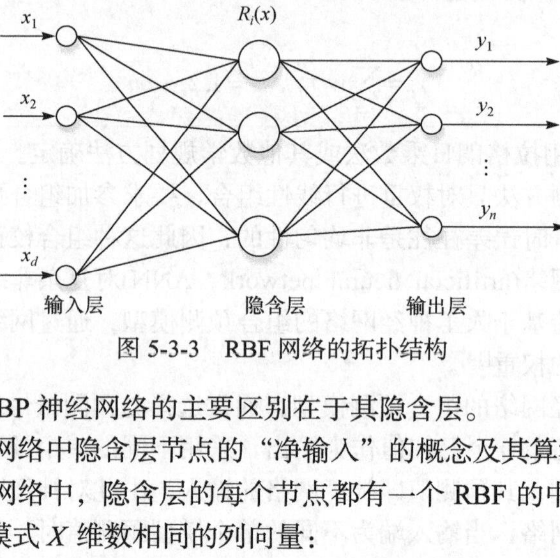

图 5-3-3　RBF 网络的拓扑结构

RBF 网络与 BP 神经网络的主要区别在于其隐含层。

首先，RBF 网络中隐含层节点的“净输入”的概念及其算法与 BP 神经网络完全不同。RBF 网络中，隐含层的每个节点都有一个 RBF 的中心向量 C_k。此向量是一个与输入模式 X 维数相同的列向量：

$$C_k=[C_{k1}\quad C_{k2}\quad \cdots\quad C_{ki}\quad \cdots\quad C_{kn}]^{\mathrm{T}},\quad k=1,2,\cdots,q \tag{5-3-42}$$

整个网络有 q 个这样的中心向量，q 为隐含层节点数。

隐含层节点“净输入” δ_k 的定义为：输入模式 $X=[x_1\quad \cdots\quad x_i\quad \cdots\quad x_n]^{\mathrm{T}}$ 距该隐含层节点的 RBF 的中心向量 C_k 的欧几里得范数 $\|X-C_k\|_2$，即

$$\delta_k=\|X-C_k\|_2=\sqrt{\sum_{i=1}^{n}(x_i-C_{ki})^2},\quad k=1,2,\cdots,q \tag{5-3-43}$$

应注意的是，式(5-3-43)中的 C_{ki} 并不是 BP 神经网络中隐含层节点 k 连至输入节点 i 的权值，而是隐含层节点 k 的 RBF 的中心向量 C_k 的第 i 个分量[式(5-3-42)]。

隐含层节点 k 的输出 z_k 定义为

$$z_k = \varphi(\delta_k)\text{，}\quad k = 1,2,\cdots,q \tag{5-3-44}$$

式中，$\varphi(\cdot)$——隐含层完成非线性转换的某种非线性的 RBF。

在 RBF 网络中，各隐含层节点的输出 z_k 实际上代表着输入模式 X 离开该隐含层节点所代表的 RBF 中心向量 C_k 的程度。这在 RBF 网络中是一个核心概念。还需要指出的是：在 RBF 网络中，实际上并不存在一个像其他神经网络那样连接各输入节点与各隐含层节点的权矩阵。因此，隐含层的训练任务也不是调整其权矩阵，而是要为每个隐含层节点选择其中心向量。

RBF 网络输出层是一组线性组合器，其输出为

$$f_j(X) = \sum_{k=1}^{q} w_{jk} z_k = W_j Z \tag{5-3-45}$$

式中，$W_j = [w_{j1} \quad \cdots \quad w_{jk} \quad \cdots \quad w_{jq}]$——输出节点 j 的权向量；

$Z = [z_1 \quad \cdots \quad z_k \quad \cdots \quad z_q]^{\mathrm{T}}$——隐含层输出列向量。

RBF 网络与 BP 神经网络的另一个区别是：隐含层节点所用的非线性激励函数 $\varphi(\cdot)$ 不是 sigmoid 函数，而是高斯函数。一般情况下，所用高斯函数为

$$\varphi(\delta_k) = \exp\left(\frac{-\delta_k^2}{2\sigma_k^2}\right) \tag{5-3-46}$$

由式(5-3-43)可知，当输入模式 X 恰好位于隐含层节点 k 的中心向量 C_k 时，$x_i - C_{ki} = 0$，因此 $\delta_k = 0$。再由式(5-3-44)、式(5-3-46)可得 $z_k = \varphi(\delta_k) = 1$。随着 X 远离 C_k，δ_k 增大，z_k 变小。因此，隐含层节点 k 的输出 z_k 反映了 X 离开该隐含层节点所代表的 RBF 中心向量 C_k 的程度。

在网络的训练中，有几个参数需要确定：一是隐含层节点的个数及 RBF 的中心向量在输入样本数据空间中的位置；二是隐含层到输出层的权向量集合。

在确定隐含层节点的个数及中心向量时，有随机选择法、k-均值聚类法、误差纠正学习法等可以选择。确定隐含层到输出层的权向量集合，其实就是求解线性优化问题，可以通过各种线性优化方法求得。常见的方法有 LMS 算法、最小二乘递推法、径向映射最小二乘法及标准 Gram-Schmidt 正交化训练算法等。

3. 应用分析

以某型装备维修保障经费预测为算例对组合预测方法应用进行说明。本算例进行的组合预测以参数法、灰色预测方法和时间序列预测方法等建模计算为

基础，采用基于 RBF 网络的组合预测方法对上述不同模型进行非线性组合，所用数据如表 5-3-5 所示。

表 5-3-5　某型装备维修保障经费各模型拟合值

序号	实际装备维修保障经费/万元	参数法拟合值/万元	时间序列拟合值/万元	灰色理论拟合值/万元
1	157	199.4	167.5	153.3
2	193	202.5	187.2	170.3
3	187	226.6	209.5	189.1
4	180	261.1	234.5	209.9
5	239	270.0	262.2	233.1
6	298	308.5	292.7	258.9
7	315	317.7	325.8	287.5
8	320	349.5	361.6	319.2
9	320	362.7	400.2	354.5
10	320	389.0	441.4	393.7
11	420	454.4	485.3	437.1
12	570	542.8	531.9	485.4
13		632.5	581.2	539.0
14		651.7	633.3	598.6
15		671.4	688.1	664.7
16		691.7	745.5	738.1
17		712.6	805.6	819.6

采用第 1～10 号的数据作为样本对 RBF 网络进行训练，以第 11、12 号数据为检验数据，训练前对用各种预测方法得到的拟合值进行归一化处理，得到不同预测模型对检验样本的拟合情况，如表 5-3-6 所示，其中组合预测模型对第 11、12 号的实际值、参数法预测值、时间序列预测值、灰色理论预测值均在表 5-3-5 内。从表中数据可以看出，组合预测的精度要好于其他模型的精度。

表 5-3-6　各种预测方法结果误差比较

序号	实际值	参数法		时间序列		灰色理论		组合预测	
		预测值	误差%	预测值	误差%	预测值	误差%	预测值	误差%
11	420	454.4	8.19%	485.3	15.55%	437.1	4.07%	429.0	2.14%
12	570	542.8	–4.77%	531.9	–6.68%	485.4	–14.84%	552.5	–3.07%

将不同模型进一步应用于该装备维修保障经费预测，得到第 13～17 号的预测

结果，如表 5-3-7 所示。

表 5-3-7　某型装备维修保障经费组合模型预测结果

序号	参数法预测值/万元	时间序列预测值/万元	灰色理论预测值/万元	组合模型预测值/万元
13	632.5	581.2	539.0	584.4
14	651.7	633.3	598.6	610.4
15	671.4	688.1	664.7	656.2
16	691.7	745.5	738.1	705.7
17	712.6	805.6	819.6	758.9

其他装备维修保障经费的预测可以根据实际情况，参照本节论述的几种方法进行。

5.4 本章小结

本章首先介绍了装备维修保障经费需求分析的目的和要求、作用和程序，然后详细论述了装备维修保障经费影响因素对费用的影响机理，最后重点介绍了当前装备维修保障经费需求分析中几种主要方法的基本原理和应用特点。通过本章的介绍，可以清晰地了解各种影响因素对装备维修保障经费的影响情况，根据装备及其维修保障经费的特点选择有效的方法，准确估算出装备维修所需的经费数额，为计划的编制和优化提供决策依据。

参考文献

[1] 李积源. 舰船装备经济性分析[M]. 武汉: 海军工程大学, 1997.
[2] 曹会智, 陈泽东, 牛俊峰, 等. 装备维修保障费用的影响因素分析[C]//中国设备管理协会设备寿命周期费用委员会第十次全国学术会议, 西安, 2012.
[3] 谷宁昌. 舰船维修费分析[M]. 北京: 国防工业出版社, 2014.
[4] 国家统计局城市社会经济调查司. 中国价格统计年鉴[M]. 北京: 中国统计出版社, 2004.
[5] 黄朝峰. 装备价格指数编制及计算方法[J]. 军事经济研究, 2010, 31(4): 32-34.
[6] 张怀强, 蒋铁军, 王孟. 基于物价变化的舰船修理成本建模分析研究[J]. 中国工程科学, 2015, 17(5): 71-75.
[7] 李璐, 毛宏, 刘宝平. 舰船装备价格指数与物价指数的关系研究[J]. 海军工程大学学报, 2002, 14(3): 49-52.
[8] 马珍杰. 基于可靠性的舰船全寿命周期费用优化研究[D]. 哈尔滨: 哈尔滨工程大学, 2015.
[9] 张怀强, 蒋铁军, 吴琴. 装备经济性分析[M]. 北京: 国防工业出版社, 2019.
[10] 訾书宇, 魏汝祥, 蒋铁军, 等. 基于案例的推理在舰船维修费预测中的应用[J]. 海军工程大学学报, 2012, 24(3): 107-112.

[11] 黄伟, 廖海涛. 改进 GM(1, 1)模型在特装修理费用预测中的应用[J]. 武汉理工大学学报(信息与管理工程版), 2007, 29(6): 100-102.
[12] 王允, 魏汝祥, 孙胜祥. 舰船装备使用维修费的 GM 估算研究[J]. 中国修船, 2006, 19(4): 46-48.
[13] 徐国祥. 统计预测和决策[M]. 5 版. 上海: 上海财经大学出版社, 2016.
[14] 谢力, 魏汝祥, 尹相平, 等. 基于改进 IOWA 组合模型的舰船装备维修费预测[J]. 系统工程与电子技术, 2012, 34(6): 1176-1181.
[15] 汪同三, 张涛, 等. 组合预测: 理论、方法及应用[M]. 北京: 社会科学文献出版社, 2008.

第 6 章　装备维修保障计划优化

装备维修保障计划涉及多个目标、多类要素、多重约束，如何在既定的条件下，最大限度地满足各项目标是装备维修保障计划管理工作的重要内容，装备维修保障计划优化将为解决这一问题提供有效途径。本章首先介绍装备维修保障计划优化的主要内容、主要原则和基本方法，重点介绍基于能力恢复的装备维修保障计划优化、基于战斗力的装备维修保障计划优化和装备维修保障计划综合优化。

6.1　概　　述

本节介绍装备维修保障计划优化的主要内容、主要原则和基本方法。

6.1.1　装备维修保障计划优化的主要内容

1. 计划项目的级别

装备维修保障计划主要由不同类型的项目构成，不同类型的项目对装备维修保障工作的重要程度往往存在一定的差异，在优化装备维修保障计划时，首先需要对计划项目的级别予以区分，实施分档分级管理，优先保证级别高的项目，然后在各项保障资源允许的条件下尽量保证级别低的项目。

2. 多目标与多约束的权衡

装备维修保障计划往往涉及多个目标，如维修保障的军事效益、经济效益，不同时期的任务连续性、不同区域的保障效果，以及多重约束，如修理的设施设备、承修单位能力、维修保障经费等，装备维修保障计划的优化工作需要在多约束范围内最大限度地实现多目标。

3. 多项目资源的优化

在多项目情况下，资源的平衡问题是很复杂和困难的。因为多项目往往会需要同一种资源，而且各项目又会有自己独有的目标，一般先在各项目中进行个别优化，如果实在无法保证供应，那么可以按项目的重要程度定义级别，首先保证级别高的项目，而将级别低的项目推迟，或将级别较低的项目作为备用资源。

6.1.2 装备维修保障计划优化的主要原则

装备维修保障计划的优化，应主要坚持以下主要原则。

1. 重点部队优先原则

装备维修保障计划必须首先保证重点部队的装备建设需求。因此，对于应急机动作战部队、战略预备部队、重点方向部队和重点建设部队的装备维修保障计划项目要优先安排，一般部队的装备维修保障计划项目靠后安排。特别是在装备维修保障经费比较紧缺的情况下，尤其要突出重点，实行分档次保障，使重点部队的装备处于良好的战备状态。对于一般部队和一般装备，也要尽最大努力保持其战备状态。

2. 重点型号优先原则

目前，装备型号多样、种类复杂，不同型号装备在作战能力建设中扮演的角色和承担的作战任务有所不同，相应的装备维修保障计划项目安排也应有所不同。对于“杀手锏”装备和主要作战型号装备，在装备维修保障计划中应优先安排；对于完成作战任务必不可少的重点作战保障型号装备，也要优先安排，充分体现现代立体化作战保障的思想；对于不太重要的一般性辅助装备，可以考虑靠后安排。

3. 重点方向优先原则

国家安全面临的威胁具有全方位性，具体热点也具有不确定性。未来的军事斗争，可能发生在不同地区、不同方向。面对未来战争背景的这种复杂性，需要科学判定重点，优先、加大对重点方向装备的维修保障。在对装备维修保障计划进行优化决策时需要严格遵循这一原则。

4. 动用频繁、技术状况差的装备优先原则

同一型号的不同装备，在部队实际使用训练过程中的使用强度是不同的，因而技术状况也不可能完全相同。有的装备虽然按照既定的修理结构到了修理期，但是由于平时使用较少，整体技术状况比较良好，继续使用也不会造成不良后果，这类装备可以适当靠后修理；有的装备由于平时训练任务重、使用强度大，装备磨损较快，如果不及时修理就可能发生事故，这类装备要保证优先修理。

5. 效益优先原则

在市场经济条件下，装备维修保障计划不得不考虑效益问题。效益优先是指将维修后军事效益和经济效益显著的装备优先安排，而对于维修后效益不太明显

的装备靠后安排或者不做安排。全面正确地理解和贯彻装备维修保障效益优先原则将会有效地促进装备维修保障计划的开展。

6.1.3　装备维修保障计划优化的基本方法

在实际工作中，用于装备维修保障计划优化的方法有很多，如决策树、列举法、逼近法、线性规划法、价值工程法、边际分析法等，下面简要介绍几种常用的基本方法。

1. 基于层次分析法的优化方法

层次分析法(analytic hierarchy process，AHP)是美国运筹学家 Saaty 于 20 世纪 70 年代中期提出的一种多层次权重分析决策方法，其特点是具有高度的逻辑性、系统性、简洁性和实用性，现已广泛运用于社会经济系统的决策分析。它是在对复杂决策问题的本质、影响因素及其内在关系等进行深入分析的基础上，利用较少的定量信息使决策的思维过程数学化，从而为多目标、多准则或无结构特性的复杂决策问题提供简便的决策方法，尤其适合于对决策结果难以直接准确计量的场合。

层次分析法体现出人们思维的基本特征：分解、判断、综合。它先根据问题要求建立一个描述系统功能或特征的递阶层次结构，即把复杂的问题分解为各组成因素组，通过两两比较的方式评价每一层次中因素的相对重要性，给出相应的比例标度、构成相关因素的判断矩阵，进而给出相关因素对上层某因素相对重要程度的总序列。另外，该方法可与其他综合评估方法相结合，来确定评估因素的权重，是一种非常有效的方法。该方法非常适合对装备维修保障计划进行优化决策，具有计算简便、操作性强等特点。

2. 基于马尔可夫链的优化方法

马尔可夫决策过程(Markov decision process，MDP)是研究一类随机序贯决策问题的理论。随机序贯决策问题是指在一系列相继的或连续的时刻(称为决策时刻)点上做出决策，在每个决策时刻点，决策者根据观察到的状态从可用的若干个行为中选择一个，决策付诸实施后，系统将获得与所处状态和所采取的决策有关的一项报酬并影响系统在下一决策时刻点上所处的状态，且系统在下一决策时刻点所处的状态是随机的。在新的决策时刻点上，决策者要观察系统所处的新的状态并采取新的决策，如此反复进行下去。在每一决策时刻采取的行为都会影响下一决策时刻系统的运行，并因此影响系统将来的运行状态。决策的目的通常是系统在某种目标下(称为准则)达到最优。马尔可夫决策过程就是研究这种马尔可夫型随机序贯决策的方法，综合了动态规划与马尔可夫过程的特点。

装备维修通常需要周期性地检测装备状态，在一次检测完成时刻，根据检测的状态和一定的准则决定是否进行维修、如何维修等，做出修理决策后系统运行一个检测周期，再次进行检测和决策，如此反复，而且系统状态在每一次检测时都具有随机性。维修过程正是一个随机序贯决策过程，可以应用马尔可夫决策过程的有关理论对装备维修保障计划进行优化分析。

3. 面向任务的优化方法

在装备的使用过程中常常出现这样的情况：为完成某一任务，一方面要对在使用过程中并不会发生故障的装备进行维修；另一方面对已发生或可能发生故障的装备不进行维修。Bridges 在研究舰船机械故障时指出，某些系统和设备仅需要完成其部分使命。如果舰船在到达主要目的地的航程中，其完成主要任务所必需的系统或设备发生故障，并且在完成航程前不能修理好，那么就认为这一任务已经失败。之所以会出现这种情况，主要是因为不同的任务对装备的要求不同和装备的同一故障对其执行不同任务的影响不同。如果按现有的维修方法，如预防性维修，根据装备的故障分布和装备的状态来制订维修策略，较少考虑任务的影响，那么有可能造成如下后果：

(1) 维修不足，使装备不能满足使用要求。

(2) 对一些可能在任务期间发生故障但与执行任务无关的部件进行维修导致维修过剩，造成浪费。

(3) 对一些已发生故障但与执行任务无关的部件进行维修，造成维修时间增加，影响装备的出动率。

因此，为克服以上这些缺点，在决策时有必要结合不同部队不同装备的任务需求考虑装备的具体维修级别和时间间隔。一般来讲，任务具有多样性，不同的任务其要求是不同的，而任务不同或任务的要求不同往往其装备的维修时机也会不同，因此比较科学的装备维修保障计划优化应该是基于任务的，使每一个任务都有一个对应的维修策略。

6.2 基于能力恢复的装备维修保障计划优化

装备在使用过程中，其固有能力可能会下降，尤其是发生故障时，甚至可能无法发挥出其固有能力，维修保障的目的与作用就是保持和恢复其固有能力。因此，可以从装备能力恢复的角度评估装备维修保障计划，进而对装备维修保障计划进行优化。

6.2.1　装备系统效能模型

对装备能力恢复情况进行有效评估，首先需要明确装备能力度量的问题。在实际工作中，可以将装备系统效能作为度量装备能力的一种指标。系统效能是系统在规定条件下完成规定任务的能力，包括能力 A 和完好率 H 两个部分。

1. 能力 A

不同装备的能力集成方式，因装备之间关系的不同也会有所不同。例如，对于水面舰船，能力 A 是指完成预定任务的能力，可以采用综合因数法来计算。

$$A = f(P_{ij}) \tag{6-2-1}$$

式中，P_{ij}——第 i 个分系统执行第 j 项任务的能力指数。

这种方法认为：武器系统的能力是全舰作战能力的主体，平台保障与信息系统分别是舰船作战能力的基础和倍增器，舰船能力为各种任务指数之和。若第 i 种装备执行第 j 项任务的武器系统能力指数为 P_{ij}，平台保障和信息系统的综合效能因子为 E，则第 j 项任务指数为

$$R_j = E \cdot \sum_i P_{ij} \tag{6-2-2}$$

舰船能力为

$$A = \sum_j R_j = E \cdot \sum_i \sum_j P_{ij} \tag{6-2-3}$$

按照这种方法，对国内外 6 种型号舰船的能力指数进行计算，结果如表 6-2-1 所示。

表 6-2-1　舰船能力指数计算结果

舰船			型号 1	型号 2	型号 3	型号 4	型号 5	型号 6
舰船能力 A			30.713	11.855	23.650	35.092	4.742	2.885
任务指数	对空		4.036	4.855	2.315	10.632	0.909	0.601
	对海		3.579	3.324	3.363	6.146	3.297	1.942
	对潜		23.098	3.677	17.972	18.315	0.537	0.342
综合效能因子 E			1.687	1.568	1.591	1.680	1.364	1.1205
武器系统能力指数 P_{ij}	对空	导弹	1.595	1.474	0.918	4.864	0	0
		主炮	0.381	0.680	0.172	0.438	0.303	0.172
		副炮	0.416	0.943	0.365	1.027	0.365	0.365
		电子战	—	—	1.900	—	—	—

续表

舰船			型号 1	型号 2	型号 3	型号 4	型号 5	型号 6
武器系统能力指数 P_{ij}	对海	导弹	1.824	1.477	1.503	3.071	1.408	1.122
		主炮	0.297	0.643	0.403	0.588	0.809	0.403
		副炮	0	0	0.208	0	0.208	0.208
		电子战	—	—	2.830	—	—	—
	对潜	直升机	11.630	0	8.861	8.861	0	0
		助飞雷	0	0	0	0	0	0
		管装雷	2.061	1.935	2.041	2.041	0	0
		深弹	0	0.410	0.395	0	0.395	0.305

2. 完好率 H

装备完好率是指装备在服役期内能执行任务的时间(又称可用时间)占总服役期(待修时间+在修时间+可用时间)的比例，具体可表示为

$$H = \frac{\text{可用时间}}{\text{待修时间} + \text{在修时间} + \text{可用时间}} \tag{6-2-4}$$

3. 任务系统能力恢复率 W

一般来说，每一型装备都有其特定的任务目标，在考虑能力评估时，不同类型的能力重要度是不同的，对于某些次要能力或指标，在评估时甚至可以忽略不计。另外，装备在特定的时期、特定的地点也可能有其特定的任务。因此，在衡量装备的作战能力时，不但要考虑装备的总体能力，还要考虑其针对特定任务的能力。在评估装备维修保障效果时，任务系统能力恢复率是一个重要指标。

装备的任务系统可以分解成若干设备，不妨将设备的完好能力指数定为 1，令维修前设备能力为 x，维修后设备能力为 y。按各设备具有的能力对完成任务的重要性赋予不同的权值系数 k，来综合评估任务系统能力恢复率，可以得到如下任务系统能力恢复率函数：

$$W = \frac{\sum_{i=1}^{n} k_i (y_i - x_i)}{\sum_{i=1}^{n} k_i y_i} \tag{6-2-5}$$

式中，W——任务系统能力恢复率；

k_i——第 i 号设备权值系数，总和等于 1，对不同的设备 k_i 取不同的值；

x_i——第 i 号设备维修前的能力指数；

y_i——第 i 号设备维修后的能力指数。

例如，假定对某装备实施维修，其各主要设备维修前后的能力指数及权值系数如表 6-2-2 所示。求该次维修该装备的任务系统能力恢复率。

表 6-2-2　某装备维修前后各设备能力指数及权值系数

设备	维修前能力指数	维修后能力指数	权值系数
a	0.75	0.95	0.30
b	0.60	0.95	0.10
c	0.00	0.95	0.10
d	0.85	0.95	0.20
e	0.90	0.95	0.15
其他	0.70	0.95	0.15

解：

$$
\begin{aligned}
W &= \frac{\sum_{i=1}^{6} k_i(y_i - x_i)}{\sum_{i=1}^{6} k_i y_i} \\
&= \frac{k_1(y_1 - x_1) + k_2(y_2 - x_2) + \cdots + k_6(y_6 - x_6)}{k_1 y_1 + k_2 y_2 + \cdots + k_6 y_6} \\
&= \frac{0.30\times(0.95-0.75)+0.10\times(0.95-0.60)+\cdots+0.15\times(0.95-0.70)}{(0.30+0.10+0.10+0.20+0.15+0.15)\times 0.95} \\
&= \frac{0.255}{0.95} \\
&= 0.2684
\end{aligned}
\tag{6-2-6}
$$

因此，该次维修该装备主要任务系统能力恢复率为 0.2684。

6.2.2　装备维修保障计划优化模型

装备维修保障计划优化模型涉及优化目标和约束条件，其中科学建立优化目标函数尤为关键。下面重点从单装和多装两个层面考虑优化目标函数的构建问题。

1. 单装维修保障计划优化目标函数

对于单一装备，装备维修保障计划优化需要充分考虑维修工作的投入和产出，即维修费用和维修产生的效能。

装备维修保障计划优化通常采用装备维修费用-效能分析(简称费效分析)的方法进行，就是通过对装备进行经费和效能分析，力图用最低的维修费用，实现装备的预期效果，借以提高装备价值的系统分析方法[1]。根据维修费效分析的基本方法，可以建立单装维修保障计划优化的目标函数模型：

$$P = \frac{A}{C} \cdot W \cdot H \tag{6-2-7}$$

式中，C——运行周期内总的费用($C = C_s + C_n$；C_s 为运行周期内计划维修费用；C_n 为运行周期内临时维修费用)；

A——能力；

W——任务系统能力恢复率；

H——运行周期完好率。

为了更直观和方便地反映问题，可以将已知 P 值中最大值定为上限($\max P = P_w$)，将最小 P 值定为下限($\min P = P_b$)。以 P_w、P_b 为准则建立装备维修保障计划优化目标函数：

$$V(P) = \begin{cases} 1, & P \geqslant P_w \\ aP + b, & P_b < P < P_w; \quad a > 0; \quad b > 0 \\ 0, & P \leqslant P_b \end{cases} \tag{6-2-8}$$

式中，$V(P)$——装备维修保障计划目标指数，$0 < V(P) < 1$；

P_w——装备维修保障计划目标上限；

P_b——装备维修保障计划目标下限；

a，b——参数。

$V(P)$ 为 P 的函数，大体上与 P 成正比，其函数曲线如图 6-2-1 所示。

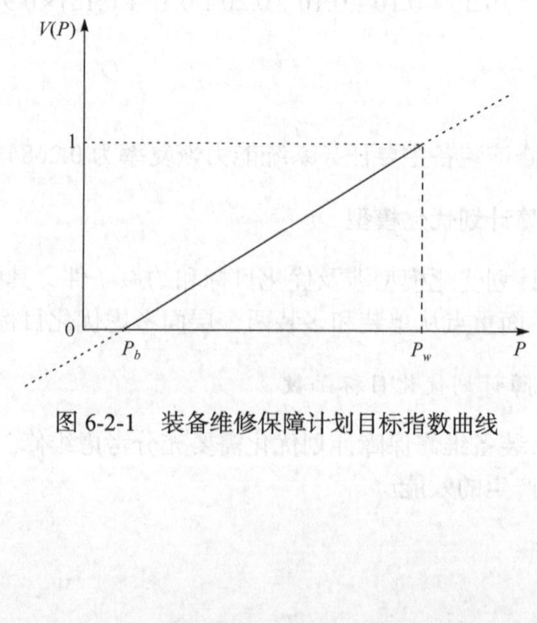

图 6-2-1　装备维修保障计划目标指数曲线

2. 多装维修保障计划优化目标函数

对于整个装备体系，每年有许多装备需要维修，如果再用单装维修保障计划优化目标函数模型就不合适了，为了优化多装维修保障计划，可以从以下三个角度进行考虑。

1) 按维修费用评估

考虑整个部队在一定时期内需修的装备种类不同、维修级别不同，因而维修费用也不同，在考虑整体维修目标时，应加以区别。其具体模型为

$$P=\frac{\sum_{i=1}^{n}\sum_{j=1}^{m}C'_{ij}\cdot N'_{ij}}{\sum_{i=1}^{n}\sum_{j=1}^{m}C_{ij}\cdot N_{ij}} \tag{6-2-9}$$

式中，N_{ij}——第 i 种装备按第 j 级维修级别维修的装备数目；

N'_{ij}——已修第 i 种装备按第 j 级维修级别维修的装备数目；

C_{ij}——第 i 种装备按第 j 级维修级别维修的维修费用(单位：万元)；

C'_{ij}——已修第 i 种装备按第 j 级维修级别维修的维修费用(单位：万元)；

P——装备的整体维修目标指数。

例如，假定某年度整个部队需修装备 20 套，其装备的型号、维修级别、维修费用、需修数目和已修数目如表 6-2-3 所示，计算装备维修目标指数。

表 6-2-3 不同类型装备修理情况

序号	型号	维修级别	维修费用/万元	需修数目	已修数目
1	甲	小修	637	6	5
2	乙	小修	190	4	3
3	丙	中修	670	3	2
4	丁	中修	147	2	1
5	戊	中修	475	4	3
6	己	小修	169	1	0

根据按维修费用评估的目标函数公式，计算得到 $P=74.45\%$。

费用评估的结果表明，维修费用越高，维修与否对整体目标的影响越大。由于装备维修保障计划管理对维修经费通常比较敏感，因此大部分从维修经费角度

去评价维修目标，通过缩短维修时间来控制维修经费，从而提高维修保障效益。此模型适合更大范围内的部队使用。由于时间因素已经包含在费用中，因此不用再考虑时间因素。

2) 按效能指数评估

按效能指数评估是从另一个角度来考虑的，由于每套装备的作战能力是不同的，有时需要考虑维修后装备整体作战能力是否恢复，这就要从效能角度建立模型。其具体模型为

$$P=\frac{\sum_{i} W_i' \cdot E_i'}{\sum_{i} W_i \cdot E_i} \tag{6-2-10}$$

式中，W_i'——已修第 i 套装备维修级别权值；

E_i'——已修第 i 套装备作战效能指数；

W_i——需修第 i 套装备维修级别权值；

E_i——需修第 i 套装备作战效能指数；

P——装备的整体维修目标指数。

3) 按急需程度评估

对于装备，保持其完好率是非常重要的，有时需要考虑时间因素，从对装备急需程度的角度来评价装备维修保障效果。其具体模型为

$$P=\frac{\sum_{i} W_i' \cdot N_i' \cdot T_i' \cdot E_i'}{\sum_{i} W_i \cdot N_i \cdot T_i \cdot E_i} \tag{6-2-11}$$

式中，W_i'——已修第 i 套装备维修级别权值；

W_i——需修第 i 套装备维修级别权值；

N_i'——已修装备数目；

N_i——需修装备数目；

T_i'——已修第 i 套装备维修时间；

T_i——需修第 i 套装备维修时间；

E_i'——已修第 i 套装备作战效能指数；

E_i——需修第 i 套装备作战效能指数；

P——装备的整体维修目标指数。

此模型适合评价同一类装备的维修保障效果，从维修时间和维修数量的角度考虑整体维修效果，这在时间紧迫的情况下使用是有一定意义的。

6.2.3　应用分析

在实际的装备维修保障计划优化过程中，装备维修保障经费相对于装备维修保障任务需求始终是有限的，如何在装备维修保障经费约束条件下，采取有效的方法有选择地安排装备维修保障工作是需要解决的关键问题。下面主要介绍解决该类问题的两种方法。

1. 目标指数排序法

目标指数排序法是指在计算各装备维修目标指数的基础上，按目标指数大小排序，并依此次序选取装备，直至所选取装备的总费用最大限度地接近或等于费用限额。

例如，假定某单位年度维修经费为 6000 万元，共有 12 套装备需要修理，其预算维修费用、任务系统能力恢复率、修后运行周期完好率如表 6-2-4 所示，要求确定最优的装备维修组合。

按维修目标指数排序法选定维修装备(取 $P_b = 0.0019$ ，$P_w = 0.0073$ ，则可求得 $a = 185$ ，$b = -0.35$)，则有

$$V(P)=\begin{cases}0, & P \geqslant P_w \\ 185P-0.35, & P_b < P < P_w \\ 1, & P \leqslant P_b\end{cases} \tag{6-2-12}$$

不同装备的维修目标指数计算数据如表 6-2-4 所示。

表 6-2-4　不同装备维修目标指数计算数据

装备编号和修理级别	费用 C /万元	能力 A	任务系统能力恢复率 W / %	运行周期完好率 H /%	维修目标指数 P	$V(P)$	排序
1 号装备小修	390	23.65	14	68	0.0058	0.72	2
2 号装备大修	650	6.45	37	72	0.0026	0.13	10
3 号装备大修	1600	23.65	36	82	0.0044	0.46	5
4 号装备中修	200	2.88	23	75	0.0025	0.11	11
5 号装备中修	760	23.65	22	73	0.0050	0.58	3
6 号装备小修	80	2.88	13	69	0.0032	0.24	9
7 号装备大修	490	2.88	4	8	0.0019	0.00	12
8 号装备小修	300	19.37	14	81	0.0073	1.00	1
9 号装备中修	640	19.37	23	65	0.0045	0.48	4

续表

装备编号和修理级别	费用 C/万元	能力 A	任务系统能力恢复率 W/%	运行周期完好率 H/%	维修目标指数 P	V(P)	排序
10 号装备中修	310	6.45	25	76	0.0040	0.39	7
11 号装备大修	1640	19.37	34	74	0.0030	0.21	8
12 号装备小修	130	6.45	12	73	0.0043	0.45	6

按装备维修目标指数从大到小的顺序选取装备，满足维修费用限额的装备为：8 号装备小修、1 号装备小修、5 号装备中修、9 号装备中修、3 号装备大修、12 号装备小修、10 号装备中修、11 号装备大修、6 号装备小修，所用维修费用总额为 5850 万元，上叙组合方案为最优选择。

按维修目标指数排序原则选择待修装备，其基本思想是单位资金的维修效益最大，总资金的维修效能最大。目标指数排序法的主要优点是简单易行，但是由于装备的不可分性，目标指数排序法在许多情况下，不能保证现有资金的充分利用，不能达到维修目标指数最大化的目的。只有在下述情况下，它才能达到或接近维修目标指数最大化的目的：

(1) 各装备的维修费用占维修总费用的比例很小。

(2) 各装备的维修费用相差不大。

(3) 各装备的维修费用累加额与维修费用限额相差无几。

针对目标指数排序法存在的有关问题，下面介绍相对更优、更可靠的互斥方案组合法。

2. 互斥方案组合法

互斥方案组合法的基本思想是：将维修任务进行不同排列组合，综合考虑排列组合后的维修总费用和恢复能力，优化选择最佳组合作为装备维修任务安排。

例如，假定某单位维修费用限额为 4000 万元，现有四套装备需要进行不同级别的修理，分别为甲装备中修、乙装备小修、丙装备中修、丁装备小修，根据资料统计，其维修费估计分别为 1650 万元、640 万元、1600 万元、760 万元，任务系统能力恢复率、修后运行周期完好率如表 6-2-5 所示。按照维修目标指数可排定其优先级($P_b = 0.0019$，$P_w = 0.0073$)。

表 6-2-5　不同装备维修评估数据

装备编号和修理级别	费用 C/万元	能力 A	任务系统能力恢复率 W/%	运行周期完好率 H/%	维修目标指数 P	V(P)	排序
甲装备中修	1650	19.37	34	74	0.0030	0.20	4

续表

装备编号和修理级别	费用 C/万元	能力 A	任务系统能力恢复率 W/%	运行周期完好率 H/%	维修目标指数 P	$V(P)$	排序
乙装备小修	640	19.37	23	65	0.0045	0.49	2
丙装备中修	1600	23.65	36	8	0.0043	0.44	3
丁装备小修	760	23.65	22	73	0.0050	0.57	1

各方案的维修目标指数均大于零，按维修目标指数由大到小排序选择，最终结果为：采用丁装备小修、乙装备小修、丙装备中修组合的方案，恢复能力总额为 18.17，维修费用总额为 3000 万元。

上述选择是否为最佳选择？下面用互斥方案组合法的选择结果进行验证。

互斥方案组合法的工作步骤如下：

(1) 对 M 套装备列出全部组合方案，共有 2^M-1 个组合方案。本例有四套装备,组合方案共 $2^4-1=15$ 个。这 15 个组合方案彼此互不相容、互相排斥(表 6-2-6)。

(2) 保留总维修费用不超过维修费用限额的组合方案，淘汰其余组合方案。保留组合方案中总恢复能力最大的即最优可行方案。

表 6-2-6　不同互斥组合方案计算结果

方案序号	组合状态				维修总费用/万元	可行性 (0-不行) (1-行)	总恢复能力
	A	B	C	D			
1	1	0	0	0	1650	1	6.59
2	0	1	0	0	640	1	4.46
3	0	0	1	0	1600	1	8.51
4	0	0	0	1	760	1	5.20
5	1	1	0	0	2290	1	11.04
6	1	0	1	0	3250	1	15.10
7	1	0	0	1	2410	1	11.79
8	0	1	1	0	2240	1	12.97
9	0	1	0	1	1400	1	9.66
10	0	0	1	1	2360	1	13.72
11	1	1	1	0	3890	1	19.55
12	1	1	0	1	3050	1	16.24
13	1	0	1	1	4010	0	—
14	0	1	1	1	3000	1	18.17
15	1	1	1	1	4650	0	—

由表 6-2-6 可知，组合方案 11 的总恢复能力最大，为最优可行方案——甲装备中修+乙装备小修+丙装备中修。按此组合方案，装备恢复能力总额为 19.55，因此维修目标指数排序法选择的组合方案不是最优选择。

6.3　基于战斗力的装备维修保障计划优化

由于当前装备维修保障经费相对有限，而要完成的维修任务量巨大，必须解决好装备维修保障计划的科学合理安排问题，将有限的装备维修保障经费分配好、运用好，最大限度地保持和恢复装备的战斗力。

装备维修保障计划管理的最终效果主要体现在保证平时和战时装备的正常使用，体现在由装备维修所带来的部队整体战斗力的提升上。因此，优化装备维修保障计划应以装备战斗力为根本标准。借助装备维修保障计划管理效益的概念，利用装备维修前后战斗力变化大小与相应的装备维修保障经费的关系，对装备维修保障计划进行优化，是当前需要解决的重点问题之一。本节将以装备战斗力为衡量标准，研究相应的装备维修保障计划优化问题。

6.3.1　装备战斗力的计量

装备战斗力作为装备满足军队战备、训练和作战需要的能力，一般不能用具体的价值尺度来度量。但从系统论观点来看，装备战斗力的生成，又主要是由人力、物力及制度等影响因素决定的。人力是装备战斗力生成的主体，在装备战斗力实现过程中起着决定性作用；物力是装备战斗力生成的物质基础；制度则是把人和物联结起来的纽带，离开了合理的制度，将无法形成综合的装备战斗力[2]。因此，根据追求最大限度地提升装备战斗力的前提，把有关的影响因素如人力、物力、制度及它们之间的关系有机地结合，就可以构建出装备战斗力生成函数。

1. 装备战斗力生成函数的构建

装备战斗力生成函数表示在一定的制度下，投入的人力、物力与装备战斗力生成之间的关系。根据装备战斗力生成的特点，装备战斗力生成函数的构成可以表示如下：

$$\begin{cases} Z=(R^{a}Q^{b}B^{c})d \\ a+b+c=1 \\ R,Q,B,d\geqslant 0 \end{cases} \tag{6-3-1}$$

式中，Z ——装备战斗力；

R——人力因素；

Q——物力因素；

B——制度因素；

a，b，c——R，Q，B 三个影响因素的权重系数(三个影响因素在装备战斗力生成过程中的重要程度)；

d——不同装备之间的绝对战斗力级别参数，因为不同的装备战斗力其值存在很大差别。

2. 装备战斗力生成函数参数的确定

在上述装备战斗力生成函数中，如果使用人力、物力、制度的真实数据，那么很难用来直观表达其标准战斗当量，因而需对其进行量纲化处理，即使用权重系数将其加权处理后作为标准战斗当量。

假设评价某型装备的战斗力大小、人员素质高低、武器装备好坏、制度优劣等，那么装备战斗力生成函数计算的具体过程如下。

1) 装备战斗力影响因素指标权重确定

对于已经明确的影响因素——人力、物力和制度，由于三个影响因素所能产生的影响力是不同的，现在通过德尔菲法，请若干专家对这三个影响因素的权重进行赋值，统计后求出平均值。

假设 λ_{ij} 是第 i 位专家对第 j 个影响因素指标权重的赋值，共有 n 位专家，可得

$$\sum_{j=1}^{3} \lambda_{ij} = 1, \quad j = 1,2,3 \tag{6-3-2}$$

平均值为

$$\bar{\lambda} = \frac{1}{n}\sum_{i=1}^{n} \lambda_{ij}, \quad i = 1,2,3,\cdots,n; \quad j = 1,2,3 \tag{6-3-3}$$

通过统计专家给出的赋值求出平均值，在此先设定 $a = 0.4$ 、$b = 0.3$ 、$c = 0.3$ ，即在战斗力的影响因素中，人力因素占 40%，物力因素占 30%，制度因素占 30%。

2) 装备战斗力影响因素指标的确定

装备战斗力影响因素指标也主要分为人力因素、物力因素和制度因素三个方面。

(1) 装备战斗力人力因素指标。

在人力因素中，影响装备战斗力的因素主要是维修人员的维修能力。装备维修人员的维修能力越强，装备战斗力越有可能得到发挥；反之，则限制了装备战斗力的发挥。维修人员与指挥人员等各类人员配合默契程度也是影响装备

战斗力的一个因素，他们配合越默契，装备战斗力越强。由此可以建立如下指标体系：

$$人力因素指标体系\begin{cases}指挥人员指挥能力X_1\\维修人员维修能力X_2\\各类人员配合默契程度X_3\end{cases}$$

由专家对人力因素指标的权重进行赋值，得到指标的权重集：

$$A_1=(0.4,0.4,0.2) \tag{6-3-4}$$

下面根据各指标的属性特点确定其评语集：

$$U=（强，较强，一般，弱） \tag{6-3-5}$$

对于确定的评语集，为了使结果更加直观，设定其加权向量如下：

$$U=（强/1，较强/0.85，一般/0.65，弱/0.5） \tag{6-3-6}$$

人力因素指标统计如表 6-3-1 所示。

表 6-3-1 人力因素指标统计

指标	权重	强	较强	一般	弱
指挥人员指挥能力	0.4				
维修人员维修能力	0.4				
各类人员配合默契程度	0.2				

针对表 6-3-1 进行人数统计，将对每个指标给出同种评价的人数进行累加，将其除以参加该次评价的总人数，得出的百分比集合就是人力因素的评语集。

设定指挥人员指挥能力的评语集为

$$X_1=(0.4,0.5,0.1,0) \tag{6-3-7}$$

维修人员维修能力的评语集为

$$X_2=(0.2,0.5,0.2,0.1) \tag{6-3-8}$$

各类人员配合默契程度的评语集为

$$X_3=(0,0.1,0.6,0.3) \tag{6-3-9}$$

将三个集合写成矩阵形式：

$$X=\begin{bmatrix}X_1\\X_2\\X_3\end{bmatrix}=\begin{bmatrix}0.4 & 0.5 & 0.1 & 0\\0.2 & 0.5 & 0.2 & 0.1\\0 & 0.1 & 0.6 & 0.3\end{bmatrix} \tag{6-3-10}$$

下面进行量化计算：

利用上述评估矩阵，用指标权重与其相乘得出人力因素的综合评价结果：

$$A_1 \cdot X = (0.4, 0.4, 0.2)\begin{bmatrix} 0.4 & 0.5 & 0.1 & 0 \\ 0.2 & 0.5 & 0.2 & 0.1 \\ 0 & 0.1 & 0.6 & 0.3 \end{bmatrix} = (0.24, 0.42, 0.24, 0.1) \quad (6\text{-}3\text{-}11)$$

对评语集加权向量进行转置，可得

$$U' = \begin{bmatrix} 1 \\ 0.85 \\ 0.65 \\ 0.5 \end{bmatrix} \quad (6\text{-}3\text{-}12)$$

最终计算得到装备战斗力中人力因素指标为

$$R = A_1 X U' = 0.803 \quad (6\text{-}3\text{-}13)$$

(2) 装备战斗力物力因素指标。

在物力因素中，装备性能指标是影响装备战斗力的最大因素，而装备所需的物资供应状况及经费保障程度也会对装备战斗力产生重要影响，由此建立物力因素指标体系：

$$\text{物力因素指标体系}\begin{cases} \text{装备性能指标} Y_1 \\ \text{物资供应状况} Y_2 \\ \text{经费保障程度} Y_3 \end{cases}$$

运用相同的原理和方法来确定物力因素指标，首先确定指标权重集为

$$A_2 = (0.5, 0.3, 0.2) \quad (6\text{-}3\text{-}14)$$

评语集加权向量 U 取值不变，物力因素指标统计如表 6-3-2 所示。

表 6-3-2　物力因素指标统计

指标	权重	强	较强	一般	弱
装备性能指标	0.5				
物资供应状况	0.3				
经费保障程度	0.2				

经统计得出评估矩阵为

$$Y = \begin{bmatrix} Y_1 \\ Y_2 \\ Y_3 \end{bmatrix} = \begin{bmatrix} 0.3 & 0.3 & 0.3 & 0.1 \\ 0.5 & 0.2 & 0.2 & 0.1 \\ 0.5 & 0.4 & 0.1 & 0 \end{bmatrix} \quad (6\text{-}3\text{-}15)$$

指标权重集与评估矩阵相乘得出综合评价结果，为

$$A_2Y=(0.5,0.3,0.2)\begin{bmatrix}0.3 & 0.3 & 0.3 & 0.1\\0.5 & 0.2 & 0.2 & 0.1\\0.5 & 0.4 & 0.1 & 0\end{bmatrix}=(0.4,0.29,0.23,0.08) \tag{6-3-16}$$

由此计算装备战斗力中物力因素指标为

$$Q=A_2YU'=0.836 \tag{6-3-17}$$

(3) 装备战斗力制度因素指标。

在制度因素中，影响装备战斗力进一步提高的因素是装备管理体制。管理机构的健全和运行机制的完善，都会促进装备战斗力的提高，由此建立制度因素指标体系：

$$\text{制度因素指标体系}\begin{cases}\text{管理机构的健全程度}S_1\\\text{运行机制的完善程度}S_2\end{cases}$$

同样确定权重集 $A_3=(0.6,0.4)$，评语集加权向量 U 不变，可得评估矩阵为

$$S=\begin{bmatrix}S_1\\S_2\end{bmatrix}=\begin{bmatrix}0.4 & 0.3 & 0.2 & 0.1\\0.1 & 0.4 & 0.4 & 0.1\end{bmatrix} \tag{6-3-18}$$

由此可得制度因素指标为

$$B=A_3SU'=0.8010 \tag{6-3-19}$$

最终计算得到装备战斗力中制度因素指标为

$$(R^aQ^bB^c)=(0.803^{0.4}\times 0.836^{0.3}\times 0.8010^{0.3})=0.8122 \tag{6-3-20}$$

3) 确定装备战斗力级别参数

装备战斗力生成函数中定义的 d 是一个战斗力级别参数，因为不同型号的装备，其绝对战斗力是不同的。d 可以是一个直接量化的参数，在修理不同级别装备时通过比较进行赋值，在此暂用 d 代替。

根据计算得到装备战斗力影响因素指标和级别参数后，可以计算装备战斗力生成的效果：

$$Z=(R^aQ^bB^c)d=0.8122d(\text{标准当量}) \tag{6-3-21}$$

该公式的意义就是该装备战斗力为 $0.8122d$ (标准当量)。

根据本公式所列的因素可以看出，其基本属于内部因素，外部因素被隔离出来。假设将内部因素的装备战斗力指数计算出来，最后再乘以外部因素的权重系数，即可计算出该条件下的装备战斗力生成指数，本书对此暂不做考虑。

6.3.2　装备维修保障效益模型

装备维修保障计划优化不仅涉及装备战斗力生成函数，还涉及装备维修经费、修理时间等多项因素或目标，需要全面综合考虑。这里可以在所建立的装备战斗力生成函数的基础上，建立装备维修保障效益模型，全面衡量装备维修保障效果。

1. 单装维修保障效益模型

根据装备维修投入与产出之间的关系，可以确定单装维修保障效益计算的指标公式为

$$\text{单装装备维修保障效益}=\frac{\text{维修前后战斗力标准当量变化程度}}{\text{装备维修经费投入变化程度}\times\text{修理时间}} \tag{6-3-22}$$

其中，战斗力标准当量是指在一定的制度下，投入单位人力和财力所形成的战斗力。一般说来，修理时间和经费投入数目都是可以从计划及预算的审核中看出的，而装备维修前后战斗力的衡量相对比较困难。在此，可以采用前面的装备战斗力生成函数来解决这一问题。

装备维修产出就是装备经过维修后所恢复的战斗力，可以用公式表示如下：

$$\text{装备维修产出}=\text{维修后战斗力标准当量}-\text{维修前战斗力标准当量} \tag{6-3-23}$$

从生成装备战斗力的角度看，装备经过维修保养，其战斗力得到了保持或者恢复，因此装备维修影响的是物力因素中的装备性能指标因素。

下面以前面物力因素数据为例进行计算说明。装备维修前物力因素评估矩阵为

$$Y=\begin{bmatrix}Y_1\\Y_2\\Y_3\end{bmatrix}=\begin{bmatrix}0.3&0.3&0.3&0.1\\0.5&0.2&0.2&0.1\\0.5&0.4&0.1&0\end{bmatrix} \tag{6-3-24}$$

因为其他影响因素不变，所以可以得出其战斗力指标为 Z=0.8122d 。

维修后其装备性能指标发生明显变化，经过统计得出其评估矩阵变为

$$Y'=\begin{bmatrix}Y_1\\Y_2\\Y_3\end{bmatrix}=\begin{bmatrix}0.5&0.3&0.1&0.1\\0.5&0.2&0.2&0.1\\0.5&0.4&0.1&0\end{bmatrix} \tag{6-3-25}$$

因此其 $Q'=A_2Y'U'=0.871$。

因为其他影响因素不变，所以根据装备战斗力生成公式得

$$
\begin{aligned}
Z' &= (R^a Q'^b B^c)d \\
&= (0.803^{0.4} \times 0.871^{0.3} \times 0.8010^{0.3})d \qquad (6\text{-}3\text{-}26)\\
&= 0.8222d(\text{标准当量})
\end{aligned}
$$

因此，装备维修产出为

$$
Z' - Z = 0.8222d - 0.8122d = 0.01d(\text{标准当量}) \qquad (6\text{-}3\text{-}27)
$$

式(6-3-27)表明，本次维修能达到战斗力 $0.01d$ 标准当量的恢复。

据此可以进行装备维修保障效益的计算：

$$
E = \frac{V}{C} = \frac{\dfrac{(Z' - Z)}{T}}{C} \qquad (6\text{-}3\text{-}28)
$$

式中，C——装备维修经费的投入；

T——装备维修过程消耗的时间。

根据上述方法，可以量化计算装备维修保障投入所能获得的效益，从而为装备维修保障经费的合理使用及装备维修保障计划的优化奠定基础。

2. 多装维修保障效益模型

前面详细介绍了单装维修保障效益评估，从而可以通过量化计算来得出其维修保障效果，为单装维修保障计划的制订提供了一定的决策依据和参考。

但是对于装备维修保障计划的优化，由于实际装备维修保障计划安排的是多套装备的维修保障工作，而装备之间又是相互联系的，此时需要解决的问题是：优先维修哪些装备，通过这些装备的组合提升战斗力，即如何考虑多装维修保障效益问题。

对此，假设需修装备有 N 套，如果实际修理装备数为 n，那么就有 C_N^n 种组合方法。不同的装备组合形式会产生不同的组合效果，假设装备组合因素参数为 $f_i(0 \leqslant i \leqslant C_N^n)$。通过前面建立的单装维修保障效益模型，为简化问题，可以定义实际修理 n 套装备时的维修保障效益之和为 $E = f_i \sum_{i=1}^{n} E_i$。

6.3.3 装备维修保障计划优化模型

通过前面构建的装备维修保障效益评估模型，进一步考虑各种约束条件，可以建立一个综合的优化模型，进而解决装备维修保障计划优化的实际问题。

假设某单位某年度的装备维修保障经费为 C，在该单位编制下的 N 套装备按计划需要修理，建立如下模型：

$$\max E = f_i \sum_{i=1}^{n} E_i$$
$$C' = \sum_{i=1}^{n} C_i \qquad (6\text{-}3\text{-}29)$$
$$C' \leqslant C$$
$$E_i = \frac{V_i}{C_i}$$

式中，E——维修的总体效益；

f_i——所修理装备的组合因素参数；

E_i——修理第 i 套装备的效益；

C'——所修装备需要的维修费用总和；

C_i——第 i 套装备的维修费用；

n——修理的装备数目（$n \leqslant N$）。

由实际情况可知，如果修理所有需要修理的装备，那么其经费的预算就会超支，因此要通过提前计算每套装备的维修效益，使修理后的总体效益最大化来决定装备维修保障计划的优化，换句话说，就是先修哪些装备，没修的等下次经费充裕时再进行修理，从而实现装备维修保障经费的科学利用和装备维修保障计划的优化。

6.3.4 应用分析

假定某单位某年度有装备维修保障经费 1 亿元，共有 5 套装备需要修理，具体情况如表 6-3-3 所示。

表 6-3-3　待修装备基本情况

编号	维修级别	预算经费/万元	战斗力级别参数	维修所需时间/月
1	中修	3000	d_1	8
2	中修	2000	d_2	6
3	小修	1000	d_3	4
4	中修	1000	d_4	6
5	中修	4000	d_5	10

1. 不考虑组合因素情况的装备维修保障计划优化

根据上述情况和所建立的效益评估模型，可以分别计算出 5 套装备的维修效益，这里计算得到战斗力变化分别为 $0.0073d_1$、$0.006d_2$、$0.0065d_3$、$0.005d_4$、$0.008d_5$。下面根据相互比较，通过专家赋值，战斗力级别参数分别为 (20,10,2,1,100)，由效益计算公式得出

$$E_1 = \frac{V}{C} = \frac{\frac{Z'-Z}{T}}{C} = \frac{0.0073\times 20}{3000\times 8} = 6.0833\times 10^{-6} \tag{6-3-30}$$

同理，分别计算出其他 4 套装备的维修效益如下：

$$E_2 = 5\times 10^{-6}，E_3 = 3.25\times 10^{-6}，E_4 = 8.3333\times 10^{-7}，E_5 = 2\times 10^{-5} \tag{6-3-31}$$

由上述计算可得，在不考虑组合因素的情况下，可以根据装备维修保障计划优化模型得到维修经费分配的排序，分别是 5 号装备、1 号装备、2 号装备、3 号装备、4 号装备，因为维修经费有限，所以将维修经费首先分配给前 4 套装备，即将前 4 套装备修理工作列入装备维修保障计划。

2. 考虑组合因素情况的装备维修保障计划优化

当考虑组合因素时，维修经费足够修理 4 套装备，因此根据 $C_5^4=5$，共有 5 种组合方式，分别如表 6-3-4 所示。

表 6-3-4　分配组合情况表

组合方式	组合因素参数	组合前效益和	组合后效益和
1234	f_1	1.5167×10^{-5}	$1.5167\times 10^{-5}f_1$
1235	f_2	3.4333×10^{-5}	$3.4333\times 10^{-5}f_2$
1245	f_3	3.1917×10^{-5}	$3.1917\times 10^{-5}f_3$
1345	f_4	3.0167×10^{-5}	$3.0167\times 10^{-5}f_4$
2345	f_5	2.9083×10^{-5}	$2.9083\times 10^{-5}f_5$

如表 6-3-4 所示，如果进行多装修理，就需要对组合因素参数进行专家赋值，计算得出各种组合后的效益和。这里以第一种组合 1234 为例进行介绍。

首先建立组合因素参数的指标体系：

$$\text{组合因素参数的指标体系}\begin{cases}\text{各装备能力匹配程度}K_1\\ \text{各装备能力大小}K_2\\ \text{战斗指挥人员配合因素}K_3\end{cases}$$

由专家对这三个因素进行赋值，得出指标权重集 $A_4=(0.5,0.3,0.2)$ ，取评语集和加权向量：

$$U=(\text{强}/10,\ \text{较强}/8.5,\ \text{一般}/6.5,\ \text{弱}/5) \tag{6-3-32}$$

组合因素指标统计如表 6-3-5 所示。

表 6-3-5　组合因素指标统计

指标	权重	强	较强	一般	弱
各装备能力匹配程度	0.5				
各装备能力大小	0.3				
战斗指挥人员配合因素	0.2				

对 1234 组合进行数据人数统计，对每个指标给出同种评价的人数进行累加，将其除以参加本次评价的总人数，得出的百分比集合就是人力因素的评语集。经过统计得出各装备能力匹配程度的评语集为

$$K_1=(0.5,0.4,0.1,0) \tag{6-3-33}$$

同理，得出各装备能力大小的评语集为

$$K_2=(0.3,0.4,0.1,0.2) \tag{6-3-34}$$

战斗指挥人员配合因素的评语集为

$$K_3=(0.4,0.3,0.2,0.1) \tag{6-3-35}$$

进一步得出组合因素参数的评估矩阵：

$$K=\begin{bmatrix}K_1\\K_2\\K_3\end{bmatrix}=\begin{bmatrix}0.5 & 0.4 & 0.1 & 0\\0.3 & 0.4 & 0.1 & 0.2\\0.4 & 0.3 & 0.2 & 0.1\end{bmatrix} \tag{6-3-36}$$

用指标权重集与评估矩阵相乘得出综合评价结果为

$$A_4K=(0.5,0.3,0.2)\begin{bmatrix}0.5 & 0.4 & 0.1 & 0\\0.3 & 0.4 & 0.1 & 0.2\\0.4 & 0.3 & 0.2 & 0.1\end{bmatrix}=(0.42,0.38,0.12,0.08) \tag{6-3-37}$$

利用评语集加权向量转置计算组合因素 f_1 为

$$f_1=A_4KU'=(0.42,0.38,0.12,0.08)\begin{bmatrix}10\\8.5\\6.5\\5\end{bmatrix}=8.61 \tag{6-3-38}$$

这样可以计算得出 1234 组合的最后效益和为

$$E_{1234} = 8.61 \times 1.5167 \times 10^{-5} = 1.3059 \times 10^{-4} \tag{6-3-39}$$

同理，分别计算得出 $f_2 = 7$，$f_3 = 8.5$，$f_4 = 6.5$，$f_5 = 5$。相应的效益和分别为

$$E_{1235} = 7 \times 3.4333 \times 10^{-5} = 2.4033 \times 10^{-4} \tag{6-3-40}$$

$$E_{1245} = 8.5 \times 3.1917 \times 10^{-5} = 2.7129 \times 10^{-4} \tag{6-3-41}$$

$$E_{1345} = 6.5 \times 3.0167 \times 10^{-5} = 1.9609 \times 10^{-4} \tag{6-3-42}$$

$$E_{2345} = 5 \times 2.9083 \times 10^{-5} = 1.4542 \times 10^{-4} \tag{6-3-43}$$

对上述计算所得的效益和进行排序，分别为 E_{1245}，E_{1235}，E_{1345}，E_{2345}，E_{1234}。

因此，在考虑组合因素情况下，编制装备维修保障计划时，应首先考虑 1245 组合。

6.4　装备维修保障计划综合优化

6.4.1　装备维修保障计划综合优化模型

从编制程序来看，装备维修保障计划主要包含三个方面的内容：一是安排装备的维修次序；二是安排装备的维修单位；三是安排装备的各项维修资源，即合理配置人力、物力、财力和时间。在实际工作中，维修次序一般根据上级下达的任务需要，优先安排重点部队、重点装备的修理，优先级别的确定带有主观经验性。因此，本节的装备维修保障计划对此不予优化考虑，而重点考虑后两方面。

装备维修保障计划的综合优化通常也是以装备维修保障效益最大化为目标进行的，本节涉及的装备维修保障效益是指用最小的维修费用和维修时间，取得一定的装备维修效果，其中维修效果用装备维修任务的完成数量、质量表示。

1. 装备维修任务整体分配优化模型

根据装备维修保障计划，在保障各项军事任务顺利完成的情况下，各单位在编制年度装备维修保障计划时要尽量将重点装备维修任务全部安排，即要求完成确定的任务量，并使维修费用和维修时间最小，从而达到维修效益最大的目的[3]。

在重点装备维修任务已经确定的情况下，装备维修保障计划编制者首先要对这些任务做出整体的分配计划，即由哪些承修单位担负哪些装备维修任务。一般来说，装备维修任务都是在本单位所属承修单位进行的，跨区维修的情况并不多。

即使装备维修任务是在本单位内部进行，由于不同的承修单位的维修实力有所差异，选择不同的分配方案也可能产生完全不同的维修效益[4,5]。

承修单位的维修实力是指承修单位完成某些特定的装备维修任务所需要的时间、经费、人员、物资，能够承受的维修负荷量，以及所能达到的维修质量水平。影响承修单位维修实力的因素有很多，主要包括承修单位的整体规模、维修设施器材配套程度、材料备件供应速度、维修人员的专业技术水平等。

因此，装备维修保障计划编制人员在编制装备维修任务整体的分配计划时，不仅要懂得需修装备的特点和重要度情况，还要经过切实仔细的调研，充分了解各个承修单位的维修实力。在维修实力确定的基础上，如何将所有装备维修任务合理分配到不同维修实力的承修单位，使它们不但能在规定时间内完成任务，而且耗用的经费和时间最少，是计划协调控制和优化所要解决的问题，实际上就是承修单位维修实力的优化分配问题。

此问题可简化表述为：假设有 N 个维修厂，要求在规定的时间 T 和经费 C 之内完成 M 项装备维修任务(优先级别已确定为 1，2，3，…)。将装备维修任务分配给合适的维修厂，使耗费的时间和费用最少。

根据问题建立优化模型，具体过程如下。

(1) 取 x_{ij} 为决策变量，定义如下表达式：

$$x_{ij}=\begin{cases}1, & \text{任务}j\text{在}i\text{维修厂进行维修}\\0, & \text{任务}j\text{不在}i\text{维修厂进行维修}\end{cases} \tag{6-4-1}$$

(2) 装备维修保障计划优化的最终目的是使得效益最大化，因此目标函数为完成所有装备维修任务需要的费用 c_1 和时间 t_1 最小。维修厂的维修实力用其各自完成每项装备维修任务需要的费用和时间来表示。$T_{N_{ij}}$ (normal time)表示维修厂 i 完成任务 j 的正常维修时间，其中，正常维修时间是指在一般情况下用正常的进度开展维修工作需要的时间。$T_{C_{ij}}$ (crash time)表示维修厂 i 完成任务 j 的可变维修时间，即在应急或其他特殊情况下，相关因素使得正常维修时间产生压缩和延迟，C_{ij} 表示维修厂 i 完成任务 j 所需的费用。

(3) 约束条件显然是每项装备维修任务只能分配到一个维修厂，并且对每个维修厂来说，所有装备维修任务的总时间和总费用不超过规定的限制。

用整数规划建立装备维修任务整体分配优化模型：

$$\begin{aligned}\min c_1&=\sum_{i=1}^{N}\sum_{j=1}^{M}C_{ij}x_{ij}\\\min t_1&=\sum_{i=1}^{N}\sum_{j=1}^{M}T_{N_{ij}}x_{ij}\end{aligned} \tag{6-4-2}$$

$$\text{s. t.}\quad \sum_{i=1}^{N} x_{ij} = 1,\quad j = 1,2,\cdots,\ M$$

$$x_{ij} = 0,1$$

$$\max_{i=1}^{N}\left\{\sum_{j=1}^{M} T_{N_{ij}}\, x_{ij}\right\} \leqslant T,\quad c_1 \leqslant C$$

2. 装备维修进度-维修费用-维修质量-维修物资均衡优化模型

在实际工作中，可能由于部队应急要求，需要尽快完成装备维修任务，也可能由许多不确定因素导致装备维修任务难以在预期的最佳时间内完成。因此，在将所有装备维修任务分配到承修单位之后，对于每个承修单位，计划制订者还要为其分配的各项任务做进一步安排和调整维修进度，从而使花费的总时间和总费用最少，达到效益最大化[6,7]。

由于维修时间与维修费用、维修质量、维修物资之间相互联系、相互影响，在对装备维修任务进度调整的过程中，维修费用、维修质量和维修物资都将受到不同程度的影响。因此，装备维修任务的开工时间和完工时间应该在合理的范围内调整，既不超出预算，又保证一定的维修质量，使维修进度、维修费用、维修质量和维修物资得到均衡协调和合理优化。

首先，维修时间与维修费用之间存在变化关系，当追求维修任务完成速度而缩短维修时间时，直接维修费用增加，间接维修费用下降，而总费用是一个先降后升的过程，在某个时间点达到最小值。图 6-4-1 显示了维修时间与维修费用的关系。

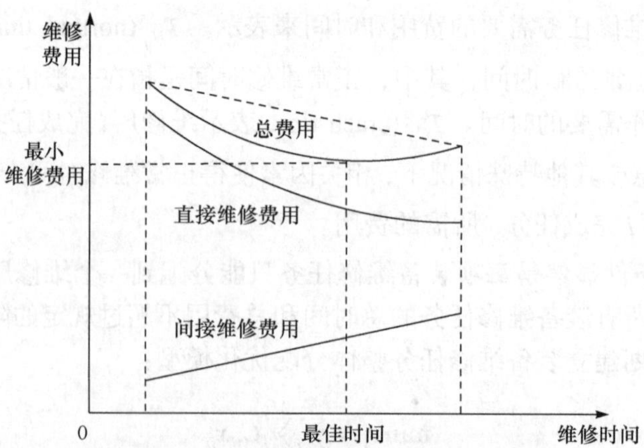

图 6-4-1　维修时间与维修费用的关系曲线

其次，从理论上讲，无论维修时间多么紧张，维修任务完成质量的标准都不应该改变或降低。但是，实际上为了加快维修进度，维修质量不可避免地会受到影响，维修任务的完成质量一般会随着维修时间的压缩而降低。

再次，维修费用与维修质量之间存在以下关系：以正常速度开展维修工作，维修质量最高，随着维修费用的增加或减少，维修质量成正比地提高或降低。维修时间、维修费用及维修质量三者之间的关系可以用图 6-4-2 表示。装备维修保障计划的均衡优化就是要充分权衡三者之间的关系，找出每项维修任务的恰当维修进度，尽量减少维修费用和提高维修质量。

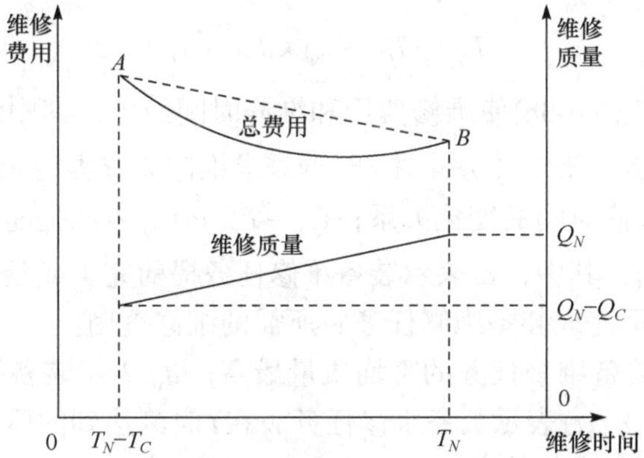

图 6-4-2　维修时间、维修费用与维修质量的关系曲线

最后，还应该注意到，在维修费用和维修质量随维修时间变化的同时，维修物资的需求量也发生了改变。实际上正是维修时间的改变造成了维修物资需求量的变化，从而使维修费用随维修时间发生变化。缩短维修时间，维修物资需求量必将增加，但是不能超过每一时间单位的有效维修物资量，即可供给的维修物资量。因此，模型必须在维修进度-维修费用-维修质量均衡的基础上，加上维修物资的约束条件。

此问题可简化表述为：设通过整体分配维修厂 i 得到的 W 项装备维修任务重新编号为 1，2，…，w，安排各项装备维修任务的维修进度，使所用维修费用和维修时间最少，而维修质量最高。

根据问题建立优化模型，具体过程如下：

(1) 取 t_w 为决策变量，表示此维修厂完成装备维修任务 w 的维修时间变量，它应该处在一定的范围中且满足 $T_{N_w}-T_{C_w} \leqslant t_w \leqslant T_{N_w}+T_{C_w}$。

(2) 目标函数取维修总费用与维修总时间最少和维修质量最高。

(3) 由于每一时刻的维修物资不能超过此刻能够提供的维修总物资量，除了维修时间变量的约束之外，还应对维修物资时间函数 $r_w^k(t)$ 进行约束。

装备维修进度-维修费用-维修质量-维修物资均衡优化模型可以表示为

$$\min c_2 = \sum_{k=1}^{K}\sum_{w=1}^{W}[c_w^k(t) + (t_w - T_{N_w})\alpha C_w] \tag{6-4-3a}$$

$$\min t = \sum_{w=1}^{W} t_w \tag{6-4-3b}$$

$$\max q = \frac{1}{W}\sum_{w=1}^{W} q_w(t) \tag{6-4-3c}$$

$$\text{s. t.}\quad r_w^k(t) \leqslant R_k,\quad w = 1,2,\cdots,W \tag{6-4-3d}$$

$$T_{N_w} - T_{C_w} \leqslant t_w \leqslant T_{N_w} + T_{C_w} \tag{6-4-3e}$$

式(6-4-3a)和式(6-4-3b)使维修费用和维修时间最少，其中维修费用由两部分组成：$c_w^k(t)$ 表示装备维修任务 w 在 t 时刻需求维修物资类型 k 的维修总费用，反映了维修费用与维修时间的变化关系；$(t_w - T_{N_w})\alpha C_w$ 表示提前或延迟完工所节约或增加的维修费用，其中，α 表示装备维修任务提前完工或延迟完工的维修费用奖惩比例，C_w 表示完成装备维修任务 w 所需的维修费用。

式(6-4-3c)使装备维修任务的平均质量最高，q_w 表示装备维修任务 w 的质量水平($0 \leqslant q_w \leqslant 1$)，$q_w(t)$ 表示装备维修任务 w 在 t 时刻达到的质量水平，反映了维修质量与维修时间的变化关系。

式(6-4-3d)对物资进行约束，$r_w^k(t)$ 表示装备维修任务 w 在 t 时刻需求维修物资类型 k 的数量，且 $r_w^k(t) = r_w^k T_{N_w} + (t_w - T_{N_w})\Delta k$ ，其中，r_w^k 为装备维修任务 w 单位时间需求维修物资类型 k 的数量，Δk 为减少(增加)一个时间单位，维修物资类型 k 增加(减少)的变化量，R_k 表示能为维修厂供给维修物资类型 $k(k = 1,2,\cdots,K)$ 的数量。

3. 装备维修人员优化配置模型

在装备维修保障计划确定了时间、分配好资源和经费以后，需要对装备维修人员的工作做进一步安排。装备维修人员的组成结构和技术结构对维修效益具有非常重要的影响，因此对装备维修人员的优化配置是装备维修保障计划优化不可或缺的一部分[8]。

总的来说，装备维修人员包括维修工人、维修技术人员和维修管理人员，这三方面的不同组合形成了装备维修人员的组成结构；各类维修人员的专业学历、职称、技术等级则反映了装备维修人员的技术结构。

装备维修人员组成结构应上小下大，呈正三角形，这样才能构成一个稳定的系统，如图 6-4-3 所示。维修工人从事基本的维修工作，是完成装备维修任务的主要力量，人数最多；维修技术人员解决维修中的技术难题及有关研究工作，是维修活动中的关键力量，人数较少；维修管理人员对整个维修活动的各个方面进行组织、协调、控制和统筹，是完成装备维修任务的决定力量，人数最少[9]。

装备维修人员的技术结构由高、中、低三个层次构成，高层次是指具有大学本科及以上学历或具有高级职称的人员；中层次是指大学专科毕业或具有中级职称的人员；低层次是指中专、高中毕业或具有初级职称的人员。一般来说，人员的技术结构越高，则表示这类装备维修人员的专业技术水平越高，胜任本职工作的能力越强，有利于提高整个装备维修任务的完成质量。现阶段装备维修人员技术结构呈金字塔形，低层次人员多、中高层次人员少，结构不尽合理，要通过专业培训等措施不断提高低层次人员素质，促进人员流动，形成更为合理的中间多、两头少的橄榄形结构，如图 6-4-4 所示。

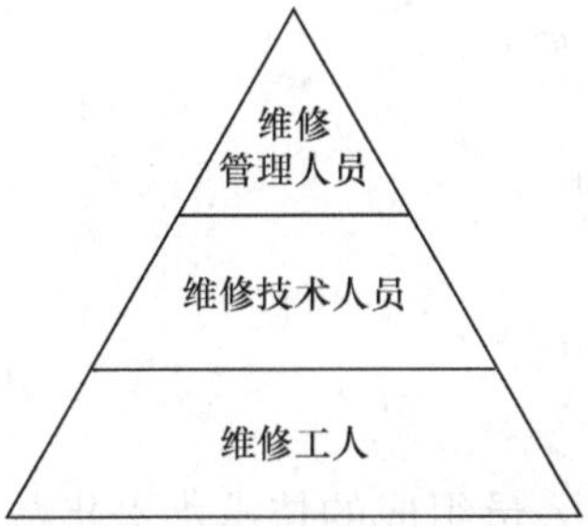

图 6-4-3　装备维修人员组成结构图

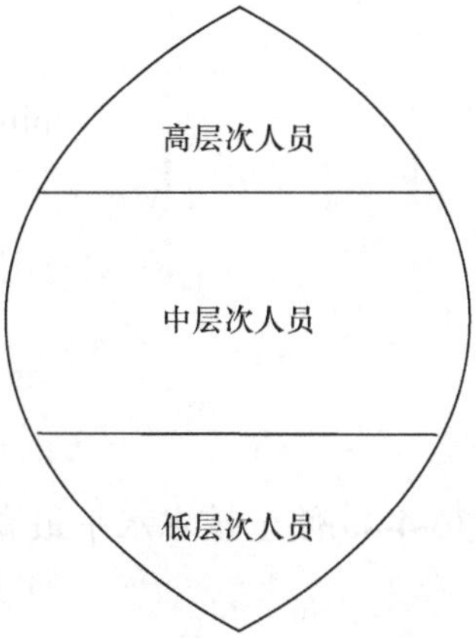

图 6-4-4　装备维修人员技术结构图

装备维修人员优化配置就是通过制订系统的人力资源计划，选择、使用合适的人员，使人员与岗位最好地结合，做到各尽其能；进行岗位培训，提高人员的专业技术水平，促进人员合理流动；引入考核与奖励机制，充分激发人员的积极性和创造性。

在优化配置装备维修人员时，还应该考虑人员工资、培训成本等经济因素，只有对各种因素进行比较和权衡之后，才能最终确定维修人力资源的配置，达到最大的军事效益和经济效益。

此问题可以表述为：在每个岗位人员配置标准的限度之内，为维修厂制订详细的人员分配计划，使维修人员整体技术水平最高、人员总费用最低。

根据问题建立优化模型，具体过程如下：

(1) 取 p_{ij} 为决策变量，用它来表示维修厂装备维修人员组成结构和技术结构。p_{ij} 表示属于第 i 类人员组成、技术层次为 j 的人数($i=1$ 表示维修管理人员，

$i=2$ 表示维修技术人员，$i=3$ 表示维修工人；j=1 表示高层次人员，j=2 表示中层次人员，j=3 表示低层次人员)。

(2) 目标函数之一用装备维修人员的全技术水平指数 u 表示，反映装备维修人员整体技术水平；目标函数之二用所有装备维修人员的总工资和培训费用表示。

(3) 由于维修厂的人员编制是有规定的，在配置人员时需要进行一定的约束，即各类人员组成和技术层次的人数不超出最低和最高人数的范围。

装备维修人员优化配置模型可表示为

$$\max u = \frac{\sum_{i=1}^{3}\sum_{j=1}^{3} p_{ij} U_{ij}}{\sum_{i=1}^{3}\sum_{j=1}^{3} p_{ij}} \tag{6-4-4a}$$

$$\min c_3 = \beta F + \sum_{i=1}^{3}\sum_{j=1}^{3} p_{ij} S_j \tag{6-4-4b}$$

$$\text{s. t.}\quad P_j^{\mathrm{L}} \leqslant \sum_{i=1}^{3} p_{ij} \leqslant P_j^{\mathrm{H}} \tag{6-4-4c}$$

$$P_i^{\mathrm{L}} \leqslant \sum_{j=1}^{3} p_{ij} \leqslant P_i^{\mathrm{H}} \tag{6-4-4d}$$

式(6-4-4a)使全技术水平最高，U_{ij} 表示第 i 类人员组成的技术水平指数，其中，

$$j = \begin{cases} 1,\ U_i = 1.4 \\ 2,\ U_i = 1.2 \\ 3,\ U_i = 0.8 \end{cases} \tag{6-4-5}$$

式(6-4-4b)使费用最低，β 表示装备维修人员参加专业培训率，F 表示组织专业培训的人均费用，S_j 表示技术层次为 j 的人员平均工资。

式(6-4-4c)和式(6-4-4d)中，P_i^{L} 、P_i^{H} 分别表示属于第 i 类人员组成的最低和最高人数；P_j^{L} 、P_j^{H} 分别表示技术层次为 j 的最低和最高人数。

6.4.2　基于遗传多目标优化模型的求解

前面建立的装备维修保障计划优化模型都属于多目标优化问题。自 20 世纪 60 年代初以来，多目标优化问题受到研究人员越来越多的关注。在多目标优化问题中，多个目标函数需要同时进行优化，目标之间的无法比较和矛盾等现象，导致不一定存在在所有目标上都最优的解。因此，多目标优化问题通常存在一系列无法简单进行相互比较的解。这种解不可能使得在任何目标函数上的改进不损害

至少一个其他目标函数，其称为非支配解或 Pareto 最优解。

对 Pareto 最优解的求解方法一直是多目标优化问题的难点，多年来人们不断寻找新的、稳健的优化技术，发展了一系列优化问题搜索方法，具体分类如图 6-4-5 所示。

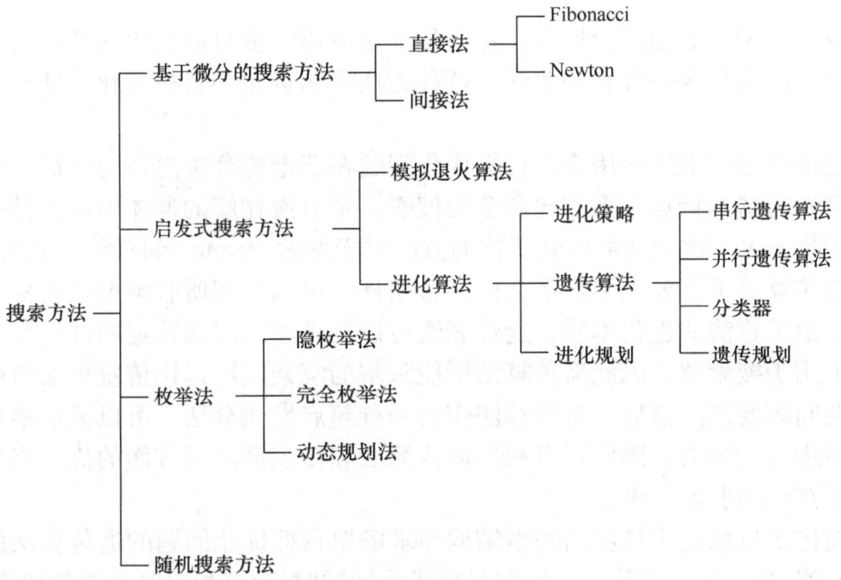

图 6-4-5　优化问题搜索方法

传统的基于微分的搜索方法包括直接法(如爬山法)和间接法(如解析法)。爬山法求解要求模型中更好的解位于当前解的附近，这样才能继续向更优解搜索；解析法求解一般要求目标函数梯度连续可微，它们只适用于一些特定问题的求解。枚举法是一种解空间的遍历搜索方法，包括隐枚举法和完全枚举法、动态规划法等。其特点是简单易行，可以发现问题的全局最优解，但是计算效率太低，不适用于大型优化问题求解。随机搜索方法在问题空间中随机选择一定数量的点，然后从中选优，但只有解在搜索空间中形成紧分布时，它的搜索才有效，带有一定盲目性，对于复杂问题不能保证解的质量，而且计算效率不高。

相比以上三种方法，启发式搜索方法是目前关于复杂优化问题求解的一类有效方法。该类方法不需要或只需要很少的关于问题的先验信息，具有很强的鲁棒性，即能适应不同领域的优化问题求解，并且在大多数情况下都能得到比较满意的解[10,11]。Holland 将遗传算法首次用于适应计划的优化和选择，使遗传算法逐渐成为一种典型的启发式搜索方法，为求解复杂优化问题提供了一个有效的新工具。

遗传算法与模拟退火算法、爬山法、Tabu 搜索方法等相比，具有独特的算法形式和运行机理，其本质特征在于群体搜索策略和简单的遗传算子。遗传算法简单、易操作、并行性强和全局性好等优点，使其在复杂优化问题求解中具有显著的优势，已经在许多领域得到了成功应用。

1. 遗传多目标优化算法

由于遗传算法的优异性能，将遗传算法应用于多目标优化问题求解的新方法得到了越来越多研究者的关注，这种方法称为进化多目标优化或遗传多目标优化。

遗传算法搜索适合用于多目标优化问题在于遗传算法内在的特征。首先，遗传算法的基本特点是多方向和全局搜索，带有潜在解的群体因此能够一代一代地维持下去。这种从群体到群体的方法对于搜索 Pareto 最优解是有益的。其次，遗传算法不需要太多数学上的必备条件，可以处理所有类型的目标函数和约束。由于算法的进化本质，遗传算法可以在不考虑问题特定内部工作方式的前提下用于搜索解，因此遗传算法所能求解的复杂问题远比传统算法所能求解的复杂问题要多。最后，遗传算法作为一种超启发式算法，可以灵活地将传统算法融进其主框架，因此可以利用遗传算法和传统算法两方面的优势来建立对问题更有效的求解方法。

遗传多目标优化算法的基本结构与求解单目标优化问题的遗传算法的基本结构类似。当采用遗传算法求解多目标优化问题时，有必要对其主要组成部分(如编码方式、重组算子、适应值分配、选择、约束处理等)进行设计和改进，使其获得有效的实现。目前，人们已经提出了多种遗传多目标优化问题求 Pareto 最优解的方法，如权重系数变换法、并列选择法、排序选择法、共享函数法和混合方法等。

权重系数变换法是指根据重要程度给多目标优化问题的各个子目标赋予不同的权重，用目标函数的线性加权作为评价函数，将多目标优化问题变换为单目标优化问题，然后在评价函数的基础上，对不同个体取不同的权重系数，利用单目标优化的遗传算法来求出多目标优化问题的多个 Pareto 最优解。

并列选择法是指先将群体中的全部个体按子目标函数的数目均等地划分为一些子群体，对每个子群体分配一个子目标函数，各子目标函数在其相应的子群体中独立地进行选择运算，各自选择出一些适应度较高的个体组成一个新的子群体，然后将所有这些新的子群体合并为一个完整的群体，在这个完整的群体中进行交叉运算和变异运算，从而生成下一代完整的群体，如此不断地进行分割—并列选择—合并过程，最终可求出多目标优化问题的 Pareto 最优解。并列选择法求解过程示意图如图 6-4-6 所示。

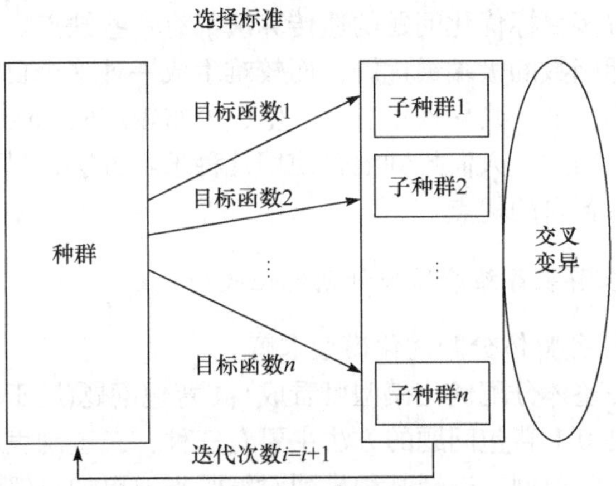

图 6-4-6　并列选择法求解过程示意图

排序选择法是指基于 Pareto 最优个体的概念来对群体中的个体进行排序，依据这个排序来进行进化过程中的选择运算，从而使得排在前面的 Pareto 最优个体将有更多的机会遗传到下一代群体中，经过一定迭代次数的循环之后，最终就可求出多目标优化问题的 Pareto 最优解。需要说明的是，在群体进化过程中产生的 Pareto 最优个体并不一定对应于多目标优化问题的 Pareto 最优解。当遗传算法运行结束时，需要取排在前面的几个 Pareto 最优个体，以它们所对应的解为多目标优化问题的 Pareto 最优解。

在求解多目标优化问题时，一般希望得到的解能够尽可能地分散在整个 Pareto 最优解集合内，而不是集中在其 Pareto 最优解集合内的某一个较小的区域。为达到这个要求，可以利用小生境遗传算法的技术来求解多目标优化问题，这种求解多目标优化问题的方法称为共享函数法，它将共享函数的概念引入求解多目标优化问题的遗传算法中。当在遗传算法中引入小生境技术时，要对相同个体或相似个体的数量加以限制，以便能够产生种类较多的不同的最优解。对于个体 X，在它的附近还存在多少种、多大程度相似的个体，这是可以度量的，这种度量值称为小生境数。小生境数有很多种度量计算方法，一般定义为

$$m_X = \sum_{Y \in P} s[d(X,Y)] \tag{6-4-6}$$

式中，$s(d)$——共享函数(个体之间距离 d 的单调函数)；

$d(X,Y)$——两个个体之间的汉明距离。

在计算出各个个体的小生境数后，可以使小生境数较小的个体(相似个体较少的个体)能够有更多的机会被选中遗传到下一代群体中，这样就增加了群体的多样性，相应地也会增加解的多样性。

以上几种求解多目标优化问题的遗传算法都有一些缺点。例如，并列选择法易于生成单个目标函数的极端最优解，而较难生成一种多个目标在某种程度上都比较满意的折中解；虽然共享函数法易于生成分布较广的 Pareto 最优解集合，但其搜索效率较低。因此，人们想到混合使用几种求解方法，尽可能地克服各自的缺点，充分地发挥各自的优点。

2. 遗传算法求解装备维修保障计划优化模型

1) 装备维修任务整体分配优化模型求解

装备维修任务整体分配优化模型可看成 0-1 背包问题(属于 NP 难问题)。目前，应用遗传算法解决 0-1 背包问题的方法主要有三种：二进制表示、次序表示和可变长度表示。对于此模型，选择某种排列对编码来说更加自然、更为有效。

(1) 编码策略。

设一个染色体由 M 个基因组成，对应 M 个装备维修任务，第 j ($j=1,2,\cdots,M$) 个基因对应从维修厂的集合 $\{i\,|\,i=1,2,\cdots,N\}$ 中选择的一个数。于是，基因的位置用来表示一个装备维修任务，基因的值则用来表示维修厂。定义指示变量 y_j 如下：

$$y_j=i\,,\quad x_{ij}=1\,,\quad j=1,2,\cdots,M \tag{6-4-7}$$

编码策略的定义如图 6-4-7 所示。

y_1	y_2	y_3	y_4	…	y_m

图 6-4-7　编码策略

(2) 初始群体确定。

群体规模与优化函数的性质、维数、复杂程度及编码精度等有直接关系，影响遗传优化的最终结果及遗传算法的执行效率。一般尽量选择较大规模的群体，以保证群体的多样性和进化能力，但这同时意味着计算复杂度的增大。实验发现，十进制编码的初始群体大小对收敛速度的影响并不大。因此，为了缩短运算时间，可以选择几个历史最好值作为初始群体的前几个个体，其余的个体通过对这些个体进行变换获得。

(3) 适应度函数。

采用权重系数变换法确定多目标优化适应度函数，根据装备维修对维修费用和维修时间要求的程度不同，权重系数 ω_1 、 ω_2 选取不同的值。同时，考虑到维修费用和维修时间的数量级不同，会使低数量级的因素对整个适应度函数的影响降低，因此还要将适应度函数除以维修总费用和维修总时间，使搜索空间更加准确。适应度函数可以表示为

$$f(x)=\omega_1\frac{c_1(x)}{C}+\omega_2\frac{t_1(x)}{T} \tag{6-4-8}$$

(4) 选择策略。

为了追求目标函数最小值，在选择时必须使适应度函数值尽量小的染色体进入下一代群体。将最优性方法嵌入轮盘赌(roulette wheel)选择，以增强其在下一代群体中保持最优染色体的能力，并克服采样中的随机误差。在带有最优性方法的选择过程中，如果上一代群体的最优个体没有被轮盘赌在下一代群体中得到复制，那么从下一代群体中随机去掉一个染色体并将上一代群体中的最优染色体加入下一代群体中。

(5) 交叉和变异。

为简单起见，可以为遗传操作采用均匀杂交和随机扰动。在随机扰动中，被选中的基因 y_j 用集合 i 中随机选出的一个整数代替。变异在遗传算法中属于辅助性的搜索操作，它的主要目的是维持解群体的多样性，避免陷入局部搜索。一般交叉概率 p_c 取 0.4～0.99，变异概率 p_m 取 0.001～0.01，搜索效果更好。

2) 装备维修进度-维修费用-维修质量-维修物资均衡优化模型求解

此问题是一个较为复杂的多目标多约束优化问题，用遗传算法解决这类问题比其他方法能更好地搜索到 Pareto 最优解。在使用遗传算法之前，有必要取不同的维修质量水平，在维修质量水平固定的基础上，进行维修费用和维修时间的最优值搜索。当然，也可以规定一定的维修费用或者维修时间，计算另外两者的最优值。

为了在提高搜索效率的同时得到范围更广的 Pareto 最优解集合，这里采用混合遗传多目标优化算法。选择算子的主体使用并列选择法，然后通过引入最佳个体和共享函数法的思想来弥补只使用并列选择法的不足，算法的主要过程如下。

(1) 并列选择过程。

按所求多目标优化问题的子目标函数的个数，将整个群体均等地划分为一些子群体，各子目标函数在相应的子群体中产生其下一代子群体。可以使用 8 位长的二进制编码串来表示变量，交叉运算使用单点交叉算子，变异运算使用基本位变异算子。

(2) 保留 Pareto 最优个体过程。

对于各子群体中的 Pareto 最优个体，不让其参与个体的交叉运算和变异运算，而是将其直接保留到下一代子群体中。

(3) 共享函数处理过程。

若所得到的 Pareto 最优个体的数量已超过规定的群体规模，则需要利用共享函数法来对这些 Pareto 最优个体进行挑选，以形成规定规模的新一代群体。这里共享函数 $s(d)$ 定义为

$$s(d)=\begin{cases}1-\dfrac{d}{\sigma}, & 0\leqslant d\leqslant\sigma\\ 0, & d>\sigma\end{cases} \tag{6-4-9}$$

式中，$\sigma>0$——预先指定的一个表示小生境范围的参数。

3) 装备维修人员优化配置模型求解

因为目标函数一个是求最大值，另一个是求最小值，所以首先要进行适当变换，多目标优化目标函数形式可表示为$\max\{U(p_{ij}),-c(p_{ij})\}$，然后可以用前面的算法对模型进行求解，具体过程不再叙述。

值得注意的是，虽然遗传算法是一种有效的优化问题求解算法，但是它在多目标优化问题的应用中具有很大的灵活性，其中各项参数的设定、适应度函数的确定和 Pareto 最优解的选择等方面，不仅需要理论基础，而且需要依靠使用者的主观经验，在求解时必须反复斟酌，方能得到合适的最优解。

6.4.3 应用分析

前面建立了装备维修保障计划的综合优化模型,下面将结合一个简单的实例，对优化过程进行模拟与分析。在实际工作中，装备维修保障计划管理过程要协调维修工作的各个方面，在实例中为便于运算，将条件进行了适当简化，同时对各项数据进行了相应处理。

1. 装备维修任务整体分配优化

根据实际情况，将问题进行抽象。某单位明年共有 6 项装备维修任务；此单位拥有维修厂 3 所，各维修厂对 6 项装备维修任务的维修时间、维修经费和维修物资需求量如表 6-4-1～表 6-4-3 所示。完成装备维修任务所需涂料和电缆两种物资总量为R_1=3800 吨，R_2=20000km；维修总时间不超过 1 年，即T=365 天；维修总经费C=2500 万元。现在要将所有的装备维修任务分配到维修厂，使各项装备维修任务在规定的条件内顺利完成，并使花费的维修时间和维修费用最少。

表 6-4-1　正常时间 $T_{N_{ij}}$ 及可变时间 $T_{C_{ij}}$ 的需求量

维修厂 i	任务 j											
	1		2		3		4		5		6	
	T_N	T_C	T_N	T_C	T_N	T_C	T_N	T_C	T_N	T_C	T_N	T_C
1	120	20	240	20	120	20	90	10	120	20	240	30
2	90	10	210	20	120	20	90	10	120	20	190	20
3	100	10	210	20	140	20	100	10	100	10	210	20

表 6-4-2　维修经费需求量 C_{ij}

维修厂 i	任务 j					
	1	2	3	4	5	6
1	160	670	180	200	230	910
2	170	720	170	220	220	1 040
3	160	690	170	210	230	960

表 6-4-3　单位时间维修物资需求量

维修厂 i	任务 j											
	1		2		3		4		5		6	
	r_{ij}^1	r_{ij}^2	r_{ij}^1	r_{ij}^2	r_{ij}^1	r_{ij}^2	r_{ij}^1	r_{ij}^2	r_{ij}^1	r_{ij}^2	r_{ij}^1	r_{ij}^2
1	5	10	30	60	4	12	5	10	5	13	35	62
2	4	90	36	65	4	12	6	10	5	15	40	68
3	6	11	28	62	5	10	5	12	4	20	35	65

将对应数据代入装备维修任务整体分配优化模型，可得

$$\begin{aligned}\min c_1 =& 160x_{11}+670x_{12}+180x_{13}+200x_{14}+230x_{15}+910x_{16}\\ &+170x_{21}+720x_{22}+170x_{23}+220x_{24}+220x_{25}+1040x_{26}\\ &+160x_{31}+690x_{32}+170x_{33}+210x_{34}+230x_{35}+960x_{36}\end{aligned}$$

$$\begin{aligned}\min t_1=\max\{&(120x_{11}+240x_{12}+120x_{13}+90x_{14}+120x_{15}+240x_{16}),\\ &(90x_{21}+210x_{22}+120x_{23}+90x_{24}+120x_{25}+190x_{26}),\\ &(100x_{31}+210x_{32}+140x_{33}+100x_{34}+100x_{35}+210x_{36})\}\end{aligned}$$

$$\text{s. t.}\ \begin{cases}x_{11}+x_{21}+x_{31}=1\\ x_{12}+x_{22}+x_{32}=1\\ x_{13}+x_{23}+x_{33}=1\\ x_{14}+x_{24}+x_{34}=1\\ x_{15}+x_{25}+x_{35}=1\\ x_{16}+x_{26}+x_{36}=1\end{cases} \tag{6-4-10}$$

$x_{ij}=0,1$，$i=1,2,3$；$j=1,2,\cdots,6$

$t_1 \leqslant 365$，$c_1 \leqslant 2500$

取群体规模为 40，最大迭代次数为 100，$p_c=0.6$，$p_m=0.005$，权重系数 $\omega_c=\omega_t=0.5$。使用 MATLAB 编程实现，迭代收敛情况如图 6-4-8 所示，得到最

优解为 $x_{12}=x_{21}=x_{23}=x_{24}=x_{35}=x_{36}=1$，$t_1=310$ 天，$c_1=2420$ 万元。

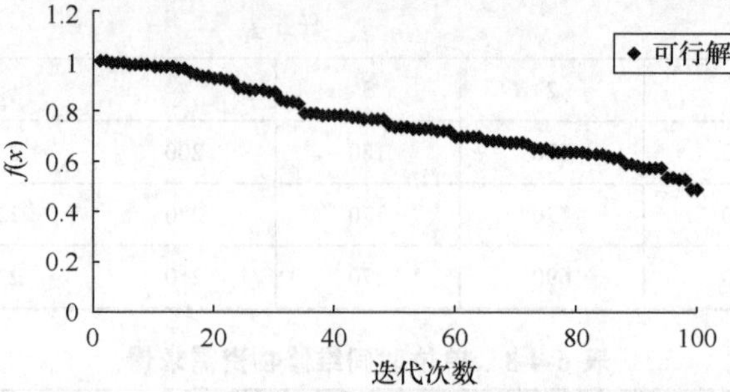

图 6-4-8　遗传算法多目标优化迭代收敛图(一)

从计算结果上看，将装备维修任务 2 分配给维修厂 1，装备维修任务 1、3、4 分配给维修厂 2，装备维修任务 5、6 分配给维修厂 3，能在满足各种约束的条件下，在一定程度上对维修费用和维修时间进行压缩。但是，这种多目标优化的分配模型只能在维修费用和维修时间两个目标之间权衡，并不能同时使它们达到最小值。在模型中，这种权衡关系是用维修时间权重系数 ω_t 和维修费用权重系数 ω_c 表示的，例中取两值相等。当部队用装需求大或战备情况紧急时，计划制订者应该适当增大维修时间权重系数 ω_t，促使维修厂加快维修速度，用尽可能少的维修时间完成所有装备维修任务；当上级下达预算较少的指令、维修厂的资金周转不灵或部队用装需求不迫切时，计划制订者则可以增大维修费用权重系数 ω_c，最大限度地降低维修费用，完成所有装备维修任务。当然，无论是减少维修费用还是维修时间，都要在保证各项装备维修任务顺利完成的前提下进行，因此都能达到优化装备维修保障计划、提高维修效益的目的。

2. 装备维修进度-维修费用-维修质量-维修物资均衡优化

前面已经解出了所有装备维修任务的分配结果，这里以维修厂 2 为例，进一步制订装备维修保障计划。

假设维修厂被分配到第 1、3、4 装备维修任务，重新编号为 $w=1,2,3$；维修物资、维修费用与维修时间呈以下线性关系，回归系数如表 6-4-4 所示。

$$c_w^k(t_w)=a-bt_w \tag{6-4-11}$$

维修质量与维修时间呈如式(6-4-21)所示的线性关系，回归系数如表 6-4-5 所示。

$$q_w(t_w)=c+dt_w \tag{6-4-12}$$

维修任务提前完工或延迟完工的费用奖惩比例 $\alpha=0.3\%$。安排 3 项装备维修任务的进度，使维修厂投入的维修费用最少，同时维修质量达到最高。

表 6-4-4　第 2 个维修厂维修物资-维修费用-维修时间函数回归系数

装备维修任务 w	k=1		k=2	
	a	b	a	b
1	133.00	0.37	92.50	0.25
2	136.00	0.30	124.00	0.20
3	165.00	0.50	133.30	0.37

表 6-4-5　第 2 个维修厂维修质量-维修时间函数回归系数

装备维修任务 w	c	d
1	0.100	0.010
2	0.400	0.005
3	0.820	0.002

首先，将维修物资、维修费用与维修时间关系、维修质量与维修时间关系和第 2 个维修厂维修物资-维修费用-维修时间函数、维修质量-维修时间函数的回归系数数据代入前面装备维修保障计划优化模型中，进行整理和简化，可以得到以下公式：

$$
\begin{aligned}
&\min c = 531.5 - 0.11t_1 + 0.01t_2 - 0.21t_3 \\
&\min t = t_1 + t_2 + t_3 \\
&\max q = 0.44 + \frac{1}{3}(0.01t_1 + 0.005t_2 + 0.002t_3) \\
&\text{s. t.} \begin{cases} 4t_1 + 5t_2 + 6t_3 \leqslant 1800 \\ 10t_1 + 12t_2 + 9t_3 \leqslant 5000 \\ 80 \leqslant t_1 \leqslant 100 \\ 100 \leqslant t_2 \leqslant 140 \\ 80 \leqslant t_3 \leqslant 100 \end{cases}
\end{aligned} \tag{6-4-13}
$$

然后，需要对维修质量水平进行权衡，现分别取质量为 1，0.99，0.98，…，0.9，使用混合遗传算法计算维修费用和维修时间的最小值。取群体规模为 50，最大迭代次数为 100，p_c=0.8，p_m=0.01。用 MATLAB 编程实现，可以得出维修费用和维修时间与维修质量的对应曲线，如图 6-4-9 和图 6-4-10 所示。当取 q=0.95 时，得到最优解为 t_1=95 天，t_2=100 天，t_3=80 天，c=567 万元。

三项装备维修任务应该分别在 95 天、100 天和 80 天内完工，分别推迟完工 5 天和提前完工 20 天、10 天。

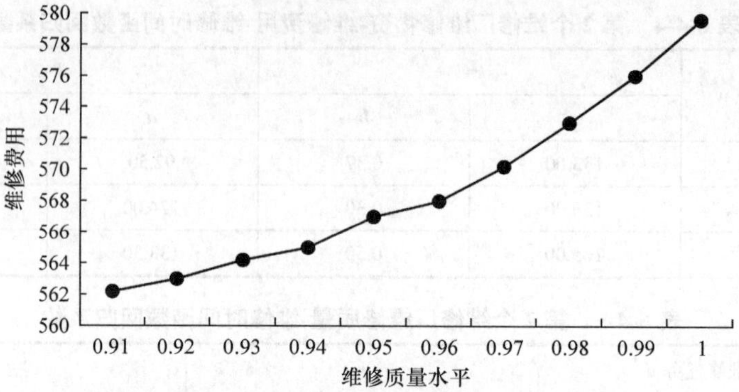

图 6-4-9　维修费用与维修质量水平关系曲线

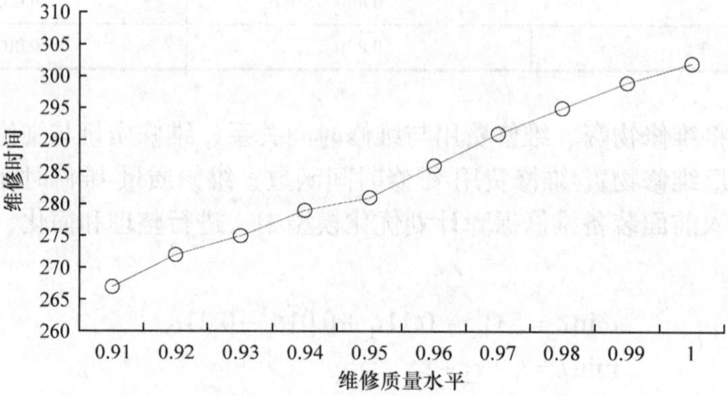

图 6-4-10　维修时间与维修质量水平关系曲线

从计算结果来看，维修费用和维修时间与维修质量水平具有密切关系，同时维修费用与维修时间有相似的变化趋势。计划制订者对维修质量水平要求越高，维修费用和维修时间的耗费越多。若要获得高质量的维修效果，则需要付出更高的维修经费和更多的维修时间；相反，若维修厂的维修经费和维修时间不充足，则必须牺牲一定的维修质量来换取装备维修任务的完成。这就要求计划制订者充分考虑上级维修规划和现实装备状况，协调被保障部队和承修单位双方的利益关系，合理确定维修质量水平，从而得到优化的维修费用和维修时间。

3. 装备维修人员配置优化

前面对第 2 个维修厂的装备维修任务的维修进度、维修物资和维修经费进行了优化与均衡，下面要进行的工作是优化配置装备维修人员，进一步制订装备维修人员计划。

此维修厂维修人员数量标准和工资标准分别如表 6-4-6 和表 6-4-7 所示；每年人均专业培训费用 $F=1000$ 元，人员培训率 $\beta=24\%$。安排各类装备维修人员的数量，使得维修厂的全技术水平最高且每年的总费用最低。

表 6-4-6　维修人员数量标准

标准等级	P_{i1}	P_{i2}	P_{i3}	P_{1j}	P_{2j}	P_{3j}
低	150	230	1200	180	400	900
高	180	350	1400	200	500	1200

表 6-4-7　维修人员工资标准　(单位：元)

技术 j	组成 i		
	1	2	3
1	3500	3300	3000
2	3000	2800	2400
3	1500	1200	1000

将装备维修人员数量标准和工资标准数据代入装备维修人员优化配置模型，整理后可以得到如下公式：

$$\max u=\frac{1.4(p_{11}+p_{21}+p_{31})+1.2(p_{12}+p_{22}+p_{32})+0.8(p_{13}+p_{23}+p_{33})}{\sum_{i=1}^{3}\sum_{j=1}^{3}p_{ij}}$$

$$\begin{aligned}\min c&=240\sum_{i=1}^{3}\sum_{j=1}^{3}p_{ij}\\&=3500p_{11}+3000p_{12}+1500p_{13}\\&\quad+3300p_{21}+2800p_{22}+1200p_{23}\\&\quad+3000p_{31}+2400p_{32}+1000p_{33}\end{aligned}$$

$$\text{s. t.}\begin{cases}150\leqslant p_{11}+p_{21}+p_{31}\leqslant 180\\230\leqslant p_{12}+p_{22}+p_{32}\leqslant 350\\1200\leqslant p_{13}+p_{23}+p_{33}\leqslant 1400\\180\leqslant p_{11}+p_{12}+p_{13}\leqslant 200\\400\leqslant p_{21}+p_{22}+p_{23}\leqslant 500\\900\leqslant p_{31}+p_{32}+p_{33}\leqslant 1200\end{cases}\tag{6-4-14}$$

使用 MATLAB 编程实现，经过反复运算，最后取群体规模为 50，最大迭代次数为 50，$p_c=0.6$，$p_m=0.005$，迭代收敛情况如图 6-4-11 所示，得到最优解为 $p_{11}=24$ 人，$p_{12}=60$ 人，$p_{13}=115$ 人，$p_{21}=56$ 人，$p_{22}=110$ 人，$p_{23}=330$ 人，$p_{31}=78$ 人，$p_{32}=160$ 人，$p_{33}=861$ 人；$u=0.92$，$c=323$ 万元。

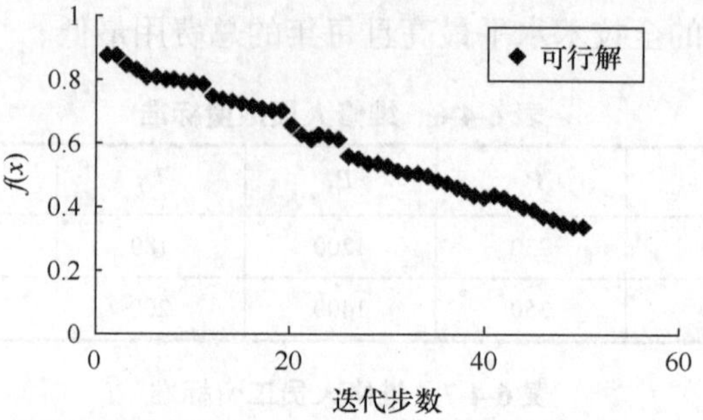

图 6-4-11　遗传算法多目标优化迭代收敛图(二)

计算结果表明，装备维修人员优化配置方案中高、中、低层次维修管理人员分别为 24 人、60 人和 115 人，维修技术人员分别为 56 人、110 人和 330 人，维修工人分别为 78 人、160 人和 861 人。此时，维修管理人员、维修技术人员、维修工人的比例为 1∶2.5∶5.5，符合人员金字塔分布的规律；高、中、低级别人员比例为 1∶2.1∶8.2，不符合技术结构最优的橄榄形分布规律。出现这种与预期不一致的情况，主要是因为军队对人员的技术职称有硬性规定，只能在编制要求范围内进行优化配置。

有关的计划制订人员根据维修厂现有人员的组成情况和技术情况，对照比较优化配置方案，可以看出究竟维修厂需要如何进行人员的调整和流动，需要对哪些人员进行培训以提高其技术水平，需要办什么级别的培训班等，从而形成具体的人员计划。

4. 制订装备维修保障计划

依照上述方法同样可以算出第 1、3 个维修厂的装备维修任务和人员优化方案，经过汇总可以得到此单位年度装备维修保障计划和维修保障人员计划，分别如表 6-4-8 和表 6-4-9 所示。

表 6-4-8　某单位年度装备维修保障计划

装备维修任务	维修厂	工期/天	压缩工期(–)/延长工期(+)	物资需求 r_1/吨	物资需求 r_2/km	维修直接费用/万元	维修人员费用/万元	维修总费用/万元
1	2	95	5	406	922	187	88	275
2	1	215	–25	966	1830	509	115	624
3	2	100	–20	478	976	206	96	302
4	2	80	–10	377	960	243	84	327
5	3	105	+5	501	984	212	79	291
6	3	198	–12	931	1675	490	106	596

表 6-4-9　某单位年度维修保障人员计划

维修厂	P_{11}	P_{12}	P_{13}	P_{21}	P_{22}	P_{23}	P_{31}	P_{32}	P_{33}	总人数	培训率/%
1	9	28	56	17	41	120	26	58	251	606	12
2	24	60	115	56	110	330	78	160	861	1794	24
3	19	54	108	46	98	318	66	142	809	1660	27

本节利用装备维修保障计划制订的优化模型，确定了装备维修任务整体分配方案，对每个维修厂下达的装备维修任务进行了进度、资源安排，并确定了人员的配置比例，制订了一个完整的优化计划。

6.5　本 章 小 结

装备维修保障计划的优化是指在诸多约束条件下编制出科学合理、符合部队现实需求的装备维修保障计划。本章在介绍装备维修保障计划优化理论和方法的基础上，分别从装备能力恢复、装备战斗力生成和维持及诸因素全面综合等角度建立了装备维修保障计划优化模型。

对于基于能力恢复的装备维修保障计划优化，建立了涵盖能力、完好率和任务系统能力恢复率的系统效能模型，分别从单装和多装两个角度建立了具体的维修保障计划优化模型，对于多装维修保障计划优化模型，又分别按维修费用评估、按效能指数评估和按急需程度评估三个角度建立了优化模型的目标函数，最后采用目标指数排序法和互斥方案组合法对模型进行了求解；对于基于战斗力的装备维修保障计划优化，构建了装备战斗力生成函数，并明确了装备战斗力因素指标权重、装备战斗力因素指标、装备战斗力级别参数的确定方法，分别建立了单装和多装维修保障效益模型及装备维修保障计划优化模型，最后分不考虑和考虑组合因素参数情况对装备维修保障计划进行了优化分析；对于装备维修保障计划综合优化，建立了装备维修任务整体分配优化模型、装备维修进度-维修费用-维修质量-维修物资均衡优化模型及装备维修人员优化配置模型，对装备维修保障工作进行了全面优化安排，考虑到优化问题的复杂性，采用基于遗传多目标优化方法对模型进行了求解。

当然，用模型得出的优化结果只是一个理想的预期状态，只有按照装备维修保障计划规定的要求贯彻执行，才能真正达到装备维修保障计划预期的效果。因此，在装备维修保障计划执行过程中，对装备维修保障计划的监控就显得尤为重要，第 7 章将重点介绍装备维修保障计划监控的有关内容。

参考文献

[1] 张怀强, 单保, 蒋铁军. 舰船装备维修效益评估研究[C]//中国设备管理协会寿命周期费用委员会第七次年会, 太原, 2006.

[2] 卢远超, 张怀强, 费良. 基于维修效益最大化的舰艇维修资源配置研究[J]. 海军工程大学学报(综合版), 2016, 13(3): 78-81.

[3] 王先甲, 万仲平. 时间-资源权衡协调问题的多目标优化决策模型[J]. 中国工程科学, 2005, 7(2): 35-40.

[4] 张平, 魏汝祥, 陈子山川. 基于维修任务分配的舰船装备维修计划优化模型研究[J]. 船海工程, 2009, 38(4): 108-110.

[5] 陆晓洁. 大型装备维修的协同计划及优化问题研究[D]. 合肥: 合肥工业大学, 2011.

[6] Brucker P, Drexl A, Möhring R, et al. Resource-constrained project scheduling: Notatiom, classification, models, and methods[J]. European Journal of Operational Research, 1999, 112(1): 3-41.

[7] Babu A J G, Suresh N. Project management with time, cost, and quality considerations[J]. European Journal of Operational Research, 1996, 88(2): 320-327.

[8] Wayne F Casio. Managing Human Resources[M]. New York: McGraw-hill, 1995.

[9] Shumer R. A new, old vision of learning, working, and living: Vocational education in the 21st Century[J]. Journal of Vocational Education Research, 2001, 26(3): 447-461.

[10] 李敏强, 寇纪淞, 林丹. 遗传算法的基本理论与应用[M]. 北京: 科学出版社, 2002.

[11] Tabu G. Search for multi-obejective knapsack roblem[J]. Journal of Tsinghua Science and Technology, 2003, 8(1): 8-13.

第 7 章　装备维修保障计划监控

装备维修保障计划监控是指在装备维修保障计划执行过程中，按照既定的政策、目标、计划和标准，通过监督、检查装备维修保障计划执行进展情况和实际绩效，及时发现偏差、找出原因、采取措施，以保证装备维修保障计划目标的实现。只有加强装备维修保障计划的监控，才能确保装备维修保障计划的有效落实。本章将主要介绍装备维修保障计划监控的基本情况，重点介绍基于收益值和项目风险管理的装备维修保障计划监控。

7.1　概　　述

7.1.1　装备维修保障计划监控的基本情况

实施装备维修保障计划监控，必须明确装备维修保障计划监控的任务，了解监控的作用和方法，明确影响监控的因素。

装备维修保障计划监控包括两个层面：在宏观层面，是指对装备维修保障计划整体实施的监控；在微观层面，是指对装备维修保障计划具体项目实施的监控[1]。宏观层面的计划监控往往由微观层面的具体项目监控情况决定，因此本节将结合两个层面的特点，综合介绍装备维修保障计划监控的主要内容。

1. 基本任务

在现代管理理论和实践中，控制具有十分重要的地位。在管理学中，控制包括提出问题、研究问题、计划、监督、反馈等工作内容。实质上它包括了一个完整的管理全过程，是广义的控制[2]。本书中的装备维修保障计划监控是指在计划生成后对项目实施阶段的监控工作，即实施监控，它与计划生成一起形成一个有机的项目管理过程。

装备维修保障计划项目实施监控的总任务是保证按预定的计划实施项目，保证项目总目标的圆满实现。

2. 必要性

在现代装备维修保障计划项目中，实施监控作为项目管理的一个独特阶段，对项目的成败具有举足轻重的作用，其原因有以下方面：

(1) 项目管理主要采用目标管理方法，有前期策划阶段确定的总目标及经过设计和计划分解得到的详细目标，这些目标必须通过实施监控才能实现。目标是控制的灵魂，没有目标则不需要控制，也无法进行控制；没有控制，目标和计划也无法实现。

(2) 现代装备新技术应用多、系统复杂，装备维修保障计划工作规模大、经费多、技术要求高，实施的难度很大，若不进行有效的监控，则必然会影响装备性能的有效恢复和装备维修保障经费的使用效益。

(3) 由于专业化分工，参加项目实施的单位多，项目的顺利实施需要各单位在时间上、空间上的协调一致。但是，项目各参加者有自身的利益，有其他项目或其他方面的工作任务，会造成行为的不一致、不协调或利益的冲突，使项目实施中断或受到干扰，因此必须有严格的控制。

(4) 装备维修保障计划项目是基于许多假设条件对项目实施过程进行的预先安排，因此它会与实际情况存在一定偏差。在装备维修保障计划项目实施过程中，各种干扰会使实施过程偏离项目的目标，这就使得项目在实施过程中必须不停地进行控制，如果不进行控制，就会造成偏差的增大，最终可能导致项目的失败。

3. 矛盾性

装备维修保障计划项目监控并非在项目实施阶段才启动，它在装备维修保障计划编制阶段就已开始。对项目的需求分析、目标设计、方案审查、批准等都是控制工作，而且按照项目生命期的影响曲线，项目早期控制的效果最好，它能影响整个项目生命期，因此控制措施越早做出，对技术、成本影响越大、越有效。但遗憾的是，在早期对项目的功能、技术标准要求、实施方法等各方面的目标尚未明确，或没有足够的说明，使控制的依据不足。因此，人们常常疏于项目前期的控制，这似乎是很自然的，但常常又是非常危险的，应该强调项目前期的控制。项目前期的控制主要是装备维修保障计划管理(项目上层组织)的任务，主要表现为在项目的目标确定、可行性研究、设计和计划中的各种决策及审批工作。

在项目实施阶段，技术方案、计划、合同等已经全面定义，控制的目标十分明确，因此人们十分强调这个阶段的控制工作，将它作为项目管理的一个独特的阶段。它是项目管理工作最为活跃的阶段。

4. 目标对控制的影响

装备维修保障计划项目采用目标管理方法，因此项目实施监控就是目标控制。控制的目的是使整个项目的实施实现总目标。采用目标管理方法实施监控具有如下特点：

(1) 目标的可变性。在装备维修保障计划项目实施过程中，上层组织战略的变化、实施环境的干扰、新技术的出现等原因可能导致目标发生变化。

(2) 目标的多样性。项目是多目标系统，而且经常会产生目标不统一问题。在控制过程中必须保证目标系统的平衡，包括子目标与总目标，阶段性目标与整体目标，质量、进度、成本三大目标之间的平衡。

(3) 组织行为的影响。组织行为对项目控制具有很大的影响，项目参加者在项目实施中的行为主要受其在项目中的利益驱动。参加者所属组织的目标常常决定其行为。

(4) 外界环境的影响。外界环境变化对项目实施的外部干扰，会使实施过程偏离目标。项目目标与外界环境之间的交互作用是控制的难点，在项目实施的整个过程中应一直加强对环境的监控。

因此，装备维修保障计划项目的目标控制是动态的、多变的，是融合社会、技术、经济等多重要素的综合系统控制。

7.1.2　装备维修保障计划监控的要素

装备维修保障计划监控包括多个要素，主要有装备维修保障计划项目实施监控的对象、监控点的设置、监控的内容、监控的依据、监控期的设定、监控的过程等方面。

1. 监控的对象

装备维修保障计划项目要求系统地、综合地进行控制，形成一个由总体到细节，包括各个方面、各种职能严密多维的监控体系。装备维修保障计划项目监控的深度和广度完全依赖装备维修保障计划的深度、广度及适用性。一般来说，装备维修保障计划越详细，越严密，监控就必须越严密。

2. 监控点的设置

为了便于有效监控，需要对各种监控对象设置一些监控点。监控点通常是关键点，能够最佳地反映监控目标。监控点一般设置在：

(1) 重要的里程碑事件。

(2) 对项目质量有重大影响的工程活动或措施。

(3) 对项目成本有重大影响的工程活动或措施。

(4) 合同价格和工程范围大、持续时间长的主要合同。

(5) 主要的维修器材、设备和主体工程。

3. 监控的内容

装备维修保障计划项目实施监控的内容极其丰富。以前，人们将其归纳为三大控制：进度控制、成本控制、质量控制，这是由项目管理的三大目标引出的。这三大控制包括装备维修保障计划实施监控最主要的工作。现在，随着项目管理目标的扩展，项目监控的内容也在扩展，主要包括以下方面：

(1) 范围监控。装备维修保障计划实施监控的具体内容在其预定的范围内，既不超出装备维修保障范围，也确保所有装备维修保障计划的装备维修任务全部完成。

(2) 合同监控。装备维修保障计划项目参加单位通常采用合同建立联系。合同定义了工程的目标(进度、质量和价格)及各方面在项目中的地位和责任权利关系，合同的执行也应受到严格的监控。

(3) 风险监控。风险监控在装备维修保障计划项目监控中具有普遍性，尤其对于未知性较强的装备维修保障计划项目，如装备的首轮首次等级修理等，有力的风险监控能够确保装备维修保障计划项目的有效实施。

(4) 安全监控。安全监控主要是指装备维修保障计划项目实施过程中的安全、健康和环境方面的监控，这些方面的监控将使得装备维修保障效果提升到更高的水平。

在对装备维修保障计划项目实施监控时，应综合分析成本、进度、质量、工作效率等因素，做出综合评价，考虑调整方案时也要综合运用多种可行有效措施。

4. 监控的依据

装备维修保障计划项目监控的依据从总体上来说是定义装备维修保障计划项目目标的各种文件，如项目论证报告、项目任务书、设计文件、合同文件等，此外还应包括如下三部分：

(1) 对项目适用的法律、法规文件。装备维修保障计划项目的一切活动都必须符合这些法律、法规文件，它们构成项目实施的边界条件之一。

(2) 项目的各种计划文件、合同分析文件等。

(3) 工程中的各种变更文件。

5. 监控期的设定

在监控过程中，监控期的设定十分重要。通常按装备维修保障计划项目的生命期将其划分成几个大的阶段，将其设定成项目的自然控制期。由于有些项目的实施阶段时间很长，还必须进一步细分为许多监控期。人们通常按年、季、月、周划分监控期，按照监控期提供项目报告、做出阶段核算、召开协调会议。

最短监控期的设定与总工期有关，通常一年以上的项目，监控期以月计。对于工期较短的项目，监控期可以为周或半月。

监控期越短，能越早发现问题，并及时采取纠正措施，但计划和监控的费用会大幅度增加。

在特殊情况下，如项目出现失控现象，或对重要、风险大、内容复杂、新颖的项目或项目单元，可以缩短监控期，采取更精细的计划和更严密的监控。

6. 监控的过程

对装备维修保障计划项目实施监控是一个积极的、持续改进的过程。

1) 管理和监督装备维修保障计划实施

实施监控的首要任务是监督，通过经常性的监督以保证整个装备维修保障计划、各个项目按照计划和合同(预定的质量要求、预计的花费、预定的工期)有效经济地实施，达到预定的装备维修保障计划目标。监督包括许多工作内容，例如：

(1) 管理整个项目工作，做出工作安排，沟通协调各方面的关系，提供工作条件，培训项目管理人员。

(2) 按装备维修保障计划实施项目，保证每个工程项目按时开始；协调工程实施过程中的各项工作、各参加者之间的关系，处理矛盾，发布工作指令，划分各方面责任边界，解释合同。

(3) 各种工作的检查，如各种材料和设备进场及使用，工艺过程，隐蔽工程，部分工程及整个工程的检查、验收、试验等，并管理现场秩序。

(4) 对工程中各种干扰和潜在危险的预测，并及时采取预防性措施。

(5) 记录各种实际工程实施情况及环境状况，并收集各种原始资料。例如，每日、每周、每月的工程进度，成本记录，质量报告，人力、物力、财力使用及消耗报告，各分项工程和分承修单位的执行情况报告，工程中的气象记录、市场价格变动记录、交通情况记录等。情况记录和报告是监控的主要手段之一。通过监督应能获得项目实施状况的第一手资料，这是监控工作的基础。

(6) 各种工作和文件的审查、批准。

2) 跟踪项目实施过程

通过对项目实施过程的监督获得反映工程实施情况的资料和对现场情况的了解。将这些资料进行信息处理，管理者可以获得项目实施状况的报告。将它与项目的目标、计划相比较，可以确定实际与计划的差距，认识到何处、何时、哪方面出现偏差。在工程过程中，项目管理者一方面必须一直跟踪项目的实施过程，对其有清楚的了解；另一方面必须一直把握项目的目标和项目边界条件的变化。

(1) 及时认识偏差，可以及时分析问题、采取措施，这样才能保证有效地实施监控，使费用或损失尽可能小。实践证明，如果监控过程太长，反应太慢，措施滞后，会加大纠正偏差的难度，造成更大的损失。当然，反应时间还与监控期的长短和监控对象的划分粒度有关。

(2) 对偏差的分析应是全面的，从宏观到微观，由定性到定量，包括每个监控的对象。工程中的偏差可能表现在：①工程(整个工程、各部分工程)范围的完备性、工作量和质量的差异；②生产效率，监控期内完成的工作量和相应的劳动消耗；③费用或成本，各项工作费用、各费用项目、剩余成本；④工期，如各项工作的最终工期、剩余工期。

这些应在报告中确定，并详细说明。在监控中应注意并抓住重大的差异，特别是作为监控点的差异。

在实际工程中进行跟踪比较必须采用与计划相同的对象和内容，同时要有与项目目标要求一致的、能反映实际情况的报告体系，作为对实际实施状况的系统描述，并保证其正确性、真实性和客观性。但是，由于计划的单位、对象较粗略(如计划劳动力以人·月计，而实际核算以人·小时计)，同时又有许多不确定因素(例如，计划时分项工作的技术方案、劳动力安排尚不清楚，存在一定的风险)，因此有些对比容易产生错误和偏差。

3) 实施过程诊断

为了对项目的实施过程进行持续改进，必须不断地实施诊断。实施诊断包括极其复杂的内容。

(1) 对工程实施状况的分析评价。这是一个对项目工作业绩(项目过程和阶段输出结果)的总结和评价过程，主要有按照计划、项目早期确定的组织责任和衡量业绩的标准(如实物、成本、收益、工作量、质量等指标)，评价项目总体和各部分的实施状况。

(2) 对产生问题和偏差原因的分析，即为什么会产生偏差？偏差怎么引起的？产生偏差的原因有很多，可能有目标的变化、新的边界条件和环境条件的变化、计划错误、新的解决方案、不可预见的风险发生、上层组织的干扰等。

项目的实施计划是经过一定程度优化的，因此偏差大多数是消极的，很少是有积极作用和有益的。产生偏差原因的分析必须是客观的、定量和定性相结合的。对产生问题和偏差原因的分析可以采用因果关系分析图等方法。

(3) 偏差责任的分析。偏差责任分析的依据是原定的目标分解所落实的责任，它由任务书、任务单(对工程小组下达任务的文件)、合同(分包合同)、项目手册等定义。通过分析确定是否由项目组织中的成员未能完成规定的责任而造成偏差。常常存在多方面责任的综合，必须按责任者进行分解。有时对重要的偏差要提出专题分析报告。

(4) 实施过程趋向预测。在项目实施监控中趋向分析比跟踪更有意义，特别是对于上层决策者。实施过程趋向预测是在目前实际状况的基础上对后期工程活动做新的费用预算及制订新的进度计划(或调整计划)。实施过程趋向预测包括如下方面：

① 现有偏差对项目的结果状况有什么影响，即按目前状况继续实施工程，不采取新的措施会有什么结果，例如，工期、质量、成本的最终状况，工程的最终收益(利润或亏损)，完成最终目标的程度。

② 是否采取措施，以及采取不同的措施，工程项目将会有什么结果。项目管理者的这个估计(预测)是措施选择和决策的基点。在实际工程中，人们对实际状况的认识经常不客观，会有过于乐观但错误的估计，特别是当其不直接接触项目实际实施过程时。

③ 事先预测、评价潜在的危险和将来可能发生的干扰，以准备采取预防性措施，否则会加大调整的难度。

在现代项目管理中，人们对预警的要求越来越高，已将其作为项目全过程的一项管理工作。通常情况下，只有当发生有经验的承修单位不能预见的情况时，才能给承修单位免责。同时规定，承修单位必须对可能引起工期拖延、成本超支的情况提出预先警告，否则将承担一定的责任。

如果在诊断中仅依赖报告数据，那么会产生误导。项目管理者要亲临现场，直接了解现场情况，特别应注重软信息的收集和分析。

4) 采取调控措施

监控的目的不仅是监督和追究责任，更是安排后期工作并采取措施，以持续改进项目实施过程。对项目实施的调整通常有以下两大类。

(1) 对项目目标的修改，即根据新的情况确定新目标或修改原定目标，如修改设计和计划、重新确定工期、追加经费等。

(2) 按目前新发生的情况(新环境、新要求、工程的实际实施状况)制订新的计划，或对计划做出调整。利用对项目实施过程的调控手段，如技术、经济、组织、管理或合同的手段，干预项目实施过程，协调各单位、各专业的设计和施工工作。在项目调整中，首先要最大限度地利用合同赋予的权力和可能性，同时尽可能地将调整幅度降到最小。

工程实施过程中，调整是一个连续滚动的过程，每个监控期结束时，都有相应的协调会议，以便进行常规的工作调整，修改计划，安排下一期的工作，预测未来的状况。当发现意外情况(发生重大偏差)时，还必须召开特殊的调整会议。

7. 其他监控手段的使用

前述的监控过程从系统分类来说属于反馈控制系统过程，即将实施状况的报告与目标(计划)进行对比，以发现和分析问题并采取措施，这在工作中是十分有用的。但很显然，这种监控存在时滞，即已出现问题再调整，往往难以避免损失。为此，可以综合采用以下监控措施。

1) 前馈控制

前馈控制不是按照已获得的结果，而是事先考虑对产生的或可能产生的结果采取措施；它不依据工程报告、报表和统计数字，而根据项目投入(如工艺、材料、人力、设施、信息、技术方案)分析研究，预测结果，将预测结果与目标相比较，再控制投入和实施过程。例如，常见的前馈控制措施有：

(1) 通过详细的调查研究、详细的设计和计划，科学地安排实施过程。

(2) 在材料采购前进行样品认可和入库前检查。

(3) 对供应商、总(分)承修单位进行严格的资格审查。

(4) 及时了解维修力量和维修设施的占用情况，预先予以调整和准备。

(5) 加强项目前期的各种开发和研究工作。

(6) 对风险进行预警等。

2) 防护性控制

防护性控制是指在项目实施过程中采取控制手段。例如，通过严密的组织落实责任体系，建立管理程序和规章制度，在各管理职能之间建立权力制衡。此外，会计程序、采购程序、人事程序等都体现了防护性控制。

在防护性控制中，应注重合同的作用。例如，通过合同加强承修单位自我控制的责任和动力，真正发挥出合同管理的规范性和防护性作用。

7.2 基于收益值的装备维修保障计划监控

现代大型装备技术含量高，维修保障难度大，超预算、拖进度等现象相当普遍。美国国防部自 20 世纪 60 年代初建立 PPBS 进行了一系列重大改革，于 60 年代末开始，又采用收益值项目管理法管理大型装备采办项目，取得了显著成效。该管理法在美国以国防部 5000.2 号条例的形式颁布实施，其具体工作要求通过美国国家标准 ANSI/EIA-748 予以明确。美国国防部还明文规定，凡经费超过 6000 万美元(按 1996 年美元计算)、合同期限超过 12 个月且为非固定价格的研制生产项目，一律以收益值项目管理法进行管理。

7.2.1 基本原理

收益值项目管理法是一种分析目标实施与目标期望之间差异的方法，它通过测量和计算计划完成工作的预算费用、已完成工作的实际费用及已完成工作的预算费用，得到有关计划的实施进度和费用偏差，从而达到判断项目预算和进度计划执行情况的目的[3]。

收益值项目管理法是通过收益值分析理论，将项目的成本、进度和技术性能管理及风险管理综合为一体的管理方法[4]。装备维修保障计划管理部门可以利用这种方法，把收益值作为考核基础，通过对上述指标的考核，达到随时掌握装备维修保障计划的成本、进度及所面临的技术风险等情况，针对可能出现的问题，及时采取相应的对策，最大限度地降低风险，使装备维修保障计划得以顺利实现。

1. 基本参数

(1) 计划完成工作的预算费用(budgeted cost of work scheduled，BCWS)简称计划值，是指项目实施过程中对执行效果进行检查时，在指定时间内按计划规定应当完成的任务的预算费用。它是项目进度执行效果的参数，反映按进度计划应完成的工作量，回答了这样的问题：到该日期原来计划的项目经费是多少？

$$\text{BCWS=计划完成工作量×预算(计划)单价} \tag{7-2-1}$$

(2) 已完成工作的实际费用(actual cost of work performed，ACWP)是指项目实施过程中对执行效果进行检查时，在指定时间内已完成工作(包括已全部完成和部分完成的各单项工作)所实际花费的费用，回答了这样的问题：一共花费了多少费用？

$$\text{ACWP=已完成工作量×实际单价} \tag{7-2-2}$$

(3) 已完成工作的预算费用(budgeted cost of work performed，BCWP)简称收益值，或称挣值(earned value，EV)，是指项目实施过程中对执行效果进行检查时，已完成工作量按预算定额结算的费用。这个参数主要反映该项目任务按合同计划实施的进展状况，具有反映经费和进度执行效果的双重特性，回答了这样的问题：一共完成了多少工作？

$$\text{BCWP=已完成工作量×预算(计划)单价} \tag{7-2-3}$$

2. 评价指标

(1) 经费偏差(cost variance，CV)是指在某个检查点上已完成工作的预算费用(BCWP)与已完成工作的实际费用(ACWP)之间的差值，即

$$CV=BCWP-ACWP \tag{7-2-4}$$

当 $CV<0$ 时，表明完成某工作时实际消耗高于计划预算值，即经费超支。当 $CV>0$ 时，表明完成某工作时实际消耗低于计划预算值，即经费节约；当 $CV=0$ 时，表明完成某工作时实际消耗等于计划预算值，符合计划预算。

(2) 进度偏差(schedule variance，SV)是指在某个检查点上已完成工作的预算费用(BCWP)与计划完成工作的预算费用(BCWS)的差值，即

$$SV=BCWP-BCWS \tag{7-2-5}$$

当 $SV<0$ 时，表明实际完成工作低于计划预算值，即进度滞后；当 $SV>0$ 时，表明实际完成工作高于计划预算值，即进度超前；当 $SV=0$ 时，表明实际完

成工作等于计划预算值，即符合进度计划。

(3) 经费绩效指数(cost performance index，CPI)是指项目收益值与已完成工作的实际费用的比值，即

$$\mathrm{CPI}=\frac{\mathrm{BCWP}}{\mathrm{ACWP}} \tag{7-2-6}$$

当 CPI＞1 时，表明节约，实际费用低于预算费用；当 CPI＜1 时，表明超支，实际费用高于预算费用；当 CPI=1 时，表明实际费用等于预算费用。

(4) 进度绩效指数(schedule performance index，SPI)是指项目收益值与计划值的比值，即

$$\mathrm{SPI}=\frac{\mathrm{BCWP}}{\mathrm{BCWS}} \tag{7-2-7}$$

当 SPI＞1 时，表明进度提前，实际进度比计划进度快；当 SPI＜1 时，表明进度延误，实际进度比计划进度慢；当 SPI=1 时，表明实际进度等于计划进度。

通过对 CV、SV、CPI、SPI 等参数和指标的及时监控分析，能够识别项目的费用和进度效率，尽早发现项目的经费偏差和进度偏差并分析原因，进而采取纠偏措施使项目控制在其基准范围内。可见，在引入收益值这个中间变量后，能对项目的经费控制和进度控制起到较好的指导作用。

7.2.2 实施步骤

收益值项目管理法实际上是在合同管理基础上实施的。在合同执行过程中，承包商按要求定期向军方提供经费和进度数据，分析经费偏差和进度偏差及其产生的原因，同时提出改正措施。其实施过程一般分为以下步骤：

1. 编制工作分解结构，明确合同任务

工作分解结构采用树形结构。收益值项目管理法规定的工作分解结构主要包括任务分解结构、项目工作分解结构和合同工作分解结构三种。①任务分解结构是在军方组建项目办公室前，由军方的项目主管部门会同有关装备采办部门编制而成，供军方用户在方案论证阶段使用，一般分解到装备的分系统一级。②项目工作分解结构是在军方的项目办公室组建后，由该项目办公室通过适当延伸任务分解结构的方式来编制。③合同工作分解结构是由承包商根据项目工作分解结构编制而成。在方案论证之后，合同工作分解结构供军方和承包商双方共同制订合同计划、实施合同管理、提交合同状况报告，以及用来指导完成任务的基本框架。

上述三个分解结构由粗到细，以满足各阶段管理需要，承包商编制完合同工

作分解结构后，根据合同工作分解结构确认的工作特点编制出机构分解结构，以确定承包商中将承担完成这些工作任务的机构和人员。同时，机构分解结构还要反映出承包商将任务分配给相应机构的情况。

2. 制订计划和预算，确定履约考核基线

在对这一步骤进行实质说明之前，需要引入成本控制账户的概念。

成本控制账户是指在合同工作分解结构中能够计算实际成本并够能进行履约考核的成本管理组织，是项目管理的重要控制单元。每个成本控制账户都由一个项目工作分解结构单元和一个机构分解结构单元交叉而成，其中机构分解结构单元是负责管理该成本控制账户的主管。

承包商对所承包项目的一切管理控制工作，如确定技术指标、经费预算、进度安排，进行工作分配、成本收集、成本和进度评估，以及发现存在的问题并采取纠正措施等，均在成本控制账户内完成。成本控制账户设置的层次与构成应有利于承包商和军方获得足够数量及质量的信息。

承包商根据合同的阶段划分情况，利用网络图等对项目的全部工作进行全过程的阶段计划安排，制订可行的进度计划。

编制预算的过程分为三步：

(1) 确定整个合同的履约考核基线，以考核整个合同的执行情况。履约考核基线是承包商在履约合同时用预算经费表示的内部工作计划进度。

(2) 根据合同阶段工作安排，承包商把预算划拨给各阶段的成本控制账户，并确定阶段的履约考核基线，以便考核这个阶段合同的履行情况。

(3) 由成本控制账户主管利用各种通用标准把成本控制账户预算分配给各工作包和计划包。

3. 计算经费偏差和进度偏差

在合同执行过程中，承包商要定期(一般为一个月)依据有关成本管理报告向军方提供诸如计划完成工作的预算费用(计划值)、已完成工作的预算费用(收益值)、已完成工作的实际费用等有关成本和进度的重要数据。实施过程也分为三步：

(1) 成本控制账户主管利用其会计系统定期汇总的数据，计算出计划完成工作的预算费用、已完成工作的预算费用和已完成工作的实际费用，以确定进度偏差和经费偏差，如图 7-2-1 所示。

如果在经费和进度上存在巨大偏差，成本控制账户主管就必须正确解释产生偏差的原因、可能的影响及准备采取的改正措施。

(2) 承包商每月根据各成本控制账户主管的成本管理报告，综合分析预测整个合同的经费偏差、进度偏差。当经费偏差和进度偏差突破限值时，承包商必须

向军方的项目办公室如实报告产生偏差的主要原因和由此可能造成的影响，以及准备采取的改正措施。

(3) 军方的项目办公室收到承包商的有关成本管理报告后，对承包商的问题分析进行审查，以得出承包商是否应将项目继续进行下去的初步结论。

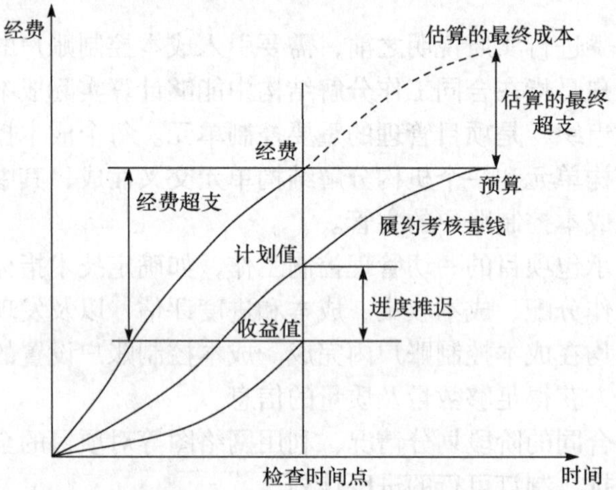

图 7-2-1　经费偏差和进度偏差

(4) 在承包商的进度偏差与经费偏差超过限值的情况下，军方的项目办公室必须在充分调研的基础上，把成本管理的总结性报告向更高层次的管理部门汇报，以便由他们做出该项目是否继续进行下去的最终决定。

7.2.3　应用效果

美军通过采用收益值项目管理法，有效地控制了大型装备采办项目的成本和进度。美国国防部官员曾对使用收益值项目管理法的 110 个大型的、复杂的合同(经费总额 730 亿美元)进行过研究，发现经费超支只占总经费的 2.5%。美军还利用收益值项目管理法所反馈的信息，随时对项目进行评估，以便及时地制止项目严重超预算和拖进度。美国国防部曾利用这种方法取消过几个大型国防部项目，其中以海军的 A-12 舰载攻击机最为典型。

A-12 是美国通用动力公司和麦克唐纳 · 道格拉斯公司联合研制的双座隐身舰载攻击机，1984 年开始进行方案探索，1988 年 1 月开始设计，样机定于 1991 年初投用，预算总经费为 47.77 亿美元。1990 年 4 月，美国国防部利用收益值项目管理法获得的数据对该计划进行综合评估时发现，该项目的经费超支达 4.59 亿美元，进度拖延达 5.89 亿美元，承包商估算完成该项目的经费仅为 44 亿美元。美国国防部认为，该计划不但严重超预算、拖进度，而且承包商还故意低估了完成该项目的总经费，属于“钓鱼工程”。尽管该计划到 1990 年 4 月已经花费 19.50 亿美元，但当时的美国国防部部长切尼还是毅然决定予以撤消[5]。

7.2.4 案例分析

1. 总体评估分析

以某型舰中修工程为例，该工程合同总价款为 4200 万元，按照施工方案，计划 7 个月完成。该工程计划管理人员运用收益值项目管理法对该项目的维修保障经费与进度进行管理。计划管理人员在第 4 个月检查时发现：计划完成工作的预算费用(BCWS)为 3200 万元，已完成工作的实际费用(ACWP)为 3600 万元，已完成工作的预算费用(BCWP)，即收益值为 2880 万元。

(1) 计算经费偏差(CV)和进度偏差(SV)：

$$CV=BCWP-ACWP=2880-3600=-720\text{ 万元} \tag{7-2-8}$$

$$SV=BCWP-BCWS=2880-3200=-320\text{ 万元} \tag{7-2-9}$$

CV<0 说明经费超支，即在执行到第 4 个月时，经费超支 720 万元。

SV<0 说明进度滞后，即在执行到第 4 个月时，进度滞后 320 万元。

(2) 计算经费绩效指数(CPI)和进度绩效指数(SPI)：

$$CPI=BCWP/ACWP=2880/3600=0.80 \tag{7-2-10}$$

$$SPI=BCWP/BCWS=2880/3200=0.90 \tag{7-2-11}$$

CPI<1 说明该工程经费超支。

SPI<1 说明该工程进度滞后。

通过对 4 个指标的综合判断，可得出如下结论：该中修工程项目执行到第 4 个月时，已经超出了计划的维修经费预算，又落后于原定的计划进度，综合绩效不理想，计划管理人员必须警觉，立刻着手核查项目的执行情况。

2. 全面评估分析

在某型舰船准备中修时，军方和承修单位根据舰船类型和舰船维修级别对舰船维修任务进行工作分解，维修合同工作分解结构如图 7-2-2 所示。

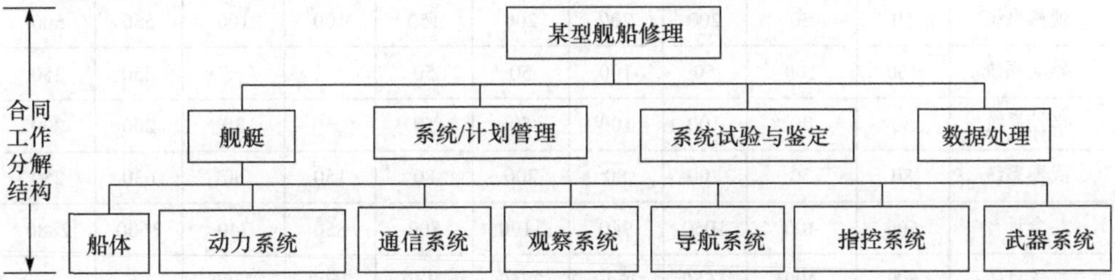

图 7-2-2　某型舰船维修合同工作分解结构

根据合同工作分解结构及各项费用所能归集到的对象单元，将其维修任务分为船体、动力系统、通信系统、观察系统、导航系统、指控系统和武器系统 7 个费用控制单元。维修施工进度计划及其对应的计划完成工作的预算费用如表 7-2-1 所示，制定经费偏差和进度偏差的限值均为预算的 8%。

表 7-2-1　计划完成工作的预算费用(BCWS)　　(单位：万元)

费用控制单元	1月	2月	3月	4月	5月	6月	7月	合计
船体	50	100	100	200	300	150	100	1000
动力系统	100	300	300	300	100	50	50	1200
通信系统	50	100	50	50	—	—	—	250
观察系统	50	150	200	150	50	—	—	600
导航系统	100	50	50	50	—	—	—	250
指控系统	100	50	50	—	—	—	—	200
武器系统	50	100	200	150	100	50	50	700
合计	500	850	950	900	550	250	200	4200
累计	500	1350	2300	3200	3750	4000	4200	—

截至 4 月底进行履约考核，已完成工作的实际费用与预算费用如表 7-2-2 所示。经计算可知，截至 4 月底该舰维修超预算 CV=720 万元，占预算 22.5%；拖进度 SV=320 万元，占预算 10.0%。由此可知，经费偏差和进度偏差均已超过限值 8%，故应做进一步的调查并分析原因。

表 7-2-2　已完成工作的实际费用(ACWP)与预算费用(BCWP)　　(单位：万元)

费用控制单元	1月		2月		3月		4月		合计	
	ACWP	BCWP	ACWP	BCWP	ACWP	BCWP	ACWP	BCWP	ACWP	BCWP
船体	50	40	100	100	150	120	200	180	500	440
动力系统	120	110	300	260	400	300	400	320	1220	990
通信系统	100	50	100	100	50	50	—	50	250	250
观察系统	50	50	200	200	200	150	100	100	550	500
导航系统	150	100	50	100	50	50	—	—	250	250
指控系统	50	20	100	100	50	50	—	30	200	200
武器系统	80	30	200	80	200	80	150	60	630	250
合计	600	400	1050	940	1100	800	850	740	3600	2880
累计	600	400	1650	1340	2750	2140	3600	2880	—	—

3. 费用评估

通过具体调查，4 月底通信系统、导航系统和指控系统都已维修完工，故其最终总费用为 4 月底的 ACWP，由表 7-2-2 可知，这 3 个费用控制单元在预算内完成；观察系统的维修可知，由于引入更为先进的技术，其已投入的费用足够将其维修完工，可认为其最终总费用为 4 月底的 ACWP；对于船体、动力系统和武器系统，经分析调查，其当前的变化可以反映未来的变化，故其最终预测费用可以用 7 月底计划费用的 CPI 来计算[如维修期较长且费用变化复杂，还可以采用如灰色系统理论中的 GM(1，1)模型等来预测]。

各费用控制单元 7 月底的预测费用如表 7-2-3 所示。

表 7-2-3 各费用控制单元 7 月底的预测费用 (单位：万元)

费用控制单元	7 月底各账户预算累计费用	4 月底			7 月底各账户预测费用
		BCWP	ACWP	CPI	
船体	1000	440	500	0.88	1136
动力系统	1200	990	1220	0.811	1479
通信系统	250	250	250	1	250
观察系统	600	500	550	0.909	550
导航系统	250	250	250	1	250
指控系统	200	200	200	1	200
武器系统	700	250	630	0.397	1764
合计	4200	2880	3600	—	5629

由表 7-2-3 计算可知，7 月底的预测费用 5629 万元比 7 月底的预算累计费用 4200 万元要超出 1429 万元，占预算 34.0%，若不加控制，则最终总费用将严重超预算。具体原因如下：并不是所有的费用控制单元都超预算(观察系统的维修可知，甚至还有所节约)，主要是前 4 个月船体、动力系统和武器系统的 CPI 较低，若不对其加以干涉和制定相应的控制措施，最终总费用将严重超预算。

4. 进度评估

根据现在的维修进度情况，预计完成维修任务的时间。整体的维修进度执行指标为 SPI=2880/3200=0.9，预计进度总时间=4+(7−4×0.9)/0.9≈7.8 个月。比原计划拖进度 0.8 个月，占预算 11.4%。这说明若不加以控制，则最终进度也将超过限值。计算得到船体、动力系统和武器系统的进度执行指标分别为 0.978、0.99 和 0.5，可知整体的拖进度主要是由武器系统拖进度引起的。若不对武器系统维修进度进行控制，则最终该舰船的维修完工日期将超过计划日期。根据以上分析绘制出该舰船维修任务 4 月底的履约考核基线，如图 7-2-3 所示。

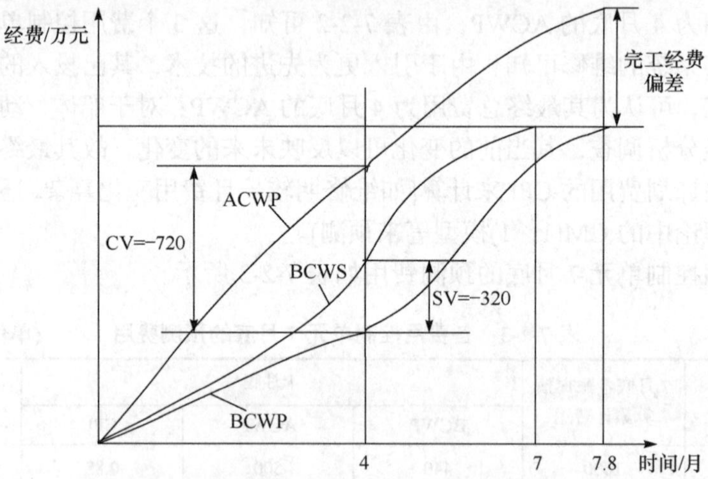

图 7-2-3　某型舰船维修任务 4 月底的履约考核基线

根据以上分析可知，船体和动力系统维修已严重超预算，而武器系统的维修不仅严重超预算还严重拖进度，承修单位必须利用有关经费管理报告，向军方的监修部门报告存在的偏差及正确解释产生偏差的原因，表明收益值项目管理法在舰船装备维修过程控制中的应用是可行的和有效的。分析结果有利于军方进一步了解舰船装备维修合同的执行情况，对可能出现超预算和拖进度等方面的问题实施及时而有效的控制。同时，上述的分析过程表明，收益值项目管理法也可以推广到对承修单位绩效的评价。

5. 考虑维修进度-维修费用-维修质量的综合评估

虽然收益值项目管理法是一种比较有效的成本进度集成监控方法，但没有考虑质量因素的影响，尽管 CV＜0 说明成本超支，但这种成本超支是由进度加快使资源投入增多引起的，还是由工程质量过高导致成本增加而引起的，却不得而知。同样，对于 SV＞0，即进度提前，是由工人的劳动效率提高，还是由质量未达到要求、偷工减料而使工程进度提前，也无法区分。为此，必须在收益值项目管理法中对质量因素加以考虑，明确质量因素对成本和进度的影响。

根据收益值项目管理法的基本原理，可以在原有方法的基础上引入一个考虑质量执行情况的中间变量——质量收益值(quality budgeted cost of work performed, QBCWP)，以此来对原有的方法进行改进。

$$\mathrm{QBCWP}=\mathrm{BCWP}\times\mathrm{Qe} \tag{7-2-12}$$

式中，Qe——质量指数，反映装备维修任务完成的质量水平。

通过质量指数对收益值项目管理法的结果进行修正，就可以得到较为符合实际的工程质量收益值，这样才能更准确地反映经费偏差和进度偏差。

质量指数实际为一个百分数，即已完成工程质量 AQ 的综合评分与工程计划质量 BQ 分值之比：

$$\mathrm{Qe}=\frac{\mathrm{AQ}}{\mathrm{BQ}} \tag{7-2-13}$$

质量指数的确定可以通过构建科学的维修效果指标，选用合适的指标参数，按照层次分析法、模糊评估法、专家经验法等计算得出，从而得出最终的质量收益值。关于质量收益值的评价，有以下常用指标：

(1) 质量偏差 QV，反映了质量执行情况和由质量执行情况引起的费用增减情况，QV 的计算公式为

$$\mathrm{QV}=\mathrm{QBCWP}-\mathrm{BCWP} \tag{7-2-14}$$

QV>0 表示因质量水平超过规定的质量水平而增加的费用；QV<0 表示因质量水平下降而浪费的费用。

(2) 改进的进度偏差 SV′，反映了考虑质量因素的实际进度偏差，SV′的计算公式为

$$\begin{aligned}\mathrm{SV}' &= \mathrm{QBCWP}-\mathrm{BCWS}\\ &= (\mathrm{QBCWP}-\mathrm{BCMP})+(\mathrm{BCWP}-\mathrm{BCWS})\\ &= \mathrm{QV}+\mathrm{SV}\end{aligned} \tag{7-2-15}$$

由 SV′的计算公式可知，实际进度偏差由两部分组成：一部分是由质量执行情况引起的偏差；另一部分是总进度偏差，实际进度偏差是由总进度偏差扣除考虑质量执行情况的进度偏差。SV′≥0 表示实际进度提前于计划进度；SV′<0 表示实际进度拖后于计划进度。

(3) 质量经费偏差 QCV，反映了实际经费偏差指标，QCV 的计算公式为

$$\begin{aligned}\mathrm{QCV} &= \mathrm{QBCWP}-\mathrm{ACWP}\\ &= (\mathrm{QBCWP}-\mathrm{BCWP})+(\mathrm{BCWP}-\mathrm{ACWP})\\ &= \mathrm{QV}+\mathrm{CA}\end{aligned} \tag{7-2-16}$$

由式(7-2-16)可知，考虑了质量因素的质量经费偏差同样由两部分构成：一部分是由质量变化引起的经费偏差；另一部分是由资源成本变动引起的成本偏差。QCV≥0 表示考虑了质量因素的情况下，成本有节约；QCV<0 表示考虑了质量因素的情况下，实际成本超支。

(4) 质量经费偏差率 CVP，反映了实际成本执行情况对完成工程质量计划成本的偏离度。其计算公式为

$$\mathrm{CVP}=\frac{\mathrm{QCV}}{\mathrm{QBCWP}} \tag{7-2-17}$$

(5) 进度偏差率 SVP，反映了实际进度执行情况对完成工程计划进度的偏离度。其计算公式为

$$\mathrm{SVP}=\frac{\mathrm{SV}}{\mathrm{QBCWP}} \tag{7-2-18}$$

这里按照前面某型舰船中修的例子，选用评价指标 QCV 进行分析，其他评价指标可以进行类似分析。

根据 4 月底的经费使用情况进行计算，船体和动力系统的 CPI 分别为 0.88 和 0.811，初步看来，船体的维修经费执行情况比动力系统要好，但是引入质量指数后，由相关专家对船体和动力系统的维修质量进行打分，通过计算得出船体和动力系统的质量指数分别为 95%和 130%。

此时，船体的质量经费偏差为

$$\mathrm{QCV}_1=\mathrm{QBCWP}_1-\mathrm{ACWP}_1=\mathrm{Qe}_1\times\mathrm{BCWP}_1=0.95\times440-500=-82 \tag{7-2-19}$$

动力系统的质量经费偏差为

$$\mathrm{QCV}_2=\mathrm{QBCWP}_2-\mathrm{ACWP}_2=\mathrm{Qe}_2\times\mathrm{BCWP}_2=1.3\times990-1220=67 \tag{7-2-20}$$

由以上计算结果可以看出，虽然船体部分的 CPI 要大于动力系统，但综合维修质量分析显示，船体部分的 QCV<0，说明在考虑了质量因素的情况下，它的实际成本超支；而动力系统的 QCV>0，说明在考虑了质量因素的情况下，它的实际成本有节约。结合维修工作中的实际情况分析，在动力系统的维修中可能选用了部分性价比较高的替代材料，虽然单价要略高于原件，但是性能得到了更大幅度的提升，使系统的整体效费比得到了提升。

7.2.5　方法特点分析

从收益值项目管理法的实施过程可以看出，这种管理方法是一种对装备维修保障计划项目实行全过程成本进度监控的方法。其主要特点如下：

(1) 依据预算的使用情况量化装备维修保障计划的进度，实现对装备维修保障计划的动态管理。

传统的装备维修保障计划进度是用时间来考核的，而收益值项目管理法是以在某一时间点上完成工作的预算与计划工作的预算之差来考核的，这样用经费表示进度不但可以使计划的进度完成情况更加形象、直观，也可以更加科学准确地反映出进度提前或拖延情况。

这种方法与以前采用的费用进度管理监控主要区别在于：把对进度的考核转化为对经费指标进行衡量，把完成工作的预算定义为收益值，进度偏差用经费数额衡量，并且规定经费偏差是完成工作的预算成本与实际成本的比较。进度偏差和经费偏差是人们最关心的实质性问题，是两个最基本的考核指标，从这两个指标可以科学地看出计划的进展情况。传统的管理方法往往把进度与经费分开管理，在许多具体管理工作上更有很大不同。因此，采用这种管理控制方法需要在观念上有所更新。

(2) 装备维修保障计划管理部门既可严格地监控主承修单位，也可严格地监控分承修单位。

在装备维修保障计划项目执行过程中，装备维修保障计划管理部门利用收益值项目管理法可对主承修单位、各分承修单位进行严格监控，承修单位内部管理控制系统必须按收益值项目管理法的规则运行，同时要求被选定的分承修单位内部管理控制系统也必须按收益值项目管理法的规则运行。

因此，为了施行收益值项目管理法，必须在装备维修保障计划管理部门和执行部门之间采用符合要求的机制，并制定出一系列可供遵循的规范标准，建立一个新的管理控制体系，这个体系能有效地实行动态跟踪监控管理。

通过以上分析可以看出，采用收益值项目管理法在处理装备维修保障计划管理和执行部门之间的关系、管理程序和考核方式等方面都有相应的要求，是一个完整的管理控制体系，在具体操作时，需要充分借鉴国外的有益经验，同时充分考虑我国的实际情况，才能取得较好的应用效果。

7.3　基于项目风险管理的装备维修保障计划监控

基于项目风险管理的装备维修保障计划监控是指在装备维修保障计划执行过程中，监控机构不断对项目可能发生的技术、进度和费用等风险进行计划、评估、处理、监督，尽量减少和避免不确定性或不确定性带来的损失[6]。实施基于项目风险管理的装备维修保障计划监控，能够有效减少装备维修保障计划项目实施风险，提高装备维修保障效益。

7.3.1　风险种类

对装备维修保障计划管理来说，在做出以规定费用按规定时间交付规定产品或达到规定性能水平的决断时，风险是永远存在的。因风险而导致其工作失败有三种方式：产品达不到规定的性能水平；交付产品延迟；实际费用过高。它们分别对应着技术风险、进度风险和费用风险[7]。

1. 技术风险

技术风险是指项目在预定的资源约束条件下，达不到要求的战术技术指标的可能性及差额幅度，或者说装备维修保障计划的某个部分出现事先意想不到的结果，以及对整个系统效能产生有害影响的概率。

产生技术风险的典型因素包括：新的装备或系统；以前从未修理过；修理技术方案和修理工艺不能满足修理要求；修理工作完成后，修理效果或质量不能达到修理的既定目标等。

2. 进度风险

进度风险是指装备维修保障计划不能按期完成的可能性及超期幅度。

产生进度风险的典型因素包括：进度计划论证不够充分和完整；经费投入影响；技术及计划因素的影响；其他不可预见因素的影响。

3. 费用风险

费用风险是指装备维修保障经费突破预算的可能性及超支幅度。

产生费用风险的典型因素包括：预算不准确、不完整；宏观经济调节的影响；原材料、配套设备价格的调整；估价及调价、定价方面的变化；技术及计划因素的影响；进度延迟的影响；其他不可预见因素的影响[8]。

4. 几种风险之间的相互关系

在装备维修保障计划项目风险中，技术风险是主要的、起决定性作用的因素，它还常常是造成进度风险和费用风险的主要原因。由于诸多风险因素，维修存在"失败"的可能性。这里所说的"失败"有三种形式：①不能在规定的时间内完成；②大大超过了预定的资源条件，需要追加人力、物力、财力方可完成；③现有的技术、工艺水平达不到技术要求，也达不到要求恢复的性能指标。

对于技术成熟的项目，在维修过程中技术上的不确定因素较少，可把握的程度较大，相对来说费用较易估算，进度预计也较准，即费用风险和进度风险较小，当然，其产品质量也容易保证；反之，采用新技术、新工艺、新体制较多的项目，不仅使维修技术风险加大，还可能影响到其工艺性能，如现有设备的可利用性，新工艺、新设备的风险性，零部件的继承性和标准化程度，材料和元器件供应的难易程度等。同时，新技术的含量增大，维修人员、生产人员、管理人员的熟练程度，原理性探索所消耗的资源，意外的、事先预计不到的技术难题的出现，都会导致维修费用的增加和维修进度的拖延，其结果是提高了费用风险和进度风险。另外，费用风险与进度风险之间也是相互制约的。

因此，技术风险和进度风险、费用风险联系紧密：一方面，技术风险体现在费用风险和进度风险中；另一方面，技术风险反映了装备维修保障难度。装备维修保障计划项目在技术上有风险，一方面表明该项目可能拖进度、超预算；另一方面表明该项目可能很难恢复到预期的战术技术指标，只能降低原定的要求[9]。图 7-3-1 是装备维修保障计划项目风险框架。

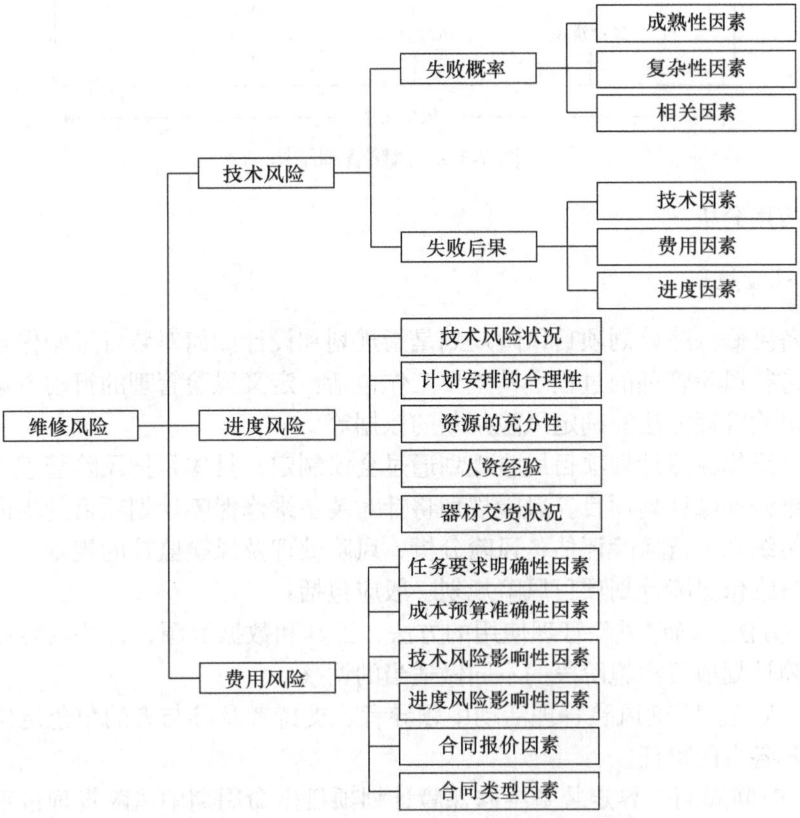

图 7-3-1　装备维修保障计划项目风险框架

7.3.2　风险管理模型建立

风险管理作为一种主动超前的管理方法，其具体的应用就是通过风险规划、风险评估、风险处理、风险监控来决定风险的变化，更新风险管理程序的文档，以此增强程序管理的效率，保证项目目标的实现[10]。基于风险管理的装备维修保障计划监控模型，正是以风险管理为监控工作的行为主线和基本原则，将工作程序建立在识别、评估、处理、监督风险的基础之上，促进装备维修保障计划监控工作的系统化、程序化，并依靠风险等级的确定来决定关键节点的监控力度和监控资源的有效配置，从而实现通过控制风险达到提高维修保障效能的最终目的，以保证装备维修保障计划目标的顺利实现。风险管理结构如图 7-3-2 所示。

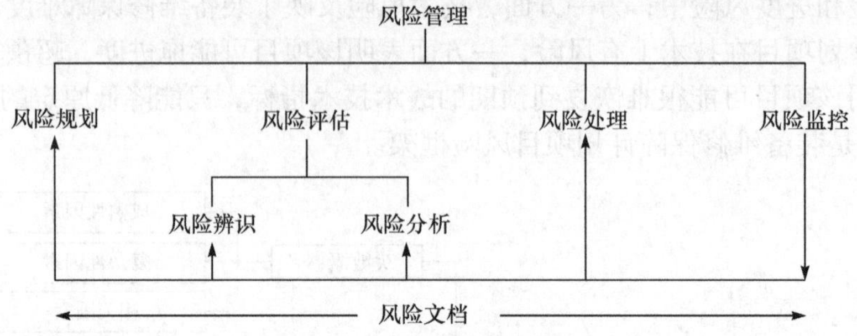

图 7-3-2　风险管理结构

7.3.3　应用分析

1. 风险规划

装备维修保障计划项目风险规划是指规划和设计如何对装备维修保障计划项目执行进行风险管理的过程。其主要工作包括：定义风险管理的行动方案、选择合适的风险管理方法、确定风险判断的依据等。

装备维修保障计划项目风险规划通过会议制定，具体是把风险管理标准应用于装备维修保障计划项目。风险规划将针对装备维修保障计划项目的生命周期制定如何组织和进行风险评估、风险分析、风险处理及风险监控的规划。

装备维修保障计划项目风险规划一般应包括：

(1) 方法。确定风险管理使用的方法、工具和数据资源，这些内容可随装备维修保障计划项目实施阶段的不同做适当的调整。

(2) 人员。明确风险管理活动中领导者、支持者及参与者的角色定位、任务分工及其各自的责任。

(3) 时间周期。界定装备维修保障计划项目生命周期中风险管理过程的各运行阶段，以及开展过程评价、控制和变更的周期或频率。

(4) 类型级别及说明。定义并说明风险评估和风险量化的类型级别。

(5) 基准。明确定义由谁以何种方式采取风险应对行动。

(6) 汇报形式。规定风险管理过程中应汇报或沟通的内容、范围、渠道及方式。

2. 风险评估

装备维修保障计划项目风险评估是指对装备维修保障计划项目过程中各个阶段的风险和关键性技术过程的风险进行辨识与分析，使维修项目更有把握地实现其质量、进度和费用目标。其包括风险辨识和风险分析两项工作。

1) 风险辨识

进行风险辨识要从处理装备维修保障计划项目的风险事件入手，对项目的事件进行考察和辨识，并将事件分解细化到适宜的层次，弄清任何一项风险的含义及其致因。风险辨识包括确定风险源和哪些风险事件会对项目产生有利影响。在装备维修保障计划项目开展过程中，要定期进行风险辨识。图 7-3-3 是风险辨识的整个过程。

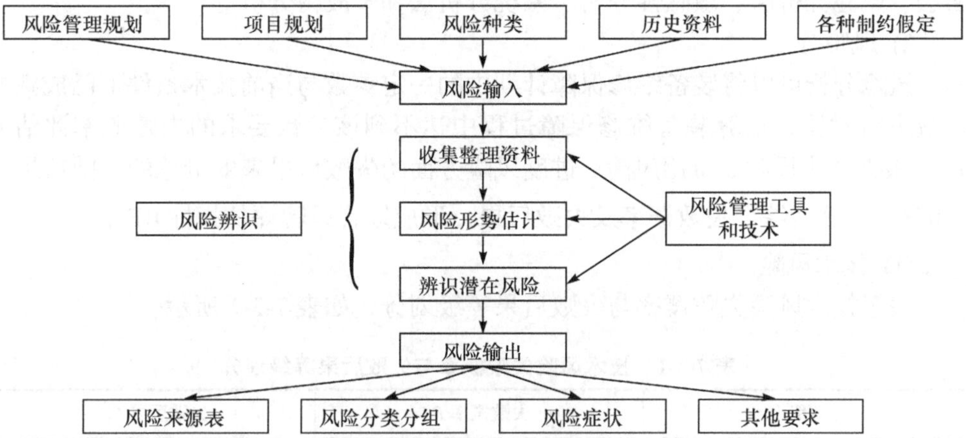

图 7-3-3　风险辨识的整个过程

(1) 收集整理资料。收集整理资料具体包括以下方面：①装备维修保障的前提、假设和制约因素。项目论证报告、修理技术方案、经费估算报告或其他文件一般都是在若干假设、前提和预测的基础上做出的。这些前提和假设在装备维修保障工作期间可能成立，也可能不成立。因此，项目的前提和假设之中隐藏着风险。而且，装备维修保障受到许多内外因素的制约，其中国家和军队的有关法律、法规及规章等因素都是装备维修保障部门无法决定的，其中也隐藏着风险。②借鉴其他装备的维修经验。成熟装备的维修资料对识别新装备维修保障风险非常有用。承修单位应收集成熟装备的修理档案，向曾参与成熟装备修理的有关各方征集相关资料，这对新装备修理的风险识别极有帮助。

(2) 风险形势估计。风险形势估计是要明确该装备维修保障计划项目的目标、实现目标的手段和资源，以确定实施过程中的变数，如原材料价格、维修技术、维修工艺、承修单位负荷、外协工程、器材供应等，还要明确装备维修保障计划项目的前提和假设，减少许多不必要的风险分析工作。

通过风险形势估计，可以从一个新的角度重新审查装备维修保障计划，认清装备维修保障计划项目的形势，揭露原来隐藏的假设、前提和以前未曾发觉的风险，在维修的早期阶段就能识别出一些风险。

(3) 辨识潜在风险。根据直接或间接的症状将潜在的风险识别出来。

进行风险辨识后要把结果整理出来，写成风险信息表，其主要指所辨识风险的详尽信息，如风险事件发生的频率、可能性、后果严重性等，为风险评估的其余步骤做准备。

在进行装备维修保障计划风险辨识时，可以利用一些具体的方法和技术，如德尔菲法、头脑风暴法、核对表法、态势分析技术、项目工作分解技术、经验判断法、试验分析法、敏感性分析、系统分析法和事故树分析等。

2) 风险分析

风险分析可以将装备维修保障计划中的一定参数与当前技术条件下已成熟的参数进行对比，估算装备维修保障过程中达不到该参数要求的失败概率评估值 P_f，根据技术风险、费用风险、进度风险方面的失败后果来度量总的失败后果评估值 C_f，然后综合失败概率及失败后果，形成综合风险评估指标 RF 。

(1) 技术风险。

关于技术风险失败概率与失败后果等级划分，如表 7-3-1 所示。

表 7-3-1　技术风险失败概率与失败后果等级划分

等级	失败概率 P_t	失败后果 C_t
0.1	修理技术要求简单	影响性极小或可忽略
0.3	增加了很小的复杂性	性能恢复上有很小的降低
0.5	增加了中等的复杂性	性能恢复上有一定的降低
0.7	增加了较大的复杂性	性能恢复上有较明显的降低
0.9	非常复杂，规模非常大	性能恢复难以实现

(2) 费用风险。

关于费用风险失败概率与失败后果等级划分，如表 7-3-2 所示。

表 7-3-2　费用风险失败概率与失败后果等级划分

等级	失败概率 P_c	失败后果 C_c
0.1	经费很充足	费用没有超过预算，还剩余一部分费用
0.3	经费较充足	费用比预算增加了 1%～5%
0.5	经费一般	费用比预算增加了 5%～20%
0.7	经费不足	费用比预算增加了 20%～50%
0.9	经费严重不足	费用比预算增加了 50%以上

(3) 进度风险。

关于进度风险失败概率与失败后果等级划分，如表 7-3-3 所示。

表 7-3-3　进度风险失败概率与失败后果等级划分

等级	失败概率 P_h	失败后果 C_h
0.1	时间很充足	对计划忽略不计的影响，极小的维修进度延误，可由原维修进度的裕度来补偿
0.3	时间较充足	维修进度上很短的推迟，需要对任务做一些调整
0.5	时间一般	维修进度上有一定的推迟
0.7	时间不足	维修进度上有较大的推迟
0.9	时间严重不足	维修进度上有很大的推迟

(4) 风险评估。

在讨论了三种风险后，可以对方案整体的风险进行评估，得到失败概率评估值与失败后果评估值：

$$P_f = W_1P_t + W_2P_c + W_3P_h \tag{7-3-1}$$

$$C_f = W_4C_t + W_5C_c + W_6C_h \tag{7-3-2}$$

式中，P_t——由维修技术造成失败的概率；

P_c——由维修费用安排造成失败的概率；

P_h——由维修进度安排造成失败的概率；

W_1、W_2、W_3、W_4、W_5、W_6——相应的权重；

C_t——由维修技术因素引起失败的后果；

C_c——由维修费用改变引起失败的后果；

C_h——由维修进度改变引起失败的后果。

利用综合风险因子定量描述风险：

$$\begin{aligned} \text{RF} &= \text{失败的似然估计} \\ &= 1 - \text{成功的似然估计} \\ &= 1-(1-P_f)(1-C_f) \\ &= P_f + C_f - P_fC_f \end{aligned} \tag{7-3-3}$$

3. 风险处理

为了将装备维修保障计划风险控制在可接受的水平上，必须采取一定的措施，针对不同类型风险，做出不同处理。风险处理阶段必须与风险管理计划保持一致。其中，关键一环是如何细化和选用最合适的风险处理方法。供选择的风险处理方法有风险预防、风险减轻、风险避免、风险控制、风险转移、风险承担、调查和研究等。

1) 风险预防

风险因素是风险发生的导火索，如果事先积极采取措施防止或减少风险因素的出现，或者将风险因素与人力、物力、财力在时间和空间上进行隔离，就可以从源头上消灭或减轻风险，有效地预防和减少风险对装备维修保障计划项目产生的不利影响。

尤其是在装备维修保障计划项目中,存在一些发生概率小但后果严重的风险。虽然这类风险出现的概率接近于零，但是一旦发生就可能带来灾难性的影响，造成巨大损失。因此，对这类风险必须要足够重视，从源头上加以控制。

2) 风险减轻

风险减轻是通过缓和或预知等手段来减轻风险，降低风险发生的可能性或减缓风险带来的不利后果，以达到减少风险的目的。

风险减轻的有效性在很大程度上要看风险是已知风险、可预测风险还是不可预测风险。对于已知风险，可以在很大程度上加以控制，可以动用现有资源降低风险的严重性后果和风险发生的频率。例如，可以通过压缩关键工序时间、加班或采取快速跟进来减轻项目进度风险。对于可预测风险，首先要进行风险分析，在实施风险减轻策略时，最好将每一个具体风险都减轻到可接受的水平，各个风险水平降低了，整体风险水平在一定程度上也就降低了，装备维修保障计划项目成功的概率就会增大。对于不可预测风险，要尽量想办法使之转化为已知风险，减小项目的失败概率。项目风险与项目失败、项目成功概率的关系如图 7-3-4 所示。

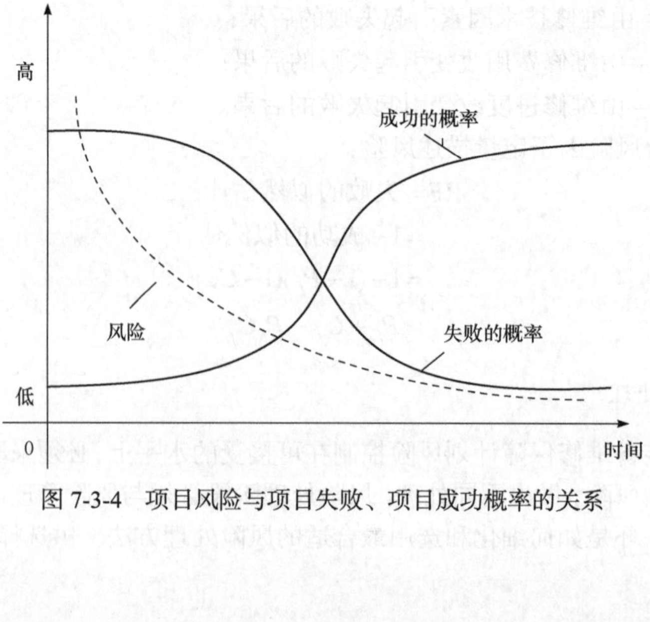

图 7-3-4　项目风险与项目失败、项目成功概率的关系

由图 7-3-4 可知，项目风险、项目风险管理在很大程度上是一个时间的函数，项目风险水平及管理的成效与时间因素密切相关。因此，为了有效减轻风险，必须采取措施应对未来的风险。例如，在安排新研装备修理时，为了保证项目按时完成，降低修理技术风险，一般要进行考察论证，确定修理方案、技术标准和修理工艺，还要选派人员到承研承制单位进行培训；在修理备件采购方面，需要提前进行筹划，与供应商达成初步协商，明确可能的需求环节及供应环节。

3) 风险避免

风险避免是指当装备维修保障计划项目风险潜在威胁发生可能性太大，或者一旦发生，损失就会很严重，又无其他策略可用时，主动放弃项目或改变项目目标与行动方案，从而规避风险。

装备维修保障计划项目在采用风险避免策略时可以通过更改修理方案、要求规范及惯例，将风险降到最低，即取消不确定的要求、消除高风险源代之以较低等级风险，同时辅以费用-效益分析。例如，为规避修理工艺的复杂性，采用更换替代修理的方式，虽然降低了修理风险，但有可能增加费用，尤其是当更换数量较大时。

单纯从处置风险的角度来看，风险避免可以将损失发生的可能性降到最低，但避免了风险也就拒绝了利益。因此，在采取风险避免策略之前，必须要对风险有充分的认识，对威胁出现的可能性和后果的严重性有足够的把握。在运用风险避免方法时，最好选在项目实施前，否则就要付出高昂的代价。

4) 风险控制

风险控制不是试图消除风险源，而是努力降低或缓解风险。风险控制法监控和管理风险的方式是降低风险发生概率或尽量减轻风险对项目的影响。

5) 风险转移

风险转移是在装备维修保障计划实施过程中重新分配风险，从而降低整个系统的风险。重新分配风险是指将装备维修保障计划项目中某个部分的风险重新分配到另一部分，或者使风险在与装备维修保障相关的各个部门之间重新分配。风险转移是功能分析过程的有机组成部分，是风险分担的一种形式。风险转移的效果取决于能否成功地使用系统设计技术。模块化和功能分配是支持风险转移的两种设计技术。在一些情况下，风险转移可以将风险区集中于某个领域，这样可以将管理的注意力和资源都集中于该领域。

6) 风险承担

风险承担是指对存在的特定风险状况掌握得很全面，从而主动做出接受相应等级风险的决策，不需要专门进行风险控制。但是，应当预留出费用余量和进度余量，以应对各种风险阶段决策可能产生的任何问题。要成功地进行风险承担，关键在于以下方面：

(1) 确定某项风险一旦发生，需要多少资源加以处理，包括确定可能发生哪些管理活动(如重新试验、进一步设计活动所需的附加时间等)。

(2) 建立管理储备金，以满足相应管理活动的需要。

7) 调查和研究

调查和研究本身不是真正的风险处理技术，但是它们提供的是包含有价值信息的方法。这是一个连续不断的过程，它能使参与装备维修保障的人员用其他一些方法进行风险处理，其置信度更高。调查和研究就是要取得进一步信息以便更深入地评估风险并制订应急计划。

8) 风险后备措施

对于装备维修保障计划项目，尤其是首次维修项目，由于其复杂性，风险是客观存在的。为了保证预定目标的实现，有必要制定一些风险应急措施，即储备风险。储备风险是指根据修理风险规律事先制定应急措施和制订一个科学高效的风险计划，一旦实际进展情况与计划不同，就动用后备应急措施。风险后备应急措施主要有预算应急费、进度后备措施和技术后备措施三种。

(1) 预算应急费。预算应急费是一笔事先准备好的资金，用于补偿差错、疏漏及其他不确定性对项目费用估计精确性的影响。预算应急费一般分为实施应急费和经济应急费两类。实施应急费用于补偿估价和实施过程中的不确定性；经济应急费用于应对通货膨胀和价格波动。

(2) 进度后备措施。对于进度方面的不确定因素，各有关方一般不希望以延长时间的方式来解决。因此，监修机构要督促承修单位设法制定出一个较为紧凑的进度计划，争取维修工作在各有关方要求完成的日期前完成。一般来说，进度提前要增加资源的投入，甚至会带来新的风险。

(3) 技术后备措施。选择有弹性的、抗风险能力强的技术方案作为技术后备措施，采用的方法有：提前试修，即为检验修理技术和修理工艺的成熟程度而提前进行检验性修理；准备多套备选方案，采用各种保护措施和安全保障措施。

在设计和制定风险处置策略时，一定要针对项目中不同风险的特点分别采用不同的风险处置方式，而且应尽可能准确而合理地采用。在实施风险策略和计划时，应随时将变化的情况反馈给风险管理人员，以便能及时地结合新的情况对项目风险处理策略进行调整，使之能适应新的情况，尽量减少风险损失。

4. 风险监控

1) 风险监控的方法

风险监控要始终贯穿维修风险处理的全过程。适合采用风险监控的环节主要有以下方面：

(1) 试验与评定。良好的试验与评定工作是监控风险处理执行情况和重新进行风险评估的关键要素。

(2) 收益值。依据标准的费用或进度数据，从整体上评价装备维修保障计划项目的技术、进度和费用，从而为判断风险处理活动是否达到其预期效果提供依据。

(3) 技术性能度量。通过工程分析和试验，估计经过风险处理后能够实现的基本性能参数。

(4) 项目的衡量标准。这是对各种修理过程的执行情况进行正式的、定期的评估，评价修理过程实现预定目标的情况。这种方法可以用来监控因评估关键风险过程而采取的纠正措施。

(5) 进度执行情况监控。利用项目进度数据来评价项目如何逐步完成。

2) 风险监控的要求

装备维修保障计划应当建立风险预警管理，对修理过程进行监控，采取超前和预先防范的管理方式，一旦在监控过程中发现有发生风险的征兆，立即采取措施并发出报警信号。监修机构是执行修理风险监控的重要职能机构，在进行风险监控时应做好以下工作：

(1) 对修理的全过程进行动态的在线监控，识别风险要素。

(2) 一旦发现项目进展不顺利，即转入预警管理程序，由监修机构进行纠偏干预。

(3) 若情况依旧，则监修机构要及时向机关发出警报，以便机关及时干预和决策。

不管预先计划好的策略和措施是否付诸实施，风险监控都不可或缺。如果发现已做出的决策是错误的，就一定要尽早承认，立即采取纠正行动。如果决策正确，但是结果不好，那么此时不应过早改变正确的决策。频繁改变决策，不仅会减少应急后备资源，而且会大大增大修理阶段风险事件发生的可能性，加重不利后果。

7.4 本章小结

装备维修保障计划监控是对编制的装备维修保障计划执行过程的一种监督、反馈和纠正，对有效弥补计划编制不足、动态适应各类因素变化发挥着重要作用。本章主要介绍了装备维修保障计划监控的基本概念和有关要素，重点介绍了基于收益值和项目风险管理的装备维修保障计划监控。对于基于收益值的装备维修保障计划监控，主要明确了基本原理、实施步骤，提出了考虑维修质量、维修进度、维修费用的一体化综合评估方法。对于基于项目风险管理的装备维修保障计划监控，主要明确了装备维修保障计划项目的风险种类、建立了风险管理模型，针对装备维修保障计划项目的特点，从风险规划、风险评估、风险处理、风险监控等方面介绍了装备维修保障计划监控的实施步骤和主要内容。

参考文献

[1] 黄锦成, 杨颂阳, 阮付贤. 我国科技计划项目管理的监控研究[J]. 科技管理研究, 2005, 25(2): 91-94.
[2] 徐志勇. 航空产品项目计划及监控技术研究[D]. 西安: 西北工业大学, 2007.
[3] 张玉华, 邹国晨. 国外是如何控制大型武器项目成本和进度的: “收益值项目管理法”介绍[J]. 国防科技工业, 2000, (6): 58-61.
[4] 周津慧, 易海峰, 姜楠, 等. 挣值法在软件项目成本和进度监控中的应用[J]. 系统工程与电子技术, 2006, 28(4): 607-610.
[5] 谢力, 魏汝祥. 收益值法在舰船装备维修过程控制中的应用[J]. 中国修船, 2005, 18(3): 34-37.
[6] 李勘. 武器装备研制项目风险管理研究[M]. 北京: 国防工业出版社, 2011.
[7] 詹姆斯 · 刘易斯. 项目计划、进度与控制[M]. 石泉, 杨磊译. 北京: 机械工业出版社, 2012.
[8] 端木京顺, 张诤敏, 武维新. 装备维修技术经济[M]. 北京: 国防工业出版社, 2003.
[9] 徐哲. 武器装备项目进度、费用与风险管理[M]. 北京: 国防工业出版社, 2011.
[10] 张健壮, 史克禄. 武器装备研制项目系统工程管理[M]. 北京: 中国宇航出版社, 2015.

第8章　装备维修保障计划检查

装备维修保障计划执行过程中需要开展定期或不定期的检查工作，了解装备维修保障计划执行进展情况及存在的有关问题，及时采用有效调控措施，确保装备维修保障计划顺利完成。本章介绍装备维修保障计划检查的基本情况、不同类型装备维修保障计划项目或要素的检查方法及装备维修保障效能评估的基本方法。

8.1　概　　述

本节主要介绍装备维修保障计划检查的基本概念、主要内容、方法与形式、基本程序和注意事项等内容。

8.1.1　基本概念

装备维修保障计划检查是指为了解装备维修保障计划任务的落实情况而进行的一系列检查分析工作，它是装备维修保障计划管理工作的一项重要任务，其目的是通过装备维修保障计划的检查，及时了解装备维修保障计划任务的落实情况，发现装备维修保障计划与实际执行情况的偏差，找出造成这些偏差的原因，以便采取措施，保证装备维修保障计划目标的顺利实现。

8.1.2　主要内容

装备维修保障计划检查充分体现了目标管理的思想。根据目标管理的要求，在装备维修保障计划编制和执行过程中，要按各级、各单位、各人担负的任务和职责不同，把装备维修保障计划的总指标分解为若干具体的指标。这些具体指标要既能测定维修活动是否按统一装备维修保障计划进行，又能衡量维修活动对实现维修目标的具体效果，然后把这些具体指标逐一落实到各级、各单位和各人，使每个单位和维修人员既有明确的努力目标，又有行动的准则，从而实现目标自上而下的分级管理，保证维修活动高效进行[1]。装备维修保障计划检查就是了解这些目标具体落实情况的过程。

按照目标性质的不同，装备维修保障计划检查的主要内容可以分为规范型目标和绩效型目标。

1. 规范型目标

规范型目标主要是指装备维修保障计划落实过程中的所有活动均应严格按照有关规章制度执行，具体包括各层级、各部门、各类单位和人员履职尽责，工作流程规范，手续齐全，相关材料齐备，材料要素完整规范，各类技术和管理标准落实等[2]。规范型目标属于装备维修保障计划执行中的基础性目标，在规章制度完备的情况下，只要严格按照规章制度落实就可以实现。

2. 绩效型目标

绩效型目标主要是指装备维修保障计划执行过程中所进行的投入和取得的效果，具体包括装备维修任务完成、维修经费投入数额、维修工作进度、经费执行率等。相对于规范型目标，绩效型目标要求更高，更能体现装备维修保障工作的价值所在。

对于具体的装备维修保障计划检查，主要内容如下：

(1) 法规制度制定落实情况，主要检查新修订颁发的装备维修保障工作相关法规贯彻落实情况，本单位装备维修保障工作制度、标准和相关规章制定及落实情况。

(2) 年度装备维修保障计划管理情况，主要检查近年度装备维修保障计划编制、执行和管理情况，重点突出近年度典型对象的管理情况。

(3) 装备维修保障效能评估，对重点典型型号装备维修保障效能进行系统评估，主要检查装备维修保障配套管理法规建设情况、标准制定情况、历年经费投入和计划执行情况、等级修理执行情况、器材购置计划执行与保障情况、设备购置计划执行与保障情况等。

(4) 计划管理过程中重大问题的处理情况，主要检查以往年度通报有关单位违规问题的整改情况。

8.1.3 方法与形式

1. 检查方法

装备维修保障计划检查方法具有多种分类方式。按检查的时间划分，有日常检查和定期检查；按检查的内容和范围划分，有全面检查和专题检查；按检查的人员划分，有上级检查和自身检查，以及专职人员检查和群众检查；按检查的方式划分，有利用统计报表检查，召开会议、听取汇报和深入现场直接考察等。这些检查方法往往是互相结合进行的。

2. 检查形式

装备维修保障计划检查工作主要采取各单位自查与上级抽查相结合的方式进

行。上级在各单位自查的基础上，通过审查相关凭证单据、查阅文件和技术档案、实地检查装备技术状况、组织座谈讨论等多种形式，对各单位进行抽查。

8.1.4　基本程序

1. 资料收集

被检单位按照要求向检查组提供相关文件和技术资料。

2. 组织检查

被检单位组织装备维修保障计划自查并撰写自查报告；检查组通过数据统计分析、审查自检报告和文件、现场检查、项目抽查和组织相关人员座谈对被检单位进行全面检查。

3. 指标评定

评价指标分为总体指标和分类指标两种类型，具体包括定量指标和定性指标，其中定量指标依据被检单位通过指定格式提供数据表格或通过信息系统直接查询方式，采集得到各类指标计算所需的原始数据，然后按照指标的计算方法计算出底层指标的实际数据。由于定量指标的含义和计量单位不同，有必要对底层指标进行规范化，将实际指标值转化为百分制无量纲值。定性指标则通常根据给定的评价标准由评价人经主观判断得出评价结果。

4. 综合评定

采用加权平均法对各项指标的评估结果进行汇总，得出被检单位的最终装备维修保障计划检查得分。

5. 形成检查意见与报告

检查组讨论并形成检查意见与报告。

8.1.5　注意事项

装备维修保障计划检查时需要注意以下问题。

1. 明确标准

标准是装备维修保障计划检查的根本遵循和依据。检查中既要有定性标准，更要有定量标准，这是装备维修保障计划检查的基本制度。对照规定标准检查执行情况，是最明了、最客观、最有效的一种控制方法。

2. 科学安排

检查工作要根据装备维修保障计划的实际情况和事业任务对装备维修保障工作现实需求进行科学安排，既要进行全面检查，也要进行重点检查；既要检查先进的，也要检查落后的；既要进行阶段性检查，又要进行经常性检查。

3. 及时纠偏

检查中通过比较、评价、分析、发现偏差，及时采取措施加以纠正。若属于未按装备维修保障计划规定办事的，应视情况分别给予批评、指导；若属于客观情况造成的，应同有关单位协调，解决矛盾；若属于装备维修保障计划不周的，应迅速反馈修正。任何有效的管理总是随机制宜的，如果在执行中发现装备维修保障计划与现实差距太大，应及时进行调整。

4. 总结分析

对于装备维修保障计划检查过程中发现的问题，除了及时采取措施予以纠正，还应在检查后进行全面总结，分析问题产生的根本原因，是规章制度落实问题、制度缺位问题，还是外界环境变化问题等，据此采取进一步措施，完善后续的装备维修保障计划管理工作。

8.2 装备维修保障计划检查的内容及方法

装备维修保障计划检查的内容有很多，本节重点针对组织领导、规章制度、计划编制、计划执行及经费管理等方面的内容和检查方法进行介绍。

8.2.1 组织领导

1. 检查内容

组织领导方面检查的内容主要有：

(1) 年度装备维修保障计划及预算上报、下达之前是否经党委研究确定。

(2) 重大项目计划安排及经费开支是否经党委研究确定。

(3) 党委是否坚持定期研究分析装备维修保障计划及预算执行情况。

(4) 首长是否分工明确、切实履行职责。

2. 检查对象及方法

检查对象及方法主要有查看党委会议记录和装备维修保障计划审批件及座谈了解情况等。

8.2.2 规章制度

1. 检查内容

规章制度方面检查的内容主要有以下方面:

(1) 健全与上级文件配套的装备维修保障规章制度。

(2) 各单位将装备维修保障管理法规宣贯列入年度业务学习计划，做到时间、内容、人员、效果落实。

(3) 装备(保障)机关和部门有关人员熟悉相关法规内容，并自觉遵守。

2. 检查对象及方法

检查对象及方法有查看法规文件资料，查看年度、季度、月份工作计划安排和学习登记本，抽考有关人员，座谈了解情况等。

8.2.3 计划编制

1. 检查内容

计划编制方面检查的内容主要有以下方面:

(1) 各级装备(保障)机关和部门按时编拟、呈批、报送年度装备维修保障计划及预算。

(2) 各级装备(保障)机关年初按照上年经费指标、历年经费结余、预算外经费、库存物资器材折款，统一编制本年度装备维修保障计划及预算方案。

(3) 各级装备(保障)机关和部门根据上级下达的年度装备维修保障计划及预算进行细化安排，报批后实施。

(4) 各级装备(保障)机关和部门按规定时限下达年度装备维修保障计划及预算。

(5) 各级装备(保障)机关和部门调整年度装备维修保障计划及预算，按规定程序报批。

(6) 装备维修保障计划及预算的项目、内容、格式符合规定要求。

2. 检查对象及方法

检查对象及方法有查看年初装备维修保障计划及预算方案、年度装备维修保障计划及预算呈批件和相关资料等。

8.2.4 计划执行

1. 装备维修

1) 检查内容

装备维修保障计划执行方面检查的内容主要有以下方面:

(1) 各级装备(保障)机关和部门严格按照上级下达的装备大修计划组织实施。

(2) 各级装备(保障)机关和部门严格按照上级下达的装备中修计划组织实施，并对中修经费指标进行细化安排。

(3) 装备维修手续符合规定、资料齐全、填写规范。

(4) 年度装备维修保障经费执行率达到规定要求，部队按照计划完成大修、中修装备的送修。

2) 检查对象及方法

检查对象及方法有查看上级、本级下达计划文件和相关修理资料(送修通知单、出厂交接单、铁路运输手续、修理工程单、装备维修合同、验收资料等)、凭证、账簿和装备履历等。

2. 维修器材和设备购置

1) 检查内容

维修器材和设备购置计划执行方面检查的内容主要有以下方面：

(1) 各级装备(保障)机关和部门严格落实上级下达的维修器材、设备购置项目计划，对上级下达的维修器材、设备购置经费指标做出细化安排。

(2) 维修器材、设备购置手续齐全、填写规范。

(3) 维修器材、设备按分工购置、配发。

(4) 维修器材、设备据实入库，做到账、物、卡相符。

(5) 维修器材、设备购置经费执行率达到规定要求。

2) 检查对象及方法

检查对象及方法有查看上级、本级经费指标文件和凭证、账簿等，对照入库凭证、上级实物供应调拨单、物资出入库调拨凭证现场核对库存实物。

3. 标准计领经费

1) 检查内容

标准计领经费计划执行方面检查的内容主要有以下方面：

(1) 部队标准计领经费按照上级核准的装备实力、维修业务实力计领。

(2) 标准计领经费按实力和标准及时足额下达到部队，不得挪用和截留。

(3) 部队严格按照规定的开支范围使用标准计领经费。

2) 检查对象及方法

检查对象及方法有查看上级、本级标准计领经费指标文件和有关实力、凭证等。

4. 计划检查

1) 检查内容

计划检查方面的内容主要有：各级装备(保障)机关和部门应坚持定期或不定

期检查装备维修保障计划执行情况，年终向上级机关报告年度装备维修保障计划执行情况。

2) 检查对象及方法

检查对象及方法有查看有关文件资料、座谈了解情况等。

8.2.5　经费管理

1. 检查内容

经费管理方面检查的内容主要有以下方面：

(1) 装备维修保障经费账目按照上级下达的装备维修保障计划项目设置科目，并对应记账。

(2) 装备维修保障经费按照规定的供应管理渠道拨付，标准计领经费按规定时间足额拨付到使用单位，项目经费及时拨付，年度经费保障率达到规定要求。

(3) 装备维修保障经费按规定范围开支，做到专款专用，不得将装备维修保障经费转入其他账户使用。

(4) 装备维修保障经费使用坚持“一支笔”审批制度，按规定权限审批。

(5) 装备维修保障经费结算报销及时、凭证真实、内容齐全、手续完备。

(6) 装备资金管理严格执行有关规定，不得出租、出借银行账户。

2. 检查对象及方法

检查对象及方法有查看经费预决算、经费指标文件、凭证、账簿等。

8.3　装备维修保障效能评估

装备维修保障效能是指在特定的条件下装备维修保障系统执行规定装备维修任务的能力和达到预期目标的程度。装备维修保障效能评估是主观思维与工程技术紧密结合的产物，主要包括事前评估、事中评估和事后评估。装备维修保障事前评估，有利于优化装备维修保障体系，完善装备维修保障活动准备；装备维修保障事中评估，有利于纠正装备维修保障活动中产生的偏差，确保装备维修保障活动的顺利实施；装备维修保障事后评估，有利于指导新的装备维修保障活动的开展、管理和改进[3,4]。目前，开展的装备维修保障效能评估一般结合计划检查工作一并进行，属于事后评估。

8.3.1　评估要求

装备维修保障效能评估是系统性、技术性、实践性很强的一项活动，为保证评估的科学性与准确性，开展装备维修保障效能评估应当遵循以下要求。

1. 以保障力为标准

始终围绕平时和战时的实际需要组织实施装备维修保障效能评估，查找与部队实际需要存在的差距。按照信息化条件下联合作战的需求，确定不同对象的评估内容、评估标准和评估方法，设定严格的评估条件，营造逼真的评估环境，使平时的装备维修保障效能评估与实际需要的标准和要求贴得更紧。

2. 依法规范评估

装备维修保障效能评估通常包括以下两方面：一方面要从评估主体入手，规范评估机构的职能和运行机制，保证评估的客观性；另一方面，要完善相关评估法规，明确评估对象、评估时间、评估内容，使评估工作有章可循，有法可依。此外，还应建立评估监督、评估申诉制度，使评估受到广大官兵的监督。

3. 注重量化分析

坚持定量分析与定性分析相结合，以定量分析为主，尽可能通过对装备维修保障效能各项指标的量化，来检验和评价装备维修保障效能。一方面，要充分利用现代信息技术提供的各种信息处理工具，对影响装备维修保障效能的因素和衡量装备维修保障效能的指标进行量化分析，从数量上获得对装备维修保障效能的认知，得出定量评估结论；另一方面，要科学构建装备维修保障效能评估指标体系，对各级指标逐层分解，直至分解到可以量化的评价点，最终以数据形式反映装备维修保障效能指标。最后，要将装备维修保障定性分析结论与定量评估数据进行综合分析，实现定性分析与定量分析相结合，以便得出科学的评估结论。

4. 力求简便可行

对装备维修保障效能进行评估，必须注重可行性，将简便易行与系统综合评估结合起来。一是评估项目、评估标准、评估程序、评估组织形式的确定，都必须从装备维修保障活动的具体实际和军事行动的具体情况出发，不能过于复杂。否则，评估占用的时间过长，就会挤占其他活动的时间，影响其他工作的开展和进行，装备维修保障效能的评估也就失去了意义。二是评估方法的选择要灵活、恰当，便于各级管理机关和人员操作。三是评估指标的设定，应允许有一定的弹性范围，在此范围内可做合理的修正。

5. 加强反馈与调节

评估本身并不是目的，而只是手段，是整个装备维修保障系统中的一个信息环节，其根本目的是通过提供关键信息，影响和优化装备维修保障决策，改善后续保障行动[5]。此外，装备维修保障效能评估本身也需要接受实践的检验，通过评估结果与实际情况的对比反馈及时调节评估重点、评估指标体系和评估方法，从而进一步提高评估的科学性。

8.3.2 评估内容

装备维修保障效能评估的内容不是一成不变的，可因评估目的不同而有所差异，也可因是单项评估还是综合评估而不同。从总体来说，装备维修保障效能评估主要内容包括对装备维修保障活动的评估、对装备维修保障设施设备的评估、对装备维修保障人员的评估和对装备维修保障机构的评估四方面。

1. 对装备维修保障活动的评估

对装备维修保障活动的评估是指对装备维修保障活动服务于军事行动需要的程度进行的分析和评价。其主要包括装备维修保障计划的满意程度、装备维修保障活动的有效程度、装备维修保障系统的机动保障能力及装备维修保障系统的灵活反应能力等内容。

2. 对装备维修保障设施设备的评估

对装备维修保障设施设备的评估是指对装备维修保障活动过程中一定设施设备在单位时间内所能完成的工作量进行的分析和评价[6]。通过评估，不但要了解一定设施设备在最佳条件下完成保障作业的性能，更要了解同样设施设备在相对恶劣条件下完成保障作业的性能，特别是在紧急情况下的适应能力和反应能力。

3. 对装备维修保障人员的评估

装备维修保障人员是装备维修保障活动的主体，其素质高低直接关系到装备维修保障活动的质量和效率。因此，对装备维修保障人员进行评估是装备维修保障效能评估的重要内容。其中，装备维修保障管理人员的素质集中反映在管理能力上，可以从其分析判断情况、筹划运用装备维修保障力量、计划控制装备维修保障行动等方面的具体能力着手，结合具体的管理活动实践，进行综合分析评估。专业技术人员的素质则主要反映在完成特定装备维修任务的能力上，可以从其单位时间内完成特定工作的数量、质量上进行综合评估。

4. 对装备维修保障机构的评估

装备维修保障机构决定其装备维修保障的功能。装备维修保障机构是否合理，对装备维修保障效能的发挥具有重要影响。因此，对装备维修保障机构进行评估，是进行装备维修保障效能评估的一项重要内容。在对装备维修保障机构进行评估时，应着重对装备维修保障机构的组织结构、组织形式、人员构成进行评估。同时，还需要对装备维修保障机构所使用的保障手段、保障方法，以及装备维修保障机构的机动性、稳定性、安全性等多方面进行综合评价。

8.3.3 评估指标体系建立

为了对装备维修保障效能进行定量考察，从数量上反映计划执行情况，必须选择相应的指标。在考察装备维修保障效能时，用一两把尺子或一两个标准进行衡量是不够的，需要用若干把尺子、若干个标准进行衡量，才能评价其全貌，这就要求设立若干个相互联系、相互制约的指标或指标组，构成一个评估指标体系。

装备维修保障效能评估是通过设定科学合理的评估指标作为标准，利用合适的评估方法对装备维修保障计划执行效果进行量化的过程。评估指标体系是评估的基础和依据，它通过一系列科学的、完整的、系统的数据指标来反映装备维修保障效能的现实状况和存在的不足，是装备维修保障效能评估中最为关键的一环。如果评估指标体系建立不完善或缺乏科学性，会导致片面和错误的评估，这将有悖于装备维修保障效能评估的初衷。因此，必须有理有据地建立相互联系、相互制约、科学合理的装备维修保障效能评估指标体系，真实、可信地评价装备维修保障计划执行情况。

1. 建立评估指标体系的原则

所有的评估问题都相当于一个复杂的系统，要建立一套具有实用价值的评估指标体系，不但需要丰富的理论功底和高度的概括归纳能力，而且必须遵循客观性原则[7]。评估指标体系的建立要从实际出发，与需求结合，根据评估对象的特点和性质，力求科学实用、简便易行，全面反映系统的各种特性，应遵循如下原则。

1) 客观性原则

评估指标必须与国家的法律、法令，军队的条令、条例和规章制度的要求相一致，在选择评估指标时，应尽量选择研究范围内的规范指标，使其具有通用性，以便于数据、资料的收集整理和人们对指标的理解。虽然不同的人在建立评估指标体系时难免带入一些主观性因素，但是客观性原则仍然是建立评估指标体系的首要原则，失去这一原则，评估指标体系也就失去了存在的基础。只有定义准确、概念清晰，在实施中不会造成误解，能排除主观意志和个人偏见的评估指标体系，才能客观、真实地反映评估系统的情况。

2) 系统性原则

评估指标体系应该自成体系、层次清楚、结构合理、协调一致，既能反映评估系统的整体性能和综合情况，又能反映评估系统各个层面的局部性能和分项情况[8]。评估指标体系的整体评价功能并不是各分项指标的简单总和，应该注意使评估指标体系内部各个指标相互联系，有机依存。评估指标体系还应突出重点，分清主次，抓住主要因素，既能反映直接效果，又能反映间接效果，以保证综合评估的全面性和可靠性。

3) 科学性原则

评估指标体系应以科学理论为指导，以客观系统内部要素及其之间的本质联系为依据，定性分析和定量分析相结合，正确反映系统整体和内部相互关系的数量特征，同时还要保证定性的科学性和定量的精确性。评估指标体系的大小应适宜，指标必须概念清晰、科学含义明确，指标之间既要有内在联系，又要尽量避免重复，排除指标间的相容性；既能反映局部、当前、单项的效益状况，又能反映全局、长远、综合的效益状况；既有对重要因素的细分，又有对次要因素的粗分，减少评估系统的工作量[9]。

4) 可行性原则

评估指标体系的构建应是简易性和复杂性的统一。在选择指标时，应尽量做到简单明了，一方面避免混乱，使人们能从复杂的信息中理清头绪，抓住关键；另一方面减少工作量，便于计算分析，使评估工作易于进行。考虑到指标的量化及数据收集难易程度和可靠性，尽量利用现有统计资料和有关的规范标准，使指标有统一的参照标准或计算口径。设计时评价指标的数量和评价标准的高低都要适中，以保证有足够的信息、人力、物力和切实可行的量化方法可供利用。只有做到各个指标内容在整个评估指标体系中具有独立性，计算方法简单易行，可操作性强，评估指标体系才具有普遍意义，便于使用和推广。

5) 完备性原则

评估指标体系应从整体角度出发，对构成系统的各项指标进行多方面考虑，以便全方位反映系统的特性。设计出来的评估指标体系必须是一个完整、协调的系统，能够全面地、毫无遗漏地反映评价目标或上一层次指标。值得注意的是，完备不等于全部，指标的设置不应片面追求细和全，选择适当数量能对系统本质进行全面概括的指标即可。

6) 可比性原则

评估指标必须反映评估对象的共同属性,即反映评估对象属性中共同的东西。评估指标和标准的制定要客观实际，避免有明显的包含关系，隐含的相关关系要用适当的方法加以消除，以便于比较。当评估指标体系中不可避免地出现不同量纲、无法直接比较的指标时，必须经过一定处理，转换成统一的评估指标体系。指标处理过程中要尽量保持同趋势化，以保证指标间的可比性，可比性越强，评估结果的可信度越高。

基于上述原则，结合装备维修保障工作实际，下面重点按型号和类别对装备维修保障效能评估的参考指标进行介绍。

2. 型号装备维修保障效能评估参考指标

1) 综合指标

(1) 装备完好率。

$$装备完好率=\frac{能遂行军事任务的完好装备数}{装备总数} \tag{8-3-1}$$

装备维修保障工作的核心任务是使装备经常处于良好状态，随时可以执行各项军事任务。装备完好率是衡量装备维修保障工作质量的主要指标。

完好装备是指技术性能良好、不需要修理、随时可以开动且运行和消耗正常的装备。装备是否完好，是针对装备在一定时间点上的技术状况而言的。因此装备完好率指标的分子是指报告期内平均的完好装备数量，分母是指报告期内平均的实有装备数量，其计算的时间标准通常以日为单位。

装备完好率可按装备类别计算，舰船装备一般用在航率表示，它是指报告期内处于能够航行状态的平均舰船数与报告期内实际平均拥有的舰船数之比。完好率或在航率可按装备实物量分类计算，也可按价值量综合计算。

(2) 装备使用强度。

$$装备使用强度=装备年均运行(飞行)小时 \tag{8-3-2}$$

装备使用强度主要是指装备在一定时期内的平均运行时间，计算的时间标准通常以年为单位。该指标主要针对舰船、飞机等能统计运行时间的型号装备。

(3) 装备失修率。

$$装备失修率=\frac{应修未修装备数}{应修装备总数} \tag{8-3-3}$$

失修装备是指按照视情修理的标准衡量，存在问题比较严重，必须进行大修、中修才能恢复装备原有效能的未修理装备，包括带病运转和待修理的装备。该项指标可以综合反映装备维修保障计划管理的工作效益，主要用于检验装备维修保障计划管理水平。根据战备要求，任何时候都应把装备失修率降到最低限度。

装备失修率指标受装备维修保障计划、修理能力及修理费、物资保障程度等多个因素的影响，计算的时间标准通常以年为单位。

(4) 单位运行时间维修费用。

$$单位运行时间维修费用=\frac{消耗维修费总额}{装备运行小时（次数、里程等）总数} \tag{8-3-4}$$

装备维修保障工作的基本目标是满足装备正常运行的需要，因此可以采用单位运行时间维修费用作为衡量装备维修保障工作效果的指标之一。该指标主要针对舰船、飞机等能统计运行时间的型号装备。

2) 专项指标

(1) 大修。

① 年实际大修装备数。

$$\text{年实际大修装备数}=\text{年度实际完成大修的装备数量} \tag{8-3-5}$$

年实际大修装备数体现了大修工作完成情况，该指标值越大，说明大修任务完成量越大，该指标计算的时间标准通常以年为单位。

② 年大修装备需求数。

$$\text{年大修装备需求数}=\text{年度需要安排大修的装备数量} \tag{8-3-6}$$

年大修装备需求数体现了部队装备大修修理需求，该指标值越大，说明装备大修修理需求越大，计算的时间标准通常以年为单位。

③ 按期修竣率。

$$\text{按期修竣率}=\frac{\text{按期修竣装备数}}{\text{修理装备总数}} \tag{8-3-7}$$

装备修理的根本目的是恢复或改善其使用价值，如果达不到这一目的，说明装备维修保障工作还有待改进。装备按期修竣率反映报告期内按期修竣装备数占修理装备总数的比例。修竣是指经过修理，装备的主要性能指标已达到或超过装备设计要求。修竣率指标反映装备修理工作质量，指标数值越大越好。

④ 平均在厂修理时间。

$$\text{平均在厂修理时间}=\text{自装备入厂至修竣发付平均天数} \tag{8-3-8}$$

平均在厂修理时间是承修单位修理能力在进度方面的具体体现。该指标具体是指自装备入厂至修竣发付的平均天数。对于不同等级、不同类型的修理，需要单独统计平均在厂修理时间。

⑤ 返修率。

$$\text{返修率}=\frac{\text{质量保证期内因大修故障返厂装备数}}{\text{大修装备总数}} \tag{8-3-9}$$

返修率体现了承修单位在修理质量方面的能力，该指标值越大，说明修理质量越差。计算的时间标准通常以年为单位。

(2) 器材保障。

① 器材周转率。

$$\text{器材周转率}=\frac{\text{年内消耗器材总数}}{\text{年末库存器材总数}+\text{年内消耗器材总数}} \tag{8-3-10}$$

器材周转率体现了器材的利用效率。该指标值越大，说明器材利用效率越高。该指标计算的时间标准通常以年为单位。

② 库存器材呆滞率。

$$库存器材呆滞率=\frac{三年以上未出库器材数}{库存器材年末平均数} \quad (8\text{-}3\text{-}11)$$

库存器材呆滞率体现了库存器材的利用程度，该指标值越大，说明库存器材利用率越低。该指标计算的时间标准通常以年为单位。

③ 平均待修时间。

$$平均待修时间=自部队收到待修器材至送修出库的平均天数 \quad (8\text{-}3\text{-}12)$$

平均待修时间体现了承修单位的修理能力，该指标值越大，说明承修单位修理能力越差。对于不同等级、不同类型的修理，需要单独进行统计。

④ 平均在厂修理时间。

$$平均在厂修理时间=自器材入厂至修竣发付的平均天数$$

参数解释同前。

⑤ 单装年器材保障成本。

$$单装年器材保障成本=\frac{年度消耗器材价值总额}{装备实力数} \quad (8\text{-}3\text{-}13)$$

单装年器材保障成本体现了单位装备单位时间内器材消耗情况。该指标计算的时间标准通常以年为单位。

⑥ 单位运行时间器材保障成本。

$$单位运行时间器材保障成本=\frac{年度消耗器材价值总额}{装备运行小时（次数、里程等）总数} \quad (8\text{-}3\text{-}14)$$

单位运行时间器材保障成本体现了单位时间内器材消耗情况。该指标计算的时间标准通常以年为单位，主要针对舰船、飞机等能统计运行时间的型号装备。

(3) 设备保障。

① 设备完好率。

$$设备完好率=\frac{完好设备数}{设备总数} \quad (8\text{-}3\text{-}15)$$

设备完好率体现对维修设备的保障程度，该指标值越大，说明对维修设备的保障程度越好。该指标计算的时间标准通常以年为单位。

② 设备配套率。

$$设备配套率=\frac{设备现有可用数}{设备应配数} \tag{8-3-16}$$

设备配套率体现对维修设备需求的满足程度，该指标值越大，说明对维修设备需求的满足程度越好。该指标计算的时间标准通常以年为单位。

③ 某型设备利用率。

$$某型设备利用率=\frac{设备使用时间}{设备使用总时间}或\frac{设备使用次数}{设备使用总次数} \tag{8-3-17}$$

某型设备利用率体现了该型设备在实际维修保障工作中的使用情况，该指标值越大，说明该型设备的使用时间越长或频率越高。该指标计算的时间标准通常以年为单位。

④ 低利用率设备率。

$$低利用率设备率=\frac{低利用率设备数量}{设备总数} \tag{8-3-18}$$

低利用率设备率是指利用率小于 5%的设备数量占设备总数的比例。该指标体现了维修设备的利用程度，指标值越大，说明维修设备利用率越差。该指标计算的时间标准通常以年为单位。

(4) 专业训练。

① 专业技术人员承训率。

$$专业技术人员承训率=\frac{需训人数}{承训能力} \tag{8-3-19}$$

专业技术人员承训率体现了专业训练需求与训练机构承训能力之间的关系。该指标值大于 1，说明承训能力不能满足训练需求，需要加强训练机构建设，该指标值小于 1，说明承训能力过剩，最佳的情况是需训人数与承训能力相当。该指标计算的时间标准通常以年为单位。

② 专业对口率。

$$专业对口率=\frac{专业对口人数}{专业人员总数} \tag{8-3-20}$$

专业对口率体现了岗位从业人员的专业对口情况，该指标值越高，说明专业对口情况越好。该指标计算的时间标准通常以年为单位。

③ 岗位合格率。

$$岗位合格率=\frac{考核合格人员数量}{人员总数} \tag{8-3-21}$$

岗位合格率体现了一定时期内岗位从业人员满足装备维修保障工作要求的程

度，该指标值越高，说明岗位从业人员满足水平越高。该指标分子是从事某型号装备维修保障工作的考核合格人员数量，分母是该类人员总数，计算的时间标准通常以年为单位。

3. 类别装备维修保障效能评估参考指标

1) 综合指标

(1) 装备完好率。

$$装备完好率=\frac{能遂行军事任务的完好装备数}{装备总数}$$

装备完好率是装备维修保障工作的核心指标之一，综合体现了装备维修保障工作的实施效果。该指标值越大，说明装备维修保障效果越好。该指标计算的时间标准通常以年为单位。

(2) 装备失修率。

$$装备失修率=\frac{应修未修装备数}{应修装备总数}$$

装备失修率是对装备维修保障工作效果的负面描述。该指标值越大，说明装备维修保障效果越差。

2) 专项指标

(1) 等级修理。

① 年规划装备修理任务量。

$$年规划装备修理任务量=规划核定的修理机构年度修理装备数量 \tag{8-3-22}$$

年规划装备修理任务量体现了修理机构的修理能力。该指标值越大，说明修理机构修理能力越强。如果修理机构同时承担多种等级修理任务，那么应按维修级别分别统计，如大修、中修、小修、保养等，计算的时间标准通常以年为单位。

② 年实际需要安排装备修理任务量。

$$年实际需要安排装备修理任务量=部队年度实际需要安排修理的装备数量 \tag{8-3-23}$$

年实际需要安排装备修理任务量体现了部队装备修理需求，该指标值越大，说明装备修理需求越大，计算的时间标准通常以年为单位。

③ 年实际修理装备数。

$$年实际修理装备数=年度实际完成修理的装备数量 \tag{8-3-24}$$

年实际修理装备数体现了修理工作完成情况，该指标值越大，说明修理任务完成量越大，计算的时间标准通常以年为单位。

④ 按期修竣率。

$$按期修竣率=\frac{按期修竣装备数}{修理装备总数}$$

按期修竣率体现了承修单位在进度方面的修理能力。计算的时间标准通常以年为单位。

⑤ 部队修理机构利用率。

$$部队修理机构利用率=\frac{年度实际修理装备数}{年规划装备修理任务量} \tag{8-3-25}$$

部队修理机构利用率体现了修理机构修理能力的利用程度。该指标计算的时间标准通常以年为单位。

⑥ 装备失修率。

$$装备失修率=\frac{应修未修装备数}{应修装备总数}$$

与综合指标中装备失修率不同的是，该指标对不同级别的修理应分别进行计算。

⑦ 平均在厂修理时间。

平均在厂修理时间=自装备入修理机构至修竣交付的平均天数

参数解释同前。

(2) 器材保障。

① 器材周转率。

$$器材周转率=\frac{年内消耗器材总数}{年末库存器材总数+年内消耗器材总数}$$

参数解释同前。

② 库存器材呆滞率。

$$库存器材呆滞率=\frac{三年以上未出库器材数}{库存器材年末平均数}$$

参数解释同前。

(3) 设备保障。

① 设备完好率。

$$设备完好率=\frac{完好设备数}{设备总数}$$

参数解释同前。

② 设备配套率。

$$\text{设备配套率}=\frac{\text{设备现有可用数}}{\text{设备应配数}}$$

参数解释同前。

③ 某型设备利用率。

$$\text{某型设备利用率}=\frac{\text{设备使用时间}}{\text{设备使用总时间}}\text{或}\frac{\text{设备使用次数}}{\text{设备使用总次数}}$$

参数解释同前。

(4) 专业训练。

① 专业技术人员承训率。

$$\text{专业技术人员承训率}=\frac{\text{需训人数}}{\text{承训能力}}$$

参数解释同前。

② 专业对口率。

$$\text{专业对口率}=\frac{\text{专业对口人数}}{\text{专业人员总数}}$$

参数解释同前。

③ 岗位合格率。

$$\text{岗位合格率}=\frac{\text{考核合格人员数量}}{\text{人员总数}}$$

参数解释同前。

8.3.4 评估结果运用

装备维修保障效能评估结果是装备维修保障建设和准备成效的客观反映，蕴含着大量体现装备维修保障内在规律及效益和效率水平的数据信息。运用好评估结果，是装备维修保障效能评估的重要步骤，对促进装备维修保障与评估的良性互动，确保装备维修保障效能逐步提高具有重要意义。

1. 发现问题，揭示矛盾，促进整改

发挥评估结果的诊断作用，发现装备维修保障结构和功能上存在的问题与薄弱环节，是评估工作的重要内容。首先，要分析问题、剖析原因。在评估结束后，及时组织相关人员对评估结果进行专业对口分析，在领导和专家指导下进行系统综合分析，找准问题和原因，揭示装备维修保障建设发展的深层次矛盾。其次，要着眼发展、组织整改。建立问题纠改责任制，按级分类制定整改措施，上下联动综合整改。受评对象自身能够解决的问题，要限期整改；部队自身不能解决的问题，上级要及时研究解决。短期内能够解决的问题，要跟踪问效尽快解决；需要较长周期解决的问题，要制订整改计划，分阶段明确任务，分步骤实施整改。

2. 依据结果，实施奖惩，促进提高

依据评估结果，采取多种手段，实施严格、公正、及时、有力的奖惩，能够激发各级做好装备维修保障工作的热情，促进装备维修任务的落实和质量提高。要给予装备维修保障与部队其他各项工作同等重要的地位，在评估工作结束后及时公布评估结论、通报问题和排列名次，并把装备维修保障效能评估结果作为立功受奖、评选先进、晋级提升的重要条件，大力宣扬和表彰先进典型。在提高装备维修保障效益、节约经费的基础上，申请适度专项奖励基金，对评估成绩突出的单位和个人给予一定的物质奖励。要加大惩处力度，对评估结果差的单位和个人，以及装备维修保障管理能力差、效益和效率低、整改措施落实不力的单位领导，给予明确的处罚，重奖和严惩有机结合，积极提高装备维修保障效能。

3. 信息反馈，循环互动，持续发展

按照“谁组织谁负责”的原则，明确装备维修保障效能评估数据的管理职责，分级分类建立评估数据信息档案，形成评估信息管理、使用、更新制度，发挥好评估数据的综合作用。

(1) 为制定作战保障预案提供参考。要依据评估结果对各级装备维修保障效能数据库进行更新，对作战保障预案中的任务区分、力量编组等内容进行调整，发挥好评估结果对制订战备计划的参考作用。

(2) 为科学指导装备维修保障训练提供参考。通过对单位和个人不同阶段、不同年度装备维修保障结果的纵向和横向比较，预测装备维修保障发展的趋势，增强装备维修保障指导的针对性。

(3) 为完善评估指标体系提供参考。适时对评估结果数据进行分析比较，查找与保障力生成规律不吻合的问题，论证评估指标体系的合理性，及时调整内容、标准和权重，使评估更加贴近装备维修保障实际，更加符合实战要求。

8.4 本章小结

本章首先介绍了装备维修保障计划检查的基本概念、主要内容、方法与形式、基本程序和注意事项；然后分析了装备维修保障计划在组织领导、规章制度、计划编制、计划执行、经费管理等方面的具体检查内容和检查方法；最后介绍了装备维修保障效能评估的基本要求、主要内容、评估指标体系建立及评估结果运用，通过对这些内容的了解，有利于充分发挥装备维修保障计划检查工作的作用，确保装备维修保障计划顺利完成。

参考文献

[1] 曹小平，林晖. 装备维修战略学[M]. 北京：国防工业出版社, 2008.
[2] 张景臣. 军事装备维修保障概论[M]. 北京：国防工业出版社, 2012.
[3] 郭齐胜，郅志刚，杨瑞平，等. 装备效能评估概论[M]. 北京：国防工业出版社, 2005.
[4] 阚于龙. 舰船维修保障系统效能评估及优化决策[D]. 武汉：华中科技大学, 2007.
[5] 柳成彬，张怀强，吴磊. 舰船装备维修费用优化研究[J]. 中国修船, 2009, 22(5): 40-44.
[6] 刘斌. 舰船装备保障资源和维修策略优化及效能评估[D]. 西安：西北工业大学, 2006.
[7] 刘长泰，杜晓明，李锋. 装备维修保障效能评估指标体系[J]. 四川兵工学报，2009，30(10): 120-123.
[8] 张柳，于永利，聂成龙，等. 装备维修保障系统建模理论与方法[M]. 北京：国防工业出版社, 2012.
[9] 黄建新，娄寿春，张志峰. 基于指数法的装备维修保障系统效能评估模型[J]. 空军工程大学学报(自然科学版), 2006, 7(1): 39-42.

第 9 章　装备维修保障计划综合评估

装备维修保障计划综合评估是由专门的评估组织和人员，依据有关规定，根据特定的目标，遵循适用的原则，按照法定的程序，运用科学的方法，对装备维修保障计划进行综合评估的过程，其目的在于全面考核和评估装备维修保障计划的总体情况，为后续装备维修保障计划管理工作提供借鉴和参考。本章将重点介绍装备维修保障计划综合评估的基础内容、基于效益的装备维修保障计划综合评估的概念及其方法。

9.1　装备维修保障计划综合评估概述

本节主要介绍装备维修保障计划综合评估的内涵、意义、特点和一般程序。

9.1.1　装备维修保障计划综合评估的内涵

装备维修保障计划综合评估，是指在装备维修保障计划全部执行完后，对装备维修保障计划的全过程所做的全面评估。

综合评估体现了对装备维修保障计划评估的全面性和深入性。具体来说，就是既要评估装备维修保障计划管理的每个方面，包括维修任务、维修经费、维修物资和维修人员，还要评估装备维修保障计划管理的各个阶段和层次，如装备维修保障计划的拟制、审批、下达和执行等，而拟制和执行过程又是尤为重要的阶段。因此，综合评估能全方位、多角度地反映装备维修保障计划的管理状况，为计划管理者做出计划决策提供科学的依据。

从以上说明可以看出，装备维修保障计划综合评估是计划管理过程中一个复杂却非常重要的步骤，不但要求考虑全面且要求有所侧重。以前人们往往只注重预算执行的评估，对维修任务完成的评估很少，不能反映整个装备维修保障计划的管理情况；另外，装备维修保障计划涵盖面广、难以量化，因此以前的评估方法大多是用定性分析，主观性比较强，缺乏科学的分析手段，这些问题都需要着力予以解决。

9.1.2　装备维修保障计划综合评估的意义

积极开展装备维修保障计划综合评估工作，对增强装备维修保障计划及预算管理与决策的科学性，管好、用好有限的装备维修保障经费，使其发挥最大的军事经济效益，具有重要的现实意义。

1. 提高装备维修保障经费使用效益的需要

装备维修保障计划综合评估如同一只无形的手，把维修活动的各个层次、各个要素、各个环节引到追求效益的轨道上。如果没有一套科学的评估方法，就不能很好地肯定和保护良好运行的维修活动、否定和消除不良的维修活动，就不能很好地反映维修活动的效益水平。只有建立起完善的评估指标体系，使用合理的评估模型，才有助于认识和揭示经济活动运行的规律，及时准确地找出存在的问题和薄弱环节，提高装备维修保障经费的使用效益。

2. 促进装备维修保障管理科学化的需要

决策正确是最大的节约。要谋求装备维修保障计划管理系统整体功能最优，获得最大的装备维修保障效果，提高装备维修保障管理决策的科学化水平，就需要建立健全科学的决策体系、决策组织制度和决策机制，同时必须建立灵活、高效的决策信息管理系统，而装备维修保障计划综合评估是维修管理决策信息系统的重要信息源和有机组成部分。一套科学的装备维修保障计划综合评估方法，有助于选择性收集和整理装备维修管理系统运行的基本资料，为维修管理决策提供全面、系统、及时、准确和有效的信息源，以及创造充分利用现代科学决策方法的先决条件，使维修管理决策建立在更高置信度的科学基础之上。

3. 落实装备维修保障经费管理责任制的需要

责任制管理是我军经费管理的重要方法之一。责任制管理的核心问题是“责”的问题，这个“责”的实质就是对经费使用效益负责。因此，落实经费管理责任制就是落实经费使用效益的责任。也就是说，分配给各级各部门的经费后，各级各部门不仅要对经费使用的过程负责，而且要对经费使用的结果负责。落实经费管理责任制，不只是制定经费分配指标和监督经费使用是否合理合法，还必须考核、评估经费的使用效益。因此，对各种经费使用效益进行评估，适应了落实经费管理责任制的要求。在评估中，通过对各部门维修效益的对比分析，可以掌握各部门经费使用效益的情况，并对各部门经费管理情况做出客观公正的评价。

4. 不断提高装备维修保障计划管理水平的需要

装备维修保障计划综合评估指标体系对装备维修保障计划管理工作具有强烈

的导向作用。装备维修保障计划综合评估指标体系既是一把尺子，又是一面旗帜，对装备维修管理方方面面的实际工作具有强烈的导向作用。装备维修管理活动一般要经过计划-执行-检查-评估四个阶段。在维修管理活动的四个阶段中，评估阶段具有承前启后的作用，它既是对前一管理过程的总结，又是下一管理过程的基础。装备维修管理活动的评估包括很多内容，主要是对编制的维修保障计划、计划的执行及检查情况进行全面评估，但核心问题是对维修任务完成和维修经费使用效益进行考核与评估。这是因为装备维修管理活动的各阶段工作都是围绕使用效益这个总目标而展开的。在维修管理工作中，经常遇到方案选择和政策制定的问题，如何选择维修效益最优的合理方案，是体现维修管理水平的重要标志。维修效益评估指标体系是由反映维修管理运行各个方面、各个环节和各个要素状况的指标构成的有机整体，便于评价各种技术、措施和经济合理化程度，因而是评价装备维修管理水平的有效途径。在管理实践中，通过对维修效益评估指标体系的建立和各种评估方法的运用，就会得出维修效益的结论，并为管理决策提供可靠依据，从而实现装备维修保障工作的科学管理。

9.1.3　装备维修保障计划综合评估的特点

装备维修保障计划综合评估具有以下特点：

1. 系统性

装备维修保障计划综合评估是一项系统工程，影响装备维修保障计划的因素是多层次、全方位的，构成了一个复杂的、相互关联的综合系统，通过应用先进的评价理论和方法对该系统的内容、过程进行分析与评价，可以获得装备维修保障计划的效益水平，因此装备维修保障计划综合评估具有系统性。

2. 综合性

装备维修保障计划综合评估需要分析装备维修保障计划管理过程的各个环节，首先要在综合考虑影响装备维修保障计划的各种因素(有管理的，也有技术的)、对各种因素进行合理分类的基础上，建立综合评估指标体系，因此装备维修保障计划综合评估具有全面性、综合性。

3. 复杂性

影响装备维修保障计划的因素多种多样，建立的综合评估指标体系中既有定量的指标，也有定性的指标，还有许多不确定因素，这就会给评估造成困难。因此，装备维修保障计划综合评估具有复杂性。

4. 探索性

装备维修保障计划综合评估是一个新的研究领域，由于可以借鉴的很少，装备维修保障计划综合评估具有探索性。

5. 主观性

在装备维修保障计划的评估过程中，从评估指标体系的建立、评估指标标准选择、评估权重及评估方法的确定，都是以参加评估的人员，即个人评估为前提的。这就意味着评估结论往往取决于评估人员的经验、知识水平、认识能力和偏好立场；同时，评估活动中随机因素及不确定的影响，会使评估结果受客观因素和人为因素的影响更大,因此装备维修保障计划综合评估不可避免地具有主观性。

9.1.4 装备维修保障计划综合评估的一般程序

装备维修保障计划综合评估的一般程序包括提出问题、筹划准备、收集资料、初步研究、采集数据、分析研究、编制报告。

(1) 提出问题。明确评估的具体对象、评估的目的及具体要求等。

(2) 筹划准备。组建评估小组、制订评估计划等。

(3) 收集资料。收集装备维修保障计划资料、国家及军队的相关政策、相关项目的运行情况，以及反映装备维修保障计划可能的或现有的实施和运行影响的资料等，为初步研究奠定基础。

(4) 初步研究。依据评估的对象和目的，确定评估的具体内容、评估的方法，建立评估模型，确定需要采集的数据等。

(5) 采集数据。依据初步研究的结果，采集评估所需的有关数据。采集数据的真实性和准确性直接关系到评估结果的正确性，这是装备维修保障计划综合评估的关键步骤。

(6) 分析研究。围绕综合评估的内容，采用定量分析与定性分析相结合的方法，使用建立的评估模型和采集到的数据，分析评估装备维修保障效益，确定评估结果。

(7) 编制报告。评估报告是评估的最终成果，全面、系统、综合地反映评估的过程和结论。

9.2 基于效益的装备维修保障计划综合评估

装备维修保障计划管理的最终目的在于提高装备维修保障工作的军事效益和经济效益，而装备维修保障效益反过来也能直接反映装备维修保障计划管理情况。因此，可以考虑采用装备维修保障效益作为装备维修保障计划综合评估的指标，以装备维修保障计划全面实施后装备维修保障效益的高低评估这计划管理的优劣。

9.2.1　装备维修保障效益

装备维修保障效益是指从事装备维修保障活动的过程中，产生的装备维修效果与所耗费装备维修资源的比较关系，它衡量和评价了装备维修保障计划实现过程的有效性和经济性。在这个定义中，包含了装备维修效果和装备维修耗费两方面的内容[4]。

装备维修效果是指在规定的条件下，组织并实施有效的维修，完成既定的装备维修任务，达到规定的维修质量要求，以保证装备能安全、可靠地完成战备训练任务，是在装备维修活动中消耗和占用劳动创造出来的有用成果，包括装备维修的军事成果和经济成果，分别表现为物质形态和价值形态[5]。

装备维修耗费是指为达到维修效果而直接消耗或维修占用的社会劳动。直接消耗是指在劳动过程中的人力消耗、资金支出、物质消耗等，包括劳动力和物化劳动的消耗；维修占用是指为保障维修所投入使用的人力、物力、财力。两者是两个不同的量，衡量装备的维修保障效益，既要考察劳动耗费的大小，还要考察劳动占用的多少，可以经过一定的换算，将占用量与消耗量两者直接相加减。

装备维修保障效益用公式可表示为

$$E = \frac{V}{C} \tag{9-2-1}$$

式中，E——装备维修保障效益；

V——装备维修效果；

C——装备维修耗费。

在取得同样装备维修效果的情况下，装备维修耗费越少，装备维修保障效益就越高；在装备维修耗费一定的情况下，取得的装备维修效果越好，装备维修保障效益也就越高。反之，则装备维修保障效益越低。

装备维修保障效益是一个定量的概念，是可以进行计算和比较的。建立科学合理的装备维修保障效益评估指标体系和评估模型，将其用于装备维修保障计划的综合评估，可以达到改进装备维修保障计划管理、提高装备维修保障效益的目的。

9.2.2　装备维修保障效益评估指标体系

在建立装备维修保障效益评估指标体系之前，必须明确评估的目的，确定评估目标体系。本小节采用基于效益的装备维修保障计划综合评估，主要用于综合评估装备维修保障计划，反映计划管理中的问题并得出改进方法。因此，装备维修保障效益评估指标体系的建立，不仅要考虑影响装备维修保障计划的因素，还要考虑影响装备维修保障计划效益的因素，使装备维修保障效益评估指标体系能为装备维修保障计划管理的改进和提升提供依据与标准。

从装备维修保障结果的角度，可将装备维修保障效益分为装备维修保障的军事效益和经济效益。在装备维修保障效益评估指标体系的建立上，已有不少学者进行了研究，并且在实际工作中，许多指标也得到了广泛的认同和使用，例如，用装备完好率、装备返修率、维修及时性等指标评估军事效益；用装备维修直接和间接费用、维修物资消耗、维修工时等指标评估经济效益[6]。按照建立评估指标体系的客观性原则，应该选取通用的、规范的指标构建评估指标体系，以便于理解和使用。

但是，评估对象和评估目的有所不同，每个人在建立评估指标体系时会各有侧重，这使得评估指标体系各不相同。本节建立的装备维修保障效益评估指标体系是为提高装备维修保障计划管理水平而服务的，必须体现装备维修保障计划管理的对象，并自成体系，这样才能适用于装备维修保障计划管理人员决策。因此，结合装备维修保障计划管理的对象——维修任务、维修经费、维修物资和维修人员，用维修任务完成效果来反映军事效益，用维修经费、维修物资、维修人员的相关情况来反映经济效益[7]。这样，就将装备维修保障计划管理与装备维修保障效益评估指标体系相互联系起来。图 9-2-1 显示了装备维修保障效益评估目标体系。

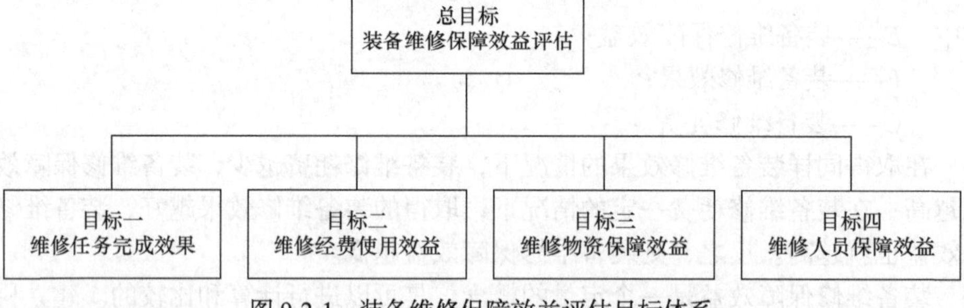

图 9-2-1　装备维修保障效益评估目标体系

根据装备维修保障的实际情况，针对以上各目标建立相应的准则，可以把装备维修保障效益评估指标体系分为四大类指标：维修任务完成效果指标、维修经费使用效益指标、维修物资保障效益指标和维修人员保障效益指标。按照建立指标体系的原则，结合实际应用中较多采用且切实可行的指标，建立具体的评估指标体系层次，如图 9-2-2 所示。

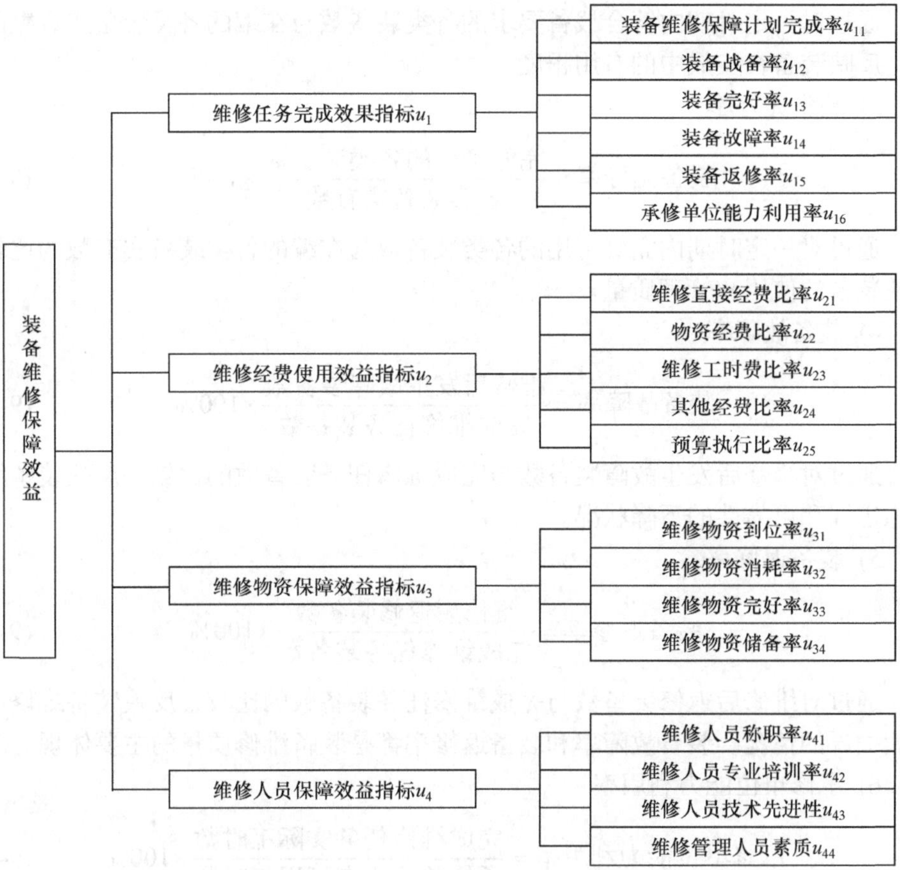

图 9-2-2　装备维修保障效益评估指标体系

1. 维修任务完成效果指标

维修任务完成效果指标主要用来反映装备维修保障的军事效益，如维修任务完成的数量多少、质量高低、装备的固有能力恢复程度等，是装备维修保障效益的重要组成部分，也是装备维修保障工作必须首先追求的方面。其具体指标有：

1) 装备维修保障计划完成率

$$\text{装备维修保障计划完成率}=\frac{\text{实际完成的装备维修任务}}{\text{计划完成的装备维修任务}}\times 100\% \tag{9-2-2}$$

通过对一定时期内实际完成和计划完成的装备维修任务的比较，反映装备维修任务的按期完成情况。

2) 装备战备率

$$\text{装备战备率}=\frac{\text{符合战备要求的各类装备数}}{\text{各类装备实有数}}\times 100\% \tag{9-2-3}$$

通过对一定时期内符合战备要求的各类装备数与在编的各类装备实有数的比较，反映装备在实战中的有用程度。

3) 装备完好率

$$\text{装备完好率}=\frac{\text{完好可用的各类装备数}}{\text{各类装备实有数}}\times 100\% \tag{9-2-4}$$

通过对一定时期内完好可用的各类装备数与在编的各类装备实有数的比较，反映装备的使用和管理质量。

4) 装备故障率

$$\text{装备故障率}=\frac{\text{维修后发生故障装备数}}{\text{完成维修任务装备数}}\times 100\% \tag{9-2-5}$$

通过对维修后发生故障装备数与完成维修任务装备数的比较，反映装备维修后稳定性和可靠性的下降状况。

5) 装备返修率

$$\text{装备返修率}=\frac{\text{维修后返修装备数}}{\text{完成维修任务装备数}}\times 100\% \tag{9-2-6}$$

通过对维修后返修装备数与完成维修任务装备数的比较，反映装备维修出现重大失误的情况。装备故障率和装备返修率都是装备维修质量的主要体现。

6) 承修单位能力利用率

$$\text{承修单位能力利用率}=\frac{\text{完成维修任务实际工时数}}{\text{承修单位所有可用工时数}}\times 100\% \tag{9-2-7}$$

通过对承修单位完成维修任务实际工时数与承修单位所有可用工时数的比较，反映承修单位的维修能力利用情况。

2. 维修经费使用效益指标

维修经费使用效益指标是装备维修保障经济效益指标的关键部分，通过建立五项指标来反映维修经费的分配和使用情况，对计划管理者从总体上控制经费的流向、流量发挥指导作用。

1) 维修直接经费比率

$$\text{维修直接经费比率}=\frac{\text{维修直接经费支出}}{\text{维修总经费}}\times 100\% \tag{9-2-8}$$

通过对一定时期内大修、中修等的直接经费支出与维修总经费的比较，反映维修直接经费的投入和使用情况。

2) 物资经费比率

$$\text{物资经费比率}=\frac{\text{物资经费支出}}{\text{维修总经费}}\times 100\% \tag{9-2-9}$$

通过对一定时期内购置、运输、储存维修器材和设备等物资的经费支出与维修总经费的比较，反映维修物资经费的投入和使用情况。

3) 维修工时费比率

$$\text{维修工时费比率}=\frac{(\text{维修工时}+\text{返修工时})\times\text{工时单价}}{\text{维修总经费}}\times 100\% \tag{9-2-10}$$

通过对一定时期内装备维修工时费和返修工时费与维修总经费的比较，反映维修人员的劳动经费的投入和使用情况。

4) 其他经费比率

$$\text{其他经费比率}=\frac{\text{其他经费支出}}{\text{维修总经费}}\times 100\% \tag{9-2-11}$$

通过对一定时期内其他经费支出与维修总经费的比较，反映其他维修经费的投入和使用情况。

5) 预算执行比率

$$\text{预算执行比率}=\frac{\text{实际维修经费支出}}{\text{维修经费总预算}}\times 100\% \tag{9-2-12}$$

通过对一定时期内实际维修经费支出与维修经费总预算的比较，反映维修经费的总体支出情况，是体现维修经费使用效益的一项重要的整体性指标。

3. 维修物资保障效益指标

维修物资保障效益指标是装备维修保障经济效益的组成部分，从各个方面考察维修器材、设备等物资的保障情况，旨在全面合理地评估装备维修保障效益。

1) 维修物资到位率

$$\text{维修物资到位率}=\frac{\text{实际到位的维修物资数}}{\text{应该到位的维修物资数}}\times 100\% \tag{9-2-13}$$

通过对一定时期内实际到位的维修物资数与应该到位的维修物资数的比较，反映维修物资能否按时按量保障装备维修工作的正常进行。

2) 维修物资消耗率

$$\text{维修物资消耗率}=\frac{\text{实际消耗的维修物资数}}{\text{现有维修物资数}}\times 100\% \tag{9-2-14}$$

通过对一定时期内实际消耗的维修物资数与现有维修物资数的比较，反映装备维修物资的急需程度和使用强度。

3) 维修物资完好率

$$维修物资完好率=\frac{完好可用的维修物资数}{维修物资实有数}\times 100\% \tag{9-2-15}$$

通过对一定时期内完好可用的维修物资数与维修物资实有数的比较，反映装备维修物资的实际可用性和保障能力。

4) 维修物资储备率

$$维修物资储备率=\frac{出库的维修物资数}{入库的维修物资数}\times 100\% \tag{9-2-16}$$

通过对一定时期内出库的维修物资数与入库的维修物资数的比较，综合反映装备维修物资的储存效率。可以做如下定义：

$$\begin{aligned}&当出库的维修物资数\geqslant 入库的维修物资数时，维修物资储备率=1\\&当出库的维修物资数<入库的维修物资数时，维修物资储备率\\&=\frac{出库的维修物资数}{入库的维修物资数}\times 100\%\end{aligned} \tag{9-2-17}$$

4. 维修人员保障效益指标

维修人员保障效益指标是装备维修经济效益的一部分，用来反映维修人员工作效率、专业技术水平和维修管理人员的素质，这些方面的提高可以在一定程度上节省维修费用，因此可以作为经济效益指标。

1) 维修人员称职率

$$维修人员称职率=\frac{称职维修人员数量}{编制维修人员数量}\times 100\% \tag{9-2-18}$$

通过对一定时期内承修单位称职维修人员数量与编制维修人员数量的比较，反映装备维修人员满足维修要求情况，考察维修人员是否称职，工作效率是否高效。

2) 维修人员专业培训率

$$维修人员专业培训率=\frac{参加专业培训的维修人员数量}{编制维修人员数量}\times 100\% \tag{9-2-19}$$

通过对一定时期内承修单位参加专业培训的维修人员数量与编制维修人员数量的比较，反映装备维修人员维修技术及维修质量的可提升性。

3) 维修人员技术先进性

维修人员技术先进性指标反映装备维修人员对维修专业技能的掌握，对维修保障系统的利用，对新技术、新方法的应用等，是定性的指标，无法用定量的公式来表示。

4) 维修管理人员素质

维修管理人员素质指标综合反映装备维修管理人员的政治思想、科学知识，以及组织协调、运筹谋划、分析判断等能力，是定性的指标，不能用定量的公式来表示。

值得注意的是，每个定量的指标解释中都有“在一定的时期内”的界定，这种对时间段的强调在维修效益的评估中非常重要，不同的时期内效益评估的结果会有很大的区别。对于这一复杂的动态分析过程，为了简化研究，通常将时间段固定为一年，即对年度装备维修保障计划进行评估分析。

从以上对各个指标的解释可以看出，此评估指标体系能对装备维修保障军事效益和经济效益的各个方面、各个层次的性质状态进行描述和反映，且既有定量指标又有定性指标，是一个综合复杂、科学完备的体系。这也决定了必须采用综合性的评估方法对装备维修保障效益进行评估和分析。

9.2.3　装备维修保障计划综合评估方法

装备维修保障计划综合评估指标体系的建立，使整个评估系统的综合情况得到充分体现。但是，装备维修保障计划内容涉及面广，指标体系错综复杂，因此要对其进行全面、合理、准确、科学的评估，必须选用适当的方法。

装备维修保障计划综合评估方法是指对评估对象进行评定估算、确定其效益时所采用的具体计算公式和运算程序等一系列具有一定规程的技术手段，是装备维修保障计划评估标准的具体运用。目前，所用的评估方法有很多，每一种都有其优点和不足，选用适当的方法对提高装备维修保障计划综合评估结果的正确性和可信度具有至关重要的作用。

目前，已有几十到上百种评价方法，但每一种评价方法都必须包含如下两部分内容：一是提供解决属性之间不可公度问题的方法；二是构建一个价值函数或评价函数，用以权衡评价对象的综合效用或综合水平，这一函数既应反映每个属性的价值取向，又应区别各个属性的重要程度。因此，在对已建立的指标体系评估之前，应该进行各项指标的无量纲化处理和赋权[8]。

指标的无量纲化即指标的规范化、标准化，一般是将所有指标值都转化为没有量纲的[0，1]区间的一个值，目的是解决各指标的量纲、数量级和指标优劣的趋向各异问题，它是指标综合的前提。指标的无量纲化就是指标实际值转化为指标评价值的过程，从数学角度讲就是要确定指标评价值依赖指标实际值的一种函数关系式。定量指标无量纲化方法可以从几何的角度归结为直线型、折线型和曲线型三类。对于定性指标，则需要先进行量化，主要方法有等级法、标度法、模糊数法或灰度法、专家调查法、特征向量法和顺序指标量化等。对正向指标(效益指标)和逆向指标(成本指标)的无量纲化方法有极差变换法、线性比例变换法、向量归一法、标准样本系数法等。以上列出的这些方法各有优劣，在实际运用中应权衡使用，具体方法在本节中不予详细叙述。

从对综合评估目标的影响来看，不同指标的重要度是不同的，给指标赋以不同的权重，可以对这种重要度的区别加以体现，从而使综合评估的结果更加真实，因而权重向量的赋值便成为人们关注的焦点。确定各指标权重的方法，一般按照源信息的来源不同，可以分为主观赋权法和客观赋权法两类。主观赋权法的源信息来自专家咨询，是指根据决策者的主观经验和判断，用某种特定法则计算出指标的权重，如德尔菲法、相邻指标比较法、统计法等。客观赋权法的信息来自统计数据本身，从指标的统计性质来考虑，根据决策矩阵提供评估指标的客观信息，用某种特定法则确定指标的权重，如离差法、均方差法、最优权法、熵值法等。主观赋权法简便易行，但是带有较强的人为因素，可信度不高；客观赋权法精确可信，但是需要大量准确的样本数据，且可解释性低。两种方法都有一定的片面性和局限性，最佳的解决办法就是将它们有机综合，即采用组合赋权法。

在指标体系完成了无量纲化和赋权之后，就可以选择评估方法对指标体系建立评价函数。综合指数法、功效评分法、理想点法和最优权法是四种简易的评估方法，其评价函数都是每个指标的加权线性函数。它们的共同特点是机理简单、计算量小，因而在各类业务管理部门中应用甚广。层次分析法、主成分分析法、聚类分析法、数据包络分析法、灰色关联度法、模糊评估法等是近年来研究较多的评估方法，它们更加适用于复杂系统的综合评估。无论何种评估方法都有其缺陷和不足，因此很多学者开始把目光放在各种方法的有机结合上，力求取长补短，进行方法的改进。这些优化和改进方法都在一定程度上提高了评估质量，为管理者做出正确决策提供了更多、更有效的手段。

9.3　装备维修保障计划的模糊综合评估

在装备维修保障计划评估指标体系中，无论是对维修任务完成效果的评估，还是对维修经费、维修物资和维修人员的保障效益的评估，都不容易确定和区分，它是一个带有模糊性因素的复杂系统，而且既包含定量指标，又包含定性指标，因此用一般的统计法难以进行综合评估[9]。

本节选用模糊综合评估法对装备维修保障计划进行评估，主要基于模糊综合评估法的以下突出优点：一是模糊综合评估结果以向量的形式出现，提供的评估信息比其他方法丰富。二是适用性较强，弥补了其他方法的不足，模糊综合评估法既可用于主观指标的综合评估，又可用于客观指标的综合评估，由于现实世界中亦此亦彼的中介过渡现象大量存在，模糊综合评估法的应用范围较广，特别是在主观指标的综合评估中，模糊综合评估法可以发挥模糊方法的独特作用，评估效果要优于其他方法。三是模糊综合评估法中的权重属于估价权重，因而是可调整的，根据评估者的着眼点不同，可以改变评估指标的权重。另外，还可以同时用几种权重分配对同一被评估对象进行综合评估，以进行比较研究。

9.3.1 模糊综合评估法

对某种事物的评估，不同的人可能会有不同的看法，有些人认为好，有些人认为不好，而有些人认为介于好与不好之间，对它的评估存在模糊性，是无法用一个确定的数值来说明评估结果的。在这种情况下，为了得到合理的评估结果，需要引入模糊数学的理论，使带有模糊性的因素也可以用数学的方法进行处理，从而得到更加准确可信的评估结果[10]。

模糊综合评估法首先通过构造等级模糊子集对反映被评估事物的模糊指标进行量化(确定隶属度)，然后利用模糊变换原理对各指标进行综合。首先明确模糊综合评估法的以下基本概念。

1. 评估要素

模糊综合评估法主要包含三个方面的评估要素：

(1) 因素集 $U=\{u_1,u_2,\cdots,u_n\}$ 且 $\bigcup_{i=1}^{n}u_i=U, u_i\cap u_j=\varphi(i\neq j)$ ，其中， u_i ($i=1,2,\cdots,n$)为被评估对象的各个因素。当问题是多级模糊综合评估时，先确定一级评估因素集 U，再将各评估因素分解为子因素集 $U_i=\{u_{i1},u_{i2},\cdots,u_{in}\}$ 。

(2) 评语集 $V=\{v_1,v_2,\cdots,v_m\}$ ，是由评语组成的集合，其中， v_i 为可能做出的评估结果。一般来说，评语等级数 m 取 $[3,7]$ 中的整数，如果 m 过大，那么语言难以描述且不易判断等级归属；如果 m 太小，那么不符合模糊综合评估的质量要求，取奇数的情况较多。

(3) 权重集 $A_i=\{a_{i1},a_{i2},\cdots,a_{in}\}$ 且 $\sum_{k=1}^{n}a_{ik}=1, a_{ik}\geqslant 0$ ，其中， a_{ik} 为因素 u_{ik} 相对于上一层次因素 u_i 的重要程度。

2. 评估矩阵

因素集中每一个元素 u_i 都有一个其对评语集的隶属度 $(R_i|u_i)$ 。由 R_i 构成的矩阵 R 表示为

$$R=\begin{bmatrix} R_1 \\ R_2 \\ \vdots \\ R_n \end{bmatrix}=\begin{bmatrix} r_{11} & r_{12} & \cdots & r_{1m} \\ r_{21} & r_{22} & \cdots & r_{2m} \\ \vdots & \vdots & & \vdots \\ r_{n1} & r_{n2} & \cdots & r_{nm} \end{bmatrix} \tag{9-3-1}$$

式中，r_{ij}——评估指标u_i做出评估结果v_j的隶属度。该矩阵构成了模糊综合评估的基础，称为评估矩阵。

关于隶属度，在模糊数学中有如下定义：

设给定因素集U与集合A和元素z，若对U到$[0,1]$区间的任一映射：

$$\mu_A : U \to [0,1] \tag{9-3-2}$$

有

$$z \to \mu_A(z) \tag{9-3-3}$$

则μ_A表明确定了U上的一个模糊子集A，称μ_A为A的隶属函数，$\mu_A(z)$为z关于A的隶属度。

在模糊综合评估中，如何确定隶属函数和隶属度，从而得到评估矩阵，是非常关键的一步。在构造隶属函数的过程中，应充分注意到主观性和客观性的辩证统一，力求做到使构造的隶属函数能够较全面地反映事物的本质。目前，人们已提出了很多方法，如等级比重法、频率法、三分法、分布函数法等。这些方法是人们从不同的侧面，根据不同的需要提出的，各有侧重，在实际应用时可以依据指标的特征和评价模糊集合选择适合的方法并确定其中的参数。

3. 评估模型

评估模型建立的方法是逐级确定各因素对上一层次因素的权重集A_i，逐级进行模糊评估。一级模糊评估模型为$B=A\circ R=(b_1,b_2,\cdots,b_m)$。对于多级模糊评估，首先算出最低层次的评估值，将其作为上一层次的因素集，然后层层依次向上评估，直到最高层次，最后得出总的评估结果。这里的符号“∘”是模糊算子，主要有三种合成运算算法。

(1) 主因素决定型：$M(\wedge,\vee)$型，即

$$b_j=\bigvee_{i=1}^{n}(a_i \wedge r_{ij})=\max\left\{\min(a_1,r_{1j}),\min(a_2,r_{2j}),\cdots,\min(a_n,r_{nj})\right\},\quad j=1,2,\cdots,m \tag{9-3-4}$$

(2) 主因素突出型：$M(\cdot,\vee)$型，即

$$b_j=\bigvee_{i=1}^{n}(a_i \cdot r_{ij})=\max\left\{a_1 r_{1j},\ a_2 r_{2j},\ a_n r_{nj}\right\},\quad j=1,2,\cdots,m \tag{9-3-5}$$

(3) 加权平均型：$M(\cdot,+)$ 型，即

$$b_j = \sum_{i=1}^{n} a_i r_{ij} \tag{9-3-6}$$

4. 评估程序

在阐明基本概念之后，模糊综合评估就相对简明了，一般来说按照以下六个步骤进行：

1) 建立因素集

$$U = \{u_1, u_2, \cdots, u_n\}$$

2) 建立评语集

$$V = \{v_1, v_2, \cdots, v_m\}$$

3) 建立权重集

每层次指标都要合理赋权：

$$A_i = \{a_{i1}, a_{i2}, \cdots, a_{in}\}$$

4) 单因素模糊评估

单独从一个因素出发进行评估，找出 U 和 V 之间的模糊关系，得到单因素评估矩阵：

$$R = \begin{bmatrix} r_{11} & r_{12} & \cdots & r_{1m} \\ r_{21} & r_{22} & \cdots & r_{2m} \\ \vdots & \vdots & & \vdots \\ r_{n1} & r_{n2} & \cdots & r_{nm} \end{bmatrix} \tag{9-3-7}$$

5) 模糊综合评估

对于只有一层的指标体系，使用一级模糊综合评估模型，得到模糊综合评估结果向量：

$$B = A \circ R = (b_1, b_2, \cdots, b_m)$$

6) 评估结果向量分析

每一个被评估事物的模糊综合评估结果都表现为一个向量，为了给出确定的评估结果，可以采用以下三种方法。

(1) 最大隶属度法：取 V 中与 $\max\limits_j b_j$ 最为接近的元素作为评估结果。这种办法仅考虑了最大评估指标的贡献，舍弃了其他评估指标的信息，对很多问题来说不是最好的解决方法。

(2) 加权平均法：将评语集的各个等级看成一种相对位置，用 1，2，…，m 依次表示各等级，并赋予权重，对各个被评估元素进行加权平均，取平均值作为综合评估结果。它反映了被评估事物的相对位置，即

$$v=\frac{\sum_{j=1}^{m}b_j\cdot j}{\sum_{j=1}^{m}b_j} \tag{9-3-8}$$

(3) 模糊向量单值化方法：根据实际情况赋以不同等级评语 v_j，依次赋予分值 β_j 并进行加权，则综合评估结果为

$$v=\frac{\sum_{j=1}^{m}b_j{}^k\beta_j}{\sum_{j=1}^{m}b_j{}^k} \tag{9-3-9}$$

一般可取 $k=1,2$。

以上处理方法可依据评估的目的来选用，如果只需给出某事物一个总体评估结论，那么用第一种方法；如果需要序化，那么可选用后两种方法。

本节介绍了模糊综合评估法的基本概念和使用的一般程序。随着模糊综合评估法在经济、社会等大系统中的不断应用，问题层次结构的复杂性、多因素性、不确定性、信息不充分等不断增强，要做到客观准确地评估和决策，必须根据具体问题的目的、要求及特点，合理选取因素、因素的权重，以及综合评估的模型与算法和隶属函数等，努力提高综合评估结果的可靠性和准确性。

9.3.2 装备维修保障效益评估实施过程

前面已经建立了一套较为完备的两层装备维修保障效益评估指标体系，因此可以按照二级模糊综合评估法的一般步骤对装备维修保障效益进行评估。

1. 确定因素集

本模型一级评估指标为维修任务完成效果、维修经费使用效益、维修物资保障效益和维修人员保障效益，构成一级模糊评估因素集 $U=\{u_1,u_2,u_3,u_4\}$，将一级评估指标细化后可得二级模糊评估因素集：

$$U_1=\{u_{11},u_{12},u_{13},u_{14},u_{15},u_{16}\} \tag{9-3-10}$$

$$U_2=\{u_{21},u_{22},u_{23},u_{24},u_{25}\} \tag{9-3-11}$$

$$U_3=\{u_{31},u_{32},u_{33},u_{34}\} \tag{9-3-12}$$

$$U_4 = \{u_{41}, u_{42}, u_{43}, u_{44}\} \tag{9-3-13}$$

这样就构成了装备维修保障效益评估指标体系二级模糊评估因素集。

2. 确定评语集

本模型评语共分 A、B、C、D、E 五个等级，$V = \{A, B, C, D, E\}$，其中，A 表示优秀，B 表示良好，C 表示一般，D 表示较差，E 表示很差。

3. 确定权重集

前面已经讨论过各种确定权重的方法，在此使用层次分析法和熵权法的主客观组合赋权法确定指标体系的权重集。

1) 指标无量纲化处理

对于指标无量纲化处理，注意到此体系的指标基本上是用比率表示，也是没有量纲的，但是不同指标之间直接进行数学运算是没有意义的，因此仍需进行无量纲化处理。

首先用标度化法将定性指标 u_{43} 和 u_{44} 量化，并赋以适当的量值，采用 1～9 标度能很好地反映多数人的判断能力，具体分值如表 9-3-1 所示。

表 9-3-1　分级指标及 1～9 标度的打分值

等级	很低	低	一般	高	很高
正向指标	1	3	5	7	9
逆向指标	9	7	5	3	1

然后用直线无量纲法中线性比例变换法将所有指标值 x_i 进行如下变换。

对于正向指标，令

$$y_i = \frac{x_i}{\max\limits_{1 \leqslant i \leqslant n} x_i} \tag{9-3-14}$$

对于逆向指标，令

$$y_i = \frac{\min\limits_{1 \leqslant i \leqslant n} x_i}{x_i} \tag{9-3-15}$$

或

$$y_i = 1 - \frac{x_i}{\max\limits_{1 \leqslant i \leqslant n} x_i} \tag{9-3-16}$$

2) 确定指标主观权重

本模型第一层次有U_1、U_2、U_3、U_4四个指标，对其按照表 9-3-2 进行两两评比，评比结果用下列评估矩阵元素表示：

$$B=\begin{bmatrix} b_{11} & b_{12} & b_{13} & b_{14} \\ b_{21} & b_{22} & b_{23} & b_{24} \\ b_{31} & b_{32} & b_{33} & b_{34} \\ b_{41} & b_{42} & b_{43} & b_{44} \end{bmatrix} \tag{9-3-17}$$

对于矩阵B，显然有$b_{ji}=1/b_{ij}$，$b_{ii}=1$($i=1,2,3,4$)。

表 9-3-2　评估矩阵中 1～9 标度及其含义

标度 b_{ij}	含义
1	两元素相比，一个与另一个同样重要
3	两元素相比，一个比另一个稍微重要
5	两元素相比，一个比另一个明显重要
7	两元素相比，一个比另一个强烈重要
9	两元素相比，一个比另一个绝对重要
2，4，6，8	上述两个相邻评估的中值
$1/b_{ij}$	若i与j比较，则得b_{ij}；反之，则得$b_{ji}=1/b_{ij}$

用几何平均值法计算评估矩阵B的最大特征值对应的特征向量，并归一化，得

$$w_i=\frac{\left(\prod_{j=1}^{n}b_{ij}\right)^{\frac{1}{n}}}{\sum_{k=1}^{n}b_k} \tag{9-3-18}$$

再由$BW=\lambda W$，求得$\lambda_{\max}=\dfrac{1}{n}\sum_{i=1}^{n}\dfrac{\sum_{j=1}^{n}b_{ij}w_j}{w_i}$。

因此，用层次分析法可求得本模型权向量$W^z=\{w_1,w_2,w_3,w_4\}$(上标z表示主观赋权)。受专家知识水平和个人偏好的影响，为保证权值可信度和准确性，必须进行评估矩阵的一致性检验，检验准则为$\mathrm{C.R.}=\dfrac{\mathrm{C.I.}}{\mathrm{R.I.}}<0.10$，其中，C.I. 为一致性指标，满足$\mathrm{C.I.}=\dfrac{\lambda_{\max}-n}{n-1}$。C.I. 越小，说明评估矩阵越接近完全一致性。R.I. 为

平均随机一致性指标，用来修正评估矩阵的阶数对一致性检验临界值的影响，不同阶数的R.I.经验数据如表9-3-3所示。

表 9-3-3 平均随机一致性指标 R.I. 的值

n	1	2	3	4	5	6	7	8	9
R.I.	0.00	0.00	0.58	0.90	1.12	1.24	1.32	1.41	1.45

3) 确定指标客观权重

依据各指标值包含的信息量的多少，利用指标的熵值来确定指标权重。用极差标准化方法将指标值 x_{ij} (表示第 j 个指标第 i 次测量值)正向化处理，算出第 j 个指标第 i 次测量中的比重：

$$P_{ij}=\frac{x_{ij}}{\sum_{i=1}^{n}x_{ij}}, \quad i=1,2,\cdots,\ m; \quad j=1,2,\cdots,\ n \tag{9-3-19}$$

第 j 个指标的熵值为

$$e_{ij}=-k\sum_{i=1}^{m}P_{ij}\ln P_{ij}, \quad j=1,2,\cdots,\ n; \quad k\geqslant 0; \quad 0\leqslant e_j\leqslant 1 \tag{9-3-20}$$

若第 j 个指标的差异系数 $g_j=1-e_j$，则第 j 个指标的权重 $w_j=\dfrac{g_j}{\sum_{j=1}^{n}g_j}$。因此，用熵值法可求得本模型的权向量 $W^k=\{w_1,w_2,w_3,w_4\}$ (上标 k 表示主观赋权)。

4) 确定组合权重

引入权重偏好系数 θ，用以确定主观权重和客观权重在赋权时所占的比例，专家经验越可靠，值越大；反之，搜集的原始数据越客观，值越小。本模型取0.5，平等考虑赋权的主客观性。

$$a_i=\frac{\theta w_i^z+(1-\theta)w_i^k}{\sum_{i=1}^{n}[\theta w_i^z+(1-\theta)w_i^k]}, \quad 0\leqslant\theta\leqslant 1 \tag{9-3-21}$$

那么，可得到一级指标组合权向量为 $A=\{a_1,a_2,a_3,a_4\}$

利用上面同样的方法，求出二级指标的权向量分别为

$$A_1=\{a_{11},a_{12},a_{13},a_{14},a_{15},a_{16}\}$$

$$A_2=\{a_{21},a_{22},a_{23},a_{24},a_{25}\}$$

$$A_3 = \{a_{31}, a_{32}, a_{33}, a_{34}\}$$

$$A_4 = \{a_{41}, a_{42}, a_{43}, a_{44}\}$$

5) 确定模糊评估矩阵

采用专家打分法确定各指标对评估等级的隶属度。具体做法如下：若指标 r_{ik} 有 N_1 个评语为 A 级，N_2 个评语为 B 级，…，N_5 个评语为 E 级，则评估指标的隶属度为

$$r_{ik} = \left(\frac{N_1}{\sum_{j=1}^{5} N_j} \quad \frac{N_2}{\sum_{j=1}^{5} N_j} \quad \frac{N_3}{\sum_{j=1}^{5} N_j} \quad \frac{N_4}{\sum_{j=1}^{5} N_j} \quad \frac{N_5}{\sum_{j=1}^{5} N_j} \right) \tag{9-3-22}$$

各评估指标的隶属度组成模糊评估矩阵，若 R_1、R_2、R_3、R_4 分别为维修任务完成效果、维修经费使用效益、维修物资保障效益和维修人员保障效益的评估矩阵，则二级评估矩阵 $R_i = \left(r_{ikj}\right)_{n_i \times 5}$（$i = 1, 2, 3, 4$；$j = 1, 2, \cdots, 5$；$k = 1, 2, \cdots, n_i$），其中，$n_i$ 表示第 i 个一级指标的子指标个数。

6) 进行模糊综合评估

利用一级模糊评估模型，计算可得

$$B_i = A_i \circ R_i \tag{9-3-23}$$

利用二级模糊评估模型，计算可得评估结果为

$$C = A \circ B = A \circ \begin{bmatrix} B_1 \\ B_2 \\ B_3 \\ B_4 \end{bmatrix} = A \circ \begin{bmatrix} A_1 \circ B_1 \\ A_2 \circ B_2 \\ A_3 \circ B_3 \\ A_4 \circ B_4 \end{bmatrix} \tag{9-3-24}$$

为保证各方面信息在评估中的作用都得以很好地体现，本模型采用加权平均型模糊算子 $M(\cdot,+)$。

7) 评估结果分析

将评估结果向量按照介绍的加权求和法进行适当分析，就可以得到最后所需要的合理评估结果。

9.3.3 应用分析

运用装备维修保障效益评估指标体系和模糊综合评估法对某单位全年的装备维修保障计划情况进行评估。经统计和专家调查，评估指标体系各指标值和 10 位专家对指标值的评价情况如表 9-3-4 所示。

表 9-3-4　装备维修保障效益评估指标值及专家评语集

一级指标	二级指标	指标值/%	A	B	C	D	E
维修任务完成效果指标 u_1	装备维修保障计划完成率 u_{11}	90	7	2	1	0	0
	装备战备率 u_{12}	88	2	4	3	1	0
	装备完好率 u_{13}	85	5	5	0	0	0
	装备故障率 u_{14}	25	0	1	5	3	1
	装备返修率 u_{15}	18	0	1	6	3	0
	承修单位能力利用率 u_{16}	73	1	5	3	1	0
维修经费使用效益指标 u_2	维修直接经费比率 u_{21}	61	2	3	2	3	1
	物资经费比率 u_{22}	11	3	3	2	1	1
	维修工时费比率 u_{23}	23	3	4	2	1	0
	其他经费比率 u_{24}	5	2	5	1	1	1
	预算执行比率 u_{25}	97	3	3	4	0	0
维修物资保障效益指标 u_3	维修物资到位率 u_{31}	43	0	3	5	1	1
	维修物资消耗率 u_{32}	68	4	3	2	1	0
	维修物资完好率 u_{33}	87	2	3	3	1	1
	维修物资储备率 u_{34}	88	3	3	3	1	0
维修人员保障效益指标 u_4	维修人员称职率 u_{41}	93	2	6	0	2	0
	维修人员专业培训率 u_{42}	10	0	2	5	1	2
	维修人员技术先进性 u_{43}	33	0	2	2	4	2
	维修管理人员素质 u_{44}	43	0	1	1	7	1

1. 评估过程

1) 指标权重确定

使用前面介绍的层次分析法和熵权法的主客观组合赋权法确定各指标值的权重。

一级指标权向量为

$$A=\{0.385,0.324,0.190,0.101\} \tag{9-3-25}$$

二级指标权向量分别为

$$A_1=\{0.091,0.211,0.359,0.153,0.079,0.107\} \tag{9-3-26}$$

$$A_2 = \{0.175, 0.124, 0.217, 0.152, 0.332\} \tag{9-3-27}$$

$$A_3 = \{0.217, 0.303, 0.228, 0.262\} \tag{9-3-28}$$

$$A_4 = \{0.348, 0.075, 0.507, 0.070\} \tag{9-3-29}$$

2) 指标模糊综合评估

根据表 9-3-4 中专家评语分别对二级指标进行一级模糊综合评估。

(1) 维修任务完成效果单因素评估：

$$R_1 = \begin{bmatrix} 0.7 & 0.2 & 0.1 & 0 & 0 \\ 0.2 & 0.4 & 0.3 & 0.1 & 0 \\ 0.5 & 0.5 & 0 & 0 & 0 \\ 0 & 0.1 & 0.5 & 0.3 & 0.1 \\ 0 & 0.1 & 0.6 & 0.3 & 0 \\ 0.1 & 0.5 & 0.3 & 0.1 & 0 \end{bmatrix} \tag{9-3-30}$$

$$B_1 = A_1 \circ R_1 = \{0.2961, 0.3588, 0.2284, 0.1014, 0.0153\} \tag{9-3-31}$$

(2) 维修经费使用效益单因素评估：

$$R_2 = \begin{bmatrix} 0.2 & 0.3 & 0.2 & 0.3 & 0.1 \\ 0.3 & 0.3 & 0.2 & 0.3 & 0.1 \\ 0.3 & 0.4 & 0.2 & 0.1 & 0 \\ 0.2 & 0.5 & 0.1 & 0.1 & 0.1 \\ 0.3 & 0.3 & 0.4 & 0 & 0 \end{bmatrix} \tag{9-3-32}$$

$$B_2 = A_2 \circ R_2 = \{0.2673, 0.3521, 0.2512, 0.1018, 0.0451\} \tag{9-3-33}$$

(3) 维修物资保障效益单因素评估：

$$R_3 = \begin{bmatrix} 0 & 0.3 & 0.5 & 0.1 & 0.1 \\ 0.4 & 0.3 & 0.2 & 0.1 & 0 \\ 0.2 & 0.3 & 0.3 & 0.1 & 0.1 \\ 0.3 & 0.3 & 0.3 & 0.1 & 0 \end{bmatrix} \tag{9-3-34}$$

$$B_3 = A_3 \circ R_3 = \{0.2151, 0.3030, 0.3464, 0.1010, 0.0445\} \tag{9-3-35}$$

(4) 维修人员保障效益单因素评估：

$$R_4 = \begin{bmatrix} 0.2 & 0.6 & 0 & 0.2 & 0 \\ 0 & 0.2 & 0.5 & 0.1 & 0.2 \\ 0 & 0.2 & 0.2 & 0.4 & 0.2 \\ 0 & 0.1 & 0.1 & 0.7 & 0.1 \end{bmatrix} \tag{9-3-36}$$

$$B_4 = A_4 \circ R_4 = \{0.0696, 0.3322, 0.1459, 0.3289, 0.1234\} \tag{9-3-37}$$

进行二级模糊综合评估，得到评估结果为

$$C = A \circ B = A \circ \begin{bmatrix} B_1 \\ B_2 \\ B_3 \\ B_4 \end{bmatrix} = A \circ \begin{bmatrix} A_1 \circ B_1 \\ A_2 \circ B_2 \\ A_3 \circ B_3 \\ A_4 \circ B_4 \end{bmatrix} = \{0.2485, 0.3433, 0.2499, 0.1244, 0.0414\} \tag{9-3-38}$$

最后运用加权求和法对评估结果进行向量分析，得到

$$v_1 = 2.1811,\ v_2 = 2.358,\ v_3 = 2.487,\ v_4 = 3.104,\ v = 2.389$$

2. 综合评估结果分析

(1) 从 v_1 的数值可以看出，维修任务完成效果处于良好稍偏一般的状态，造成维修任务完成效果的这种评价，可能是由装备故障率和装备返修率太高产生的，不过专家对权重大的装备完好率和装备战备率指标评价较高，使得整个维修任务完成效果达到良好。

评估结果在一定程度上反映了承修单位在执行装备维修保障计划的过程中片面追求计划完成数量，忽视了对维修质量的控制。为了使维修任务完成效果得到提高，承修单位应该在以后的维修工作中适当优化维修进度，更加注重维修质量；相关的装备维修保障计划管理部门要加大力度监督和控制正在开展的维修工作，促使承修单位更高质量地完成维修任务。

(2) 从 v_2 的数值可以看出，维修经费使用效益处于良好偏一般的状态，造成这种评估结果的原因可能是权重比例很大的预算执行率较好，而其他指标反映各类维修经费的比重关系，对于这些指标值的优劣，由于经验和考察角度的区别，各位专家的意见不一致，但是权重较小，并不对评价值起决定作用。

通过对维修经费使用效益的评估，可以看出维修经费的实际总体支出情况，也就是经费的投量情况。但是，对维修经费的投向情况仍然没有统一的标准，怎样的分配比例是最佳的还难以评估。因此，装备维修保障计划管理人员在编制计划时要更加注重预算和经费指标的科学性，并细化每类经费的具体开支；承修单位也要做好经费使用的统计工作，不断完善经费数据库，为维修经费结构优化提供可靠的数据支撑。

(3) 从 v_3 的数值可以看出，维修物资保障效益处于良好和一般的中间状态，维修物资保障效益指标不如以上两类指标好。该类指标中四项分指标的权重相差较小，因此出现这种情况很可能是维修物资到位率过低，直接导致整体上维修物资保障效益不高。另外，可以发现维修物资完好率也不尽理想，影响了维修物资保障效益。

该类指标的评估结果反映出承修单位在维修器材、设备等物资的采购和储存环节上存在问题，如物资周转时间长、库存物资可靠性低、备件难以配套等。因此，对于上级统一下拨的物资，装备部门应该及时补充给修理机构，减少不必要的搁置，便于装备维修保障计划的顺利执行；对于需要承修单位单独采购的物资，应该在装备维修保障计划的物资需求和采购计划中一一列出，做到提前购买，降低运输过程中的进度风险。物资在储存期间要加强检查，对有问题的物资进行更换，保证较高的维修物资完好率，提高维修物资保障效益。

(4) 从 v_4 的数值可以看出，维修人员保障效益处于一般稍偏差的状态，是四类指标中评价最差的。显然这种情况的产生是由权重最大的维修人员技术先进性太低引起的，另外维修人员专业培训率偏低和维修管理人员素质不高也会产生很大影响。值得肯定的是，维修人员的在位情况较好，这使得整个维修人员保障效益得到了一定提升。

通过对维修人员保障效益的评估可以看出，承修单位人员虽然比较称职，但业务素质还有待进一步提升，在一定程度上阻碍了承修单位的发展和装备维修保障计划更好的落实。因此，装备维修保障计划管理人员在编制计划时应当考虑督促承修单位加大专业培训强度，促使提高维修人员专业技术水平，优化配置人员结构，积极开展人才队伍建设，不断提高承修单位的竞争力和先进性。

(5) 从二级评估的评估值 v 来看，维修效益的综合评价处于良好稍偏一般的状态。因为维修任务完成效果和维修经费使用效益在一级指标中的权重很大，所以这个评估结果基本上是两类评估值的直接反映。维修人员保障效益虽然一般，但是由于它权重最小，对最终评估结果影响较小。

总的来说，通过对装备维修保障效益的综合评估可以看出，该年度的装备维修保障计划执行情况总体处于基本良好，计划在实施中在维修任务完成上、经费使用上、物资保障上，尤其是维修人员保障上还存在一些问题。在今后的装备维修保障计划管理过程中，应当针对以上问题，用相应手段和方法加以解决，使装备维修保障计划得到更好落实。

9.4 本章小结

本章阐述了装备维修保障计划综合评估的内涵、意义、特点和一般程序，根据装备维修保障计划管理的对象和影响装备维修保障计划效益的因素，按照指标体系构建的一般性原则，建立了科学、合理、适用的基于效益的装备维修保障计划综合评估体系。针对装备维修保障计划综合评估的特点和模糊综合评估法的应用优势，基于模糊综合评估法建立了基于效益的装备维修保障计划综合评估模型，并结合现实问题进行了全面评估分析。装备维修保障计划的综合评估要结合部队实际情况，做到用合适的方法和手段反映客观现实，指导具体装备维修保障计划管理工作。本章通过对装备维修保障计划执行综合评估，得出反映装备维修保障计划管理具体情况的评估结果，为装备维修保障计划管理者提供了科学的决策依据，可以对管理过程中不尽合理的地方进行不断优化。

参考文献

[1] 秦寿康. 综合评价原理与应用[M]. 北京：电子工业出版社, 2003.

[2] 吴晓平, 汪玉. 舰船装备系统综合评估的理论与方法[M]. 北京：科学出版社, 2007.

[3] 邱东. 多指标综合评价方法的系统分析[M]. 北京：中国统计出版社, 1991.

[4] 段学刚. 航空电子装备维修概论[M]. 北京：国防工业出版社, 2010.

[5] 王常胜. 军事装备维修保障效益分析[D]. 长沙：国防科学技术大学, 2005.

[6] 陈一博, 王传新. 装甲装备维修效益评估初探[J]. 装甲兵工程学院学报, 2006, 20(2): 33-37.

[7] 左帅. 装甲装备维修保障系统评价与优化研究[D]. 长沙：国防科学技术大学, 2010.

[8] 王允. 装备维修管理使用费效益研究[D]. 武汉：海军工程大学, 2006.

[9] 常洪，端木京顺，甘旭升. 装备维修费总体效益的模糊综合评定[J]. 河北理工学院学报, 2004, 26(2): 154-158.

[10] Hamacher H, L berling H, Zimmermann H J. Sensitivity analaysis in fuzzy linear programming [J]. Fuzzy Sets and Systems, 1997, 1(4): 269-281.

第 10 章　装备维修保障计划管理发展

装备维修保障计划管理是装备维修保障的龙头环节，必须坚持“向管理要效益”，重视计划管理的协调、组织、控制等作用，加强计划管理力度，完善计划管理制度，达到提高装备维修保障军事效益和经济效益的最终目的。同时，装备维修保障计划管理还是一门复杂的系统工程，其涉及面广，包含知识丰富，要充分深入理论的根基中理清计划管理的对象、任务、特点等方面，才能不失偏颇地得出有实际意义的计划管理对策和方法。

从发展的角度来看，对装备维修保障计划管理进行实践，要坚持以求真务实和改革创新的精神全面地寻求应对和改进措施，从理论与实践的结合上积极探索装备维修保障计划管理的最佳途径。本章对装备维修保障计划管理的发展问题进行系统梳理，进一步明确今后的工作重点和研究的主要方向。

10.1　装备维修保障计划管理规范与优化

装备维修保障计划管理工作的核心主要体现在两个方面：一是装备维修保障工作的规范，即按照既定工作标准、要求、程序、分工等规范有序地开展工作；二是装备维修保障工作的优化，即综合考虑建设目标、现有条件，统筹协调，实现装备维修保障系统的综合效益最大化。

下面从法规体系、规章制度、计划编制与审核、计划下达与执行、经费管理、合同管理等方面对装备维修保障计划管理规范与优化问题进行探讨。

10.1.1　法规体系

1. 法规意识

依法管理装备是搞好装备维修保障计划管理的根基。坚定的法规意识是确保装备维修保障计划管理有序进行的关键[1]。因此，在开展和推进装备维修保障计划管理工作中，首要工作是要树立强烈的依法管理装备意识，以现有法规制度、标准规范为根本遵循，全面规范装备维修保障工作，为进一步对装备维修保障工作进行改进、优化创造条件和提供保证。

2. 法规建设

法规体系的建设和完善是确保装备维修保障计划管理正规化及规范化的基础条件[2]。上级机关应当大力加强装备维修保障计划的法规建设，使规章制度更加系统化和规范化，增强装备维修保障计划管理工作的指导性和针对性，使装备维修保障计划管理工作做到有章可循、有法可依。同时，在建章立制的前提下，还必须加强各项规章制度的检查落实，全面确保装备维修保障计划管理工作按章办事。

10.1.2　规章制度

1. 管理责任制度

突出管理责任制度是确保装备维修保障计划管理各项工作落实到位的重要基础。一是坚持党委统一领导下的首长分工负责制。每年坚持做好计划及预算的安排审议、计划及预算执行情况分析、计划及预算调整，确保年度计划的实施和经费收支平衡。同时，在坚持“一支笔”的基础上，突出党委理财，严格装备经费开支审批权限。二是落实装备经费管理责任制。装备经费管理责任制涉及面广、政策性强、任务重，因此要根据装备经费管理责任制的相关管理办法，结合部队实际，制定切实可行的实施办法，确保各单位积极、稳妥、全面推进装备经费管理责任制。三是建立项目建设责任制，在装备维修前就要确定监修机构，明确职责，做到责任到人。实行纵向按级包干、横向部门包干的责任管理机制，各个项目计划由专人负责，按月督促，对已批复的项目加紧开工，正在执行的项目积极协调建设进度，实行项目经费月报制度，经费开支及时结算，每季度组织项目完成情况分析，确保项目按计划如期完成。

2. 全系统全过程管理制度

装备维修保障计划的全系统全过程管理是装备全系统全寿命管理这一核心思想在装备维修保障计划管理中的具体应用。装备维修保障计划管理要全面协调维修保障活动涉及的人力、物力、财力的相互关系，协调不同专业装备维修保障工作的关系，协调维修保障与使用之间的关系，协调不同类型维修保障项目之间的关系，真正做到全方位协调、全系统统筹。同时，对装备维修保障计划的编制、优化、执行、监控、检查评估、调整、总结实行全过程管理，认清各个阶段之间的联系，站在全过程管理的视角，处理好各阶段各项工作的关系。

3. 绩效评价制度

绩效评价是在装备维修保障计划管理规范化的基础上，进一步将其引向深入、提升管理活动军事经济效益的关键手段。绩效评价制度要求明确绩效评价工作的相关主体及其职责，构建绩效评价科学有效的指标体系，研究绩效评价的有效方法，制定绩效评价的标准，设计绩效评价的时机和流程。

10.1.3 计划编制与审核

1. 规范有序

在程序规范方面，要搞好需修调研，充分了解部队的实际战备、年度军事训练任务、装备技术状况和维修单位能力等情况；要进行综合论证，以系统整体观念，统筹维修全局，加强顶层设计，突出保障重点，兼顾一般；要明确统一要求，对计划编制的时间、内容、原则等进行说明，确保任务清楚、目标明确、要求具体。

在内容规范方面，年度装备维修保障计划中项目名称、单价、数量、分配单位、送修单位、供货单位、承修单位、部队类型、备注等要素要仔细核对，逐一填写，确保准确规范，内容没有歧义。

2. 科学可行

(1) 确保有据可依。依据年度装备维修管理费指标、装备技术状况和维护修理、维修器材、维修经费标准及承修能力、现役装备实力和维修业务实力等要素，在装备维修保障计划的框架下，科学拟定年度装备维修保障计划。没有编制依据的，应加紧制定；依据不充分的，应及时补充；依据不适应的，应抓紧调整。

(2) 加强密切联系。装备维修保障计划管理是一项复杂的系统工程，许多工作紧密相连，互相制约，因此必须对装备维修的内外因素进行综合权衡和整体分析。装备维修保障计划主管部门应树立全系统管理思想，运用并行工程等方法，与作战训练、装备管理、财务保障等部门加强联系，互通信息，搞好协调，确保重点，从源头上切实提高装备维修保障计划编制的科学性、可行性。

(3) 突出保障重点。由于不同的任务项目对装备维修保障计划有不同的特殊要求，不同部队和单位的装备维修保障计划也会有不同的需要，因此装备维修保障计划的编制必须有针对性，体现出具体特性。装备维修任务重、战备训练多、试验任务多，装备维修保障计划编制人员要深挖细抠，集中力量对重点部队、重点装备、重大任务给予优先保障、主动保障、靠前保障，优先满足紧急的装备维修保障需求。

10.1.4 计划下达与执行

1. 下达及时有序

及时下达装备维修保障计划，提高装备维修保障计划项目的完成率，有力地保障各项任务的顺利完成。在装备维修保障计划下达前，上级机关要提前告知，使下级机关事先有所准备，便于装备维修保障计划的完成。同时，各级装备维修保障计划管理部门要明确装备维修保障计划下达与执行之间的相互关系和先后次序，确立装备维修保障计划在维修保障中的核心地位，坚持以装备维修保障计划主导维修保障工作的基本原则。

2. 调整科学规范

装备维修保障计划调整环节是装备维修保障计划管理中的重点和难点。一是在对装备维修保障计划进行调整时，必须从装备建设大局出发，通盘考虑。要坚持装备维修保障计划调整与经费供给水平相适应，与部队事业任务相适应。二是规范预算调整的项目。在经费保障上坚持：机关留用从严，基层所需优先；公用行政消耗从严，装备事业保障优先；一般保障项目从严，重点保障项目优先。三是严格落实装备维修保障计划调整的审批程序，禁止擅自调整装备维修保障计划，一旦发现此情况，严惩不贷。

3. 检查全面严格

严格按照制度要求对年度装备维修保障计划执行情况进行检查和考核。通过检查加强沟通，随时掌握维修任务的进展，确保装备维修保障计划顺利完成。上级机关要经常派人到合作单位检查项目执行情况，督促业务部门抓紧组织开展装备送修和维修，确保维修厂在修理期内完成修理任务，尽量减少年度装备维修保障计划项目调整及经费结转；财务部门要定期向业务部门通报专项经费的预算执行情况，督促其尽快开展工作并及时结算报销。

10.1.5　经费管理

1. 严格预算的编制

从装备维修保障计划管理的源头入手，对装备维修保障计划项目进行充分论证和评估，按照“保证重点、兼顾一般、量入为出、留有余地、统筹安排、讲求效益”的原则，将当年预算收入、历年装备经费结余及库存物资器材统一纳入预算安排，编制的预算经本级党委审议通过后，报上一级党委审批[3]。

2. 严格预算的下达

装备财务部门应对本单位装备维修保障计划及预算的编制格式、时限和要求进行规范，做到格式统一、项目具体，业务部门不得自行下达本部门所分管的装备维修保障计划及预算，做到财务归口，真正使装备维修保障计划及预算的下达规范化和制度化。

3. 严格预算的执行

各项装备维修经费开支都严格按照上级下达的装备维修保障计划执行，杜绝突破预算开支、超预算执行等现象发生。所有装备维修经费开支都必须按预算计划和审批权限借款，对无计划、超计划及不按审批权限的开支不予借(拨)款，要强化装备维修保障计划及预算的约束力。装备维修保障经费支出必须严格开支范围，确保原始凭证的内容完整、报销手续齐全。

4. 加强决算执行分析

加强决算执行分析的辅助决策作用，通过决算执行分析对装备维修保障计划执行情况进行分析与评估。决算执行分析报告要能客观、正确、全面地反映当前经费使用情况、预算执行情况，物资器材的库存状况，并且包含决算的要素、原因、结果分析，指导装备维修保障计划管理工作。

10.1.6　合同管理

1. 突出合同地位

树立和强化以法律为保障，依法进行合同管理的意识，增强合同管理的严肃性和法律效力，尤其是在当前深入推进军民融合装备维修保障进程中，装备维修保障合同将是维系相互关系、处理相关工作的主要手段和依据，更应突出合同管理在装备维修保障工作中的地位和作用，确保装备维修保障效果。

2. 规范合同签订

加强合同的订立管理，明确合同的订立条件，规范合同标的、经费拨付、检验验收、服务保障等约束条款，统一合同编号的规则，严格合同的审批流程和权限，从源头上保证装备维修保障合同的合理、规范，为合同履行和装备维修保障活动的有序开展奠定基础。

3. 严格合同履行

严格按照签订的合同履行，减少外界行政性干预，建立高素质的合同履行监督队伍，严控合同节点，按照要求严格合同费用、进度、质量履行监督，建立完善救济机制，设立合同投诉机构，处理好合同纠纷。

10.2　装备维修保障计划管理技术基础建设

装备维修保障计划管理活动需要建立在既有的技术基础条件之上，科学的、完备的技术基础工作，是全面持续做好装备维修保障计划管理工作的关键环节。下面重点从标准建设和信息化建设两个方面探讨技术基础建设发展情况。

10.2.1　标准建设

装备维修保障工作中涉及的各种标准是装备维修保障计划管理规范化、正规化的基础,因此加强各类标准建设是长期做好装备维修保障计划管理工作的核心。

1. 装备修理标准

装备修理标准主要用于规定装备修理的时机、类别、时间、工程范围、技术质量要求和检验验收条件等内容[4]。装备修理标准的制定需要综合考虑修理模式调整，修理技术进步，可靠性、维修性、保障性等通用质量特性的发展。同时，根据这些影响因素的变化，适时对各类装备修理标准进行修订或调整。

2. 装备维修器材保障标准

装备维修器材保障标准主要用于规范维修器材保障工作，为各级保障机构编制器材保障计划，组织实施器材筹措、储备和供应提供依据。按标准内容划分，其可分为器材消耗、储备、携行和供应等标准。装备维修器材保障标准与维修模式、执行任务、使用强度、器材类型等有关，制定或修订装备维修器材保障标准时要充分考虑这些因素。

3. 装备维修设备配备标准

装备维修设备配备标准主要用于规定各级装备维修保障机构主要保障设备的配置要求。按保障级别划分，其可分为基地级保障设备配备标准和部队级保障设备配备标准。装备维修设备配备标准应根据装备维修保障要求、修理机构修理能力要求等科学配备。

4. 装备维修保障价格标准

装备维修保障价格标准是指装备在维修过程中，按照不同地区、不同行业和不同装备类别等情况，依据现行法规制度，审核、预测和评价装备维修价格的计价范围或标准。装备维修保障价格标准可以是唯一的数值和一定范围的比例标准，也可以是明确规定的原则标准。装备维修保障价格标准有助于提高装备修理价格分析工作的可靠性，有利于提高装备维修保障计划的科学性。

5. 装备维修保障经费标准

装备维修保障经费标准主要用于规定装备维修保障经费的开支范围、会计科目和费用标准等内容。对于开支范围，许多装备难以界定其经费的开支，没有计入实力统计、无标准计领、无保障渠道，应根据不同对象划分登记列入体系进行保障，适当给予标准维修经费；对于会计科目，应注意明确各项装备维修保障经费的归属，避免造成界定不清；对于费用标准，应重点对重大专项军事活动(如实兵演习、出访等)及临时性修理等制定经费标准。

6. 装备维修保障计划的检查和评估标准

装备维修保障计划的检查和评估标准是针对装备维修保障计划执行过程中的计划检查、效能评估及执行后的综合评估提供参考基准的标准体系。装备维修保障计划的检查和评估标准是实现装备维修保障计划管理事中控制和事后控制的关键基础。因此，应在建立装备修理标准、装备维修器材保障标准、装备维修设备配备标准、装备维修保障价格标准和装备维修保障经费标准等基础上，进一步建立科学、完备、操作性强的装备维修保障计划的检查和评估标准，进一步在指标体系设置、指标量化处理、指标体系综合、评估结果运用等方面深化研究。

10.2.2 信息化建设

1. 完善信息系统功能

充分借鉴国外 PPBE 系统和地方装备维修保障计划管理系统，建立以装备和维修项目为中心的计划管理体系，将装备基本情况、可靠性、维修性、保障性、各类费用、人力资源、保障体制编制、保障系统硬件资源配置、保障设施、装备使用、备件供应保障、维修管理、保障工作情况等相关信息纳入统一管理平台，为装备维修保障计划编制提供全面准确的信息，形成各级、各部门信息数据共享。

通过完善信息系统功能，一方面提高装备维修保障计划准确性，增强装备维修保障计划可执行性；另一方面，利用系统对装备维修保障计划执行过程进行跟踪，实时反馈执行信息，提高装备维修保障效率，确保装备维修保障资源准确、快速、高效地配置和利用，大大缩短装备维修保障反应时间。

2. 加强数据全面规范

装备维修保障计划数据的全面规范是实现科学管理的基础工作。应加强装备维修保障计划相关数据积累、统计和管理，通过建立完善的数据采集机制、制定科学的数据采集标准，在各个层级、各个环节按照要求进行数据采集，务必做到历史数据齐全、翔实[5]。同时，对采集到的数据要进行全面的甄别和完善，去伪存真，查漏补缺，确保数据可靠、完善，能够为装备维修保障计划管理分析提供基础支撑。

3. 注重数据相互兼容

装备维修保障计划数据涉及不同级别、不同部门、不同装备、不同业务，信息多元化、差异化非常明显，这种现实状况给装备维修保障计划管理信息化建设提出了很大挑战。对此，需要重点考虑信息之间的相互兼容问题，具体可从两个方面来开展：一是采取统筹规划、统一设计、统一研发的方式，从总体上统一考虑数据信息的管理和利用，一并解决数据兼容性问题；二是在建立完善统一的信息管理平台基础上，采用标准化接口，连接不同类型业务子系统，实现相互之间的兼容，并实现数据共享、信息互通。

4. 重视揭示数据规律

装备维修保障计划管理信息化建设的一项核心目标是在全面、规范采集相关数据的基础上，从数据中找出能够充分反映装备维修保障工作运行的本质客观规律[6]。因此，建立完善的信息系统后，应充分借鉴统计学、计量经济学等学科专业知识，以及机器学习、数据挖掘等技术领域的先进工具和方法，运用大数据分析的思想，通过建立各类分析模型，定量描述有关装备维修保障计划供给与需求规律、投量和投向规律、各类项目及经费自身变化规律、各类内外部因素对计划的影响规律等。

10.3　装备维修保障计划管理人才建设

10.3.1　人才队伍特点

从装备维修保障计划管理工作实践来看，它是一项政策性、综合性、专业性很强的工作，是集技术、经济、管理于一体的脑力劳动[7]。因此，为适应装备维修保障计划管理工作及装备全寿命管理的需要，装备维修保障计划管理人员除牢固掌握其所从事的对应装备专业知识外，还必须具有较深、较广的装备维修知识、管理知识、经济知识及预测与决策知识，从而使装备维修保障计划管理人员具有网络型的知识结构。这些知识是装备维修保障计划管理人员网络型知识结构的具体体现，也是形成装备维修保障计划管理工作能力的基础。

作为一名合格的装备维修保障计划管理人员，必须坚定政治思想，精通业务工作，善于综合分析，善于协调工作，必须具备准确把握装备维修保障计划管理工作特点和规律的能力，努力开拓创新，实现科技兴装。装备维修保障计划管理人员应该具备以下能力：讲政治的能力、业务工作能力、综合分析能力、组织协调能力、开拓创新能力、法律综合运用能力及商务谈判能力。这七种能力既是对装备维修保障计划管理人员能力结构的概括，也是对装备维修保障计划管理人员能力的具体要求，具体见图 10-3-1。

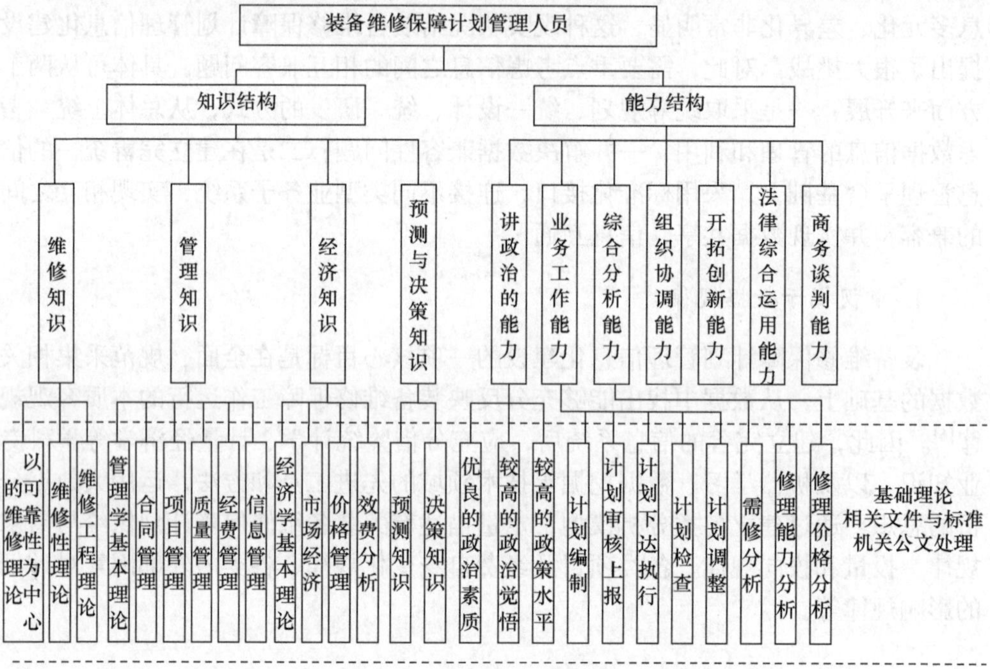

图 10-3-1 装备维修保障计划管理人员知识与能力结构图

10.3.2 建设措施

1. 加强思想教育，树立敬业精神

切实加强思想教育，培养装备维修保障计划管理人员爱岗敬业的思想观念。要通过经常性政治工作、警示提醒等手段教育装备维修保障计划管理人员热爱本职工作，培养敬业精神，使他们充分认识装备维修保障计划工作在维修管理和军队发展中的重要作用。在艰难时期，要充分动员和鼓励各岗位人员积极主动工作，克服困难，坚决按时完成任务。

2. 注意人才培养，实现人员专家化

人才是搞好工作的首要因素。装备维修保障计划管理工作水平的高低，是由装备维修保障计划管理人员的水平高低决定的。随着军队现代化建设的发展，装备维修保障计划管理工作越来越复杂，数据量越来越大，科学性要求也越来越高，必须有更多的文化水平高、懂装备、精业务的装备维修保障计划管理人才，才能适应装备维修现化建设的需要。

3. 加大人员培训，提升业务素质

组织装备维修保障计划管理人员进行培训，从装备维修保障计划的编制、审核、下达、执行和考核等方面提出具体要求，规范具体方法；结合本职工作深化岗位练兵，特别要加强对新形势、新管理模式下装备维修保障计划管理业务培训。通过抓好人员培训，加强装备维修保障计划管理法规制度和业务知识学习，增强政策观念和法规意识，使人员业务素质不断提高，深化对装备维修保障计划的认识，从而提高装备维修保障计划管理水平。

4. 培养岗位技能，注重提高能力

装备维修保障计划管理人员既要具有熟练的装备财务管理技能，还要有广博的装备维修管理知识。各级党委应大力狠抓装备维修保障计划管理人员岗位培训，采取“走出去、请进来”的方式，请院校、研究所的专家教授来部队举办各类讲座，让装备维修保障计划管理人员到装备维修工作一线去参观学习，使他们增加对装备维修保障计划工作内容和规律的感性认识，增强装备维修保障计划管理的针对性，做到有的放矢。

5. 建立激励机制，注重奖惩分明

应建立一套完善的激励机制，对于在装备维修保障计划管理工作中取得突出成绩的个人，可以给予提前晋职晋级、立功受奖等奖励；对于工作标准不高的，要进行批评教育；对于不能胜任工作的，应调离岗位。最终目的是在本单位营造出一种人人争先创优的良好氛围。

10.4 本 章 小 结

装备维修保障计划管理工作已经取得了显著的成绩，面对新的建设和发展需求，还存在许多问题亟待进一步深化研究和解决。本章主要对装备维修保障计划管理发展的有关问题进行论述。在装备维修保障计划管理规范与优化方面，主要从法规体系、规章制度、计划编制与审核、计划下达与执行、经费管理、合同管理等方面提出有关对策措施；在装备维修保障计划管理技术基础建设方面，主要从标准建设和信息化建设方面提出意见与建议；在装备维修保障计划管理人才建设方面，着重分析了人才队伍的特点，提出了促进人才建设的有关措施。

参 考 文 献

[1] 舒正平, 姚战军, 郭盟. 我军装备维修保障管理法规体系建设研究[J]. 装备学院学报, 2012,

23(3): 22-25.

[2] 封会娟, 张磊, 李俊成. 美国国家军事装备维修保障法规研究[J]. 军械工程学院学报, 2017, 29(1): 14-22.

[3] 王凌智. 装备维修管理费预算控制问题的研究[J]. 海军工程大学学报(综合版), 2009, 6(4): 24-28.

[4] 陈军, 楼伟锋. 海军舰船装备维修保障标准分析研究[J]. 船舶标准化工程师, 2009, 42(1): 14-16.

[5] 王海燕, 陈朋, 石鑫. 装备维修保障计划评估信息系统的设计与实现[J]. 装备学院学报, 2013, 24(3): 100-104.

[6] 时昌明. 装甲装备维修计划管理决策技术研究[D]. 长沙: 国防科学技术大学, 2010.

[7] 谢奕, 石鑫, 张树森. 装备维修保障管理人才任职培训研究[J]. 继续教育, 2013, 27(10): 33-35.